心一堂術數古籍珍本叢刊

書名：增補高島易斷（原版）附虛白廬藏日本古易占五種（八）
系列：心一堂術數古籍珍本叢刊　占筮類　第三輯　250
作者：【日本】高島呑象　等、【清】王治本中譯
主編、責任編輯：陳劍聰
心一堂術數古籍珍本叢刊編校小組：陳劍聰　素聞　鄒偉才　虛白盧主　丁鑫華

出版：心一堂有限公司
通訊地址：香港九龍旺角彌敦道六一〇號荷李活商業中心十八樓〇五—〇六室
深港讀者服務中心：中國深圳市羅湖區立新路六號羅湖商業大厦負一層〇〇八室
電話號碼：(852)9027-7110
網址：publish.sunyata.cc
電郵：sunyatabook@gmail.com
網店：http://book.sunyata.cc
淘寶店地址：https://sunyata.taobao.com
微店地址：https://weidian.com/s/1212826297
臉書：https://www.facebook.com/sunyatabook
讀者論壇：http://bbs.sunyata.cc/

版次：二零二一年五月初版
平裝：八冊不分售

定價：港幣　一仟六百八十元正
　　　新台幣　六仟九百八十元正

國際書號：ISBN 978-988-8583-91-1

香港發行：香港聯合書刊物流有限公司
地址：香港新界荃灣德士古道二二〇—二四八號荃灣工業中心十六樓
電話號碼：(852)2150-2100
傳真號碼：(852)2407-3062
電郵：info@suplogistics.com.hk
網址：http://www.suplogistics.com.hk

台灣發行：秀威資訊科技股份有限公司
地址：台灣台北市內湖區瑞光路七十六巷六十五號一樓
電話號碼：+886-2-2796-3638
傳真號碼：+886-2-2796-1377
網絡書店：www.bodbooks.com.tw
台灣秀威書店讀者服務中心：
地址：台灣台北市中山區松江路二〇九號一樓
電話號碼：+886-2-2518-0207
傳真號碼：+886-2-2518-0778
網絡書店：http://www.govbooks.com.tw

中國大陸發行　零售：深圳心一堂文化傳播有限公司
深圳地址：深圳市羅湖區立新路六號羅湖商業大厦負一層〇〇八室
電話號碼：(86)0755-82224934

心一堂微店二維碼

心一堂淘寶店二維碼

柄澤照覺著作
柳田幾作校閲

醫道活斷

周易占病秘傳

東京 神誠館藏版

叙

易曰。貞疾恒不死。又曰。无妄之疾。勿藥有喜。又曰。損其疾。使遄有喜。易之言疾如此。蓋伏羲氏。仰觀俯察。始作八卦。神農氏。嘗百藥而制本草。軒轅氏。論疾苦而成素問。易之道。固不可與醫藥相離也。雖然占病之要。論五行之順逆。探運氣之變化。其道奥妙。自非留心刻意。不得達玄機。故古來占病之書。大概臆測推斷。訣先聖之旨。失爻象之理者不少。終使患者無愈。占者陷于誤人之罪。余從事于占筮者多年。竊有慨於此。乃不自揆。錄其所信。以成此編。故文無潤飾。取其易曉。非敢沽名求譽。聊供濟世之一助耳。但然疾病之占。人命所關。其事至重。子曰。神而明之。存乎其人。學者其可不用心乎。是爲序。

明治四十三年十一月　柄澤照覺識

周易占病秘傳

目次

周易占病秘傳 目次終

醫道活斷 周易占病秘傳

柄澤照覺 著

緒言《ちよげん》

凡《およ》そ疾病《しつぺい》を占《うらな》ふことたるや各人《かくじん》性命《せいめい》の繫《かゝ》る所《ところ》にして占者《せんしや》の責《せめ》亦《また》大《だい》なりと謂《い》ふべし然《しか》るに古來《こらい》占病《せんぺう》の事《こと》を記《き》するの書《しよ》を見《み》るに甲是《かふぜ》乙非《おつひ》讀《よ》む者《もの》をして適從《てきじう》する所《ところ》を知《し》らざらしむ加之《しかのみならず》或《あるひ》は鬼神《きしん》の祟咎《すうきう》と稱《しよう》し或《あるひ》は妖魅《ようみ》の蠱惑《こわく》に託《たく》し遂《つゐ》に卦爻《くわかう》の象義《しやうぎ》を失《うしな》ひ聖人《せいじん》人《ひと》をして凶《けう》を避《さ》け吉《きつ》に趨《おもむ》かしむるの旨《し》に違《たが》ふもの多《おほ》し余《よ》此《こゝ》に慨《がい》あり竊《ひそか》に自《みづか》ら揆《はか》らず六十四卦《くわ》三百八十四爻《かう》の象義《しやうぎ》に照《てら》し其《その》病候《ぺうこう》を考《かんが》へて之《これ》を其下《そのしも》に略說《りやくせつ》し聊《いさゝ》か醫易《いえき》の一助《じよ》に供《きやう》せんとす但患者《たゞくわんじや》に老幼《らうよう》男女《だんによ》の別《べつ》あり性質《せいしつ》に強弱《きやうじやく》の差《さ》あり氣候《きこう》に風土《ふうど》の異《こと》なるあれば易固《えきもと》より一を執《と》りて拘《こう》すべからず讀《よ》む者《もの》文義《ぶんぎ》に拘泥《こうでい》して守株膠柱《しゆちゆかうちう》の見《けん》なく機《き》に臨《のぞ》みて變《へん》に應《おう》じ活斷《くわつだん》を誤《あやま》ることなくんば則《すなは》ち何《なん》の幸《さいはひ》か之《これ》に如《し》かん

☰ 乾《けん》爲《ゐ》天《てん》

乾金八純　春吉　夏凶
秋平　冬吉

此卦《このくわ》を得《う》るものは陽氣《やうき》偏《へん》に勝《ち》ち肝氣《かんき》常《つね》に亢《たかぶ》り積氣《しやくき》強《つよ》く體瘠《たいや》せ力弱《ちからよわ》く性急短慮《せいきうたんりよ》なるに拘《かゝ》はらず多慮多謀《たりよたばう》を好《この》み頭痛眩暈煩悶氣逆上衝《づつうげんうんはんもんきぎやくじやうしやう》し或《あるひ》は悪心《おしん》し或《あるひ》は妄食《ばうしよく》し或《あるひ》は不食《ふしよく》し夜《よ》る安眠《あんみん》しがたく眠《ねふ》るも夢多《ゆめおほ》く好《この》みて晝寢《ひるね》すべし手足《しゆそく》は微冷《びれい》し易《やす》く羸痩《るいそう》は甚《はなは》だしかるべし或《あるひ》は貧血《ひんけつ》の症《しやう》を帯《お》ぶることあり卦爻《くわかう》の變《へん》を考《かんが》へて活斷《くつだん》するを要《えう》す重病《ちうびやう》には不《ふ》祥《しやう》の兆《てう》なること多《おほ》し又精氣虚耗《せいききよかう》の症《しやう》と見《み》ることあり或《あるひ》は浮腫《ふしゆ》と見《み》ることあり發狂《はつきやう》とも見《み》ることあり小兒《せうに》は肝積《かんしやく》の類或《るゐあるひ》は甘味節《かんみせつ》に過《す》ぎて發《はつ》するの疾《やまひ》こす總《す》べて他《た》の卦《くわ》より變《へん》じて來《きた》るものは危厲《きれい》の意《い》あり治方《ちはう》も救急《きうきう》の意《い》あるを要《えう》す

○初爻《しよかう》の變《へん》　姤《こう》　一陰下《いんしも》に萌《きざ》す腰脚《えうきやく》に痛《いた》みあり或《あるひ》は瀉痢積聚《しやりしやくじゆ》の類或《るゐあるひ》は卒然《そつぜん》として發《はつ》する疾頭重《やまひかしらおも》く臥《ふ》して起《た》つこと能《あた》はず寒熱互《かんねつたがひ》に發《はつ》し又卒中風《そつちうふう》と爲《な》ることあり但妊婦《たゞにんぷ》は出産近《しゆつさんちか》きに在《あ》り下動《しどう》きて口《くち》を開《ひら》く象《しやう》あればなり老人《らうじん》は死《し》に近《ちか》し○二爻の變《へん》　同人《どうじん》　時氣流行《じきりうかう》の病或《やまひあるひ》は赤疹發斑《せきしんはつはん》或《あるひ》は熱壯《ねつさか》んにして煩渇《はんかつ》し胸脇苦滿飲食味《けうけふくまんいんしよくあぢはひ》なく大小便利《だいせうべんり》せず婦人《ふじん》は血症現症輕《けつしやうげんしやうかろ》きが如《ごと》しと雖《いへど》も漸次大患《ぜんじたいくわん》に至《いた》ることあり○三爻の變《へん》　履《り》　寒熱《かんねつ》

往來《わうらい》し咳嗽吐涎《がいそうとせん》し腰脚冷痛《えうきやくれいつう》し又は下痢《げり》することあり急《きう》に藥効《やくかう》を奏《そう》せず但《たゞ》姙婦《にんふ》は出產《しゆつさん》近《ちか》きに在《あ》るべし通常《つうじやう》の婦人《ふじん》は夜氣《やき》に侵《おか》さるゝより疾《やまひ》を發《はつ》することあり婦人《ふじん》裸體《らたい》の象《しやう》あればなり〇四爻の變《へん》　小畜《せうちく》　寒來《かんきた》るときは被《ひ》を覆《おほ》ひて戰慄《せんりつ》し熱來《ねつきた》るときは忽《たちま》ち怒《いか》るが如《ごと》く狂《きやう》ずるが如《ごと》く直《たゞ》ちに起《た》ちて戶外《こぐわい》に出《い》でんとし或《あるひ》は心下《しんか》苦悶《くもん》して微痛《びつう》あり或《あるひ》は腹《はら》に積塊《せきくわい》あるべし多《おほ》く心肺《しんはい》にかゝるなり〇五爻の變《へん》　大有《たいいう》　大《おほい》に發熱《はつねつ》して渴甚《かつはなは》だしく穢氣《くわいき》當《あた》るべからず面赤《めんあか》く頭痛《づつう》し大小便《だいせうべん》秘結《りけつ》し或《あるひ》は鼻衄《びぢく》陽證《やうしやう》極《きは》まるものとす然《しか》れども下劑《げざい》を投《とう》ずれば却《かへつ》て內虛《ないきよ》の陰《いん》に陷《おちい》るべし危篤《きとく》の兆《てう》こす但《たゞ》良醫《りやうい》に遇《あ》ふの喜《よろこ》びあり此《この》人《ひと》分《ぶん》外《ぐわい》の望《のぞ》みを發《はつ》し苦心焦慮《くしんせうりよ》の極《きよく》七八分《ぶん》は成功《せいこう》して挫折《ざせつ》せしより發病《はつびやう》するの類《るゐ》多《おほ》し又吐血《とけつ》するものあり〇上爻の變《へん》　夬《くわい》　咳嗽《がいそう》或《あるひ》は嘔吐《あうと》ありて飲食進《いんしよくす》まず月《つき》を踰《こ》へて癒《い》へず危篤《きとく》に至《いた》るものあり本卦《ほんくわ》の乾《けん》は其氣《そのき》上《かみ》に衝《つ》き昇《のぼ》り漸《やうや》く天《てん》に歸《き》せんとし之卦《しくわ》の夬《くわい》は決《けつ》し潰《つい》ゆるなり然《しか》れば必死《ひつし》の兆《てう》たることを免《まぬか》れず但《たゞ》急病《きうびやう》に在《あ》りては或《あるひ》は吐《と》し或《あるひ》は發汗《はつかん》して治《ち》することあり〇此卦《このくわ》純陽《じゆんやう》の卦《くわ》なれば陽《やう》を熱《ねつ》とし陽證《やうしやう》の疾皆屬《やまひみなぞく》す又乾《けん》は始《はじ》めなれば疾《やま》ひの初《はじ》めこ爲《な》すことあり他卦《たくわ》に乾《けん》あるときも此意《このい》を存《そん》すべし

☷ 坤《こん》爲《る》地《ち》

坤土八純 春吉 夏凶
秋平 冬凶

此卦《このくわ》を得《う》るものは天稟《てんぴん》の賦性《ふせい》陰肉《いんにく》偏《へん》に勝《か》ちて陽氣《やうき》薄弱《はくじやく》の象《しやう》とす故《ゆゑ》に身體《しんたい》重《おも》く性質《せいしつ》懶惰《らんだ》にして決斷《けつだん》に乏《とぼ》しく事《こと》を果《は》たさゞること多《おほ》し脾《ひ》虛胃《きよゐ》又下利《げり》の兆《てう》或《あるひ》は黃疸《わうだん》粘血《ねんけつ》の症《しやう》とす陽脱《やうだつ》虛勞《きよらう》健忘《けんばう》等《とう》のものあり危篤《きとく》の病《やまひ》に此卦《このくわ》を得《う》れば必死《ひつし》の占《せん》とす尚《なほ》卦爻《くわかう》の變《へん》に心《こゝろ》を留《とゞ》めて活斷《くわつだん》すべし例《たと》へば老女《らうじよ》の疾《やまひ》を占《うらな》ふが如《ごと》き坤《こん》を以《もつ》て直《たゞ》ちに老女《らうじよ》の體《たい》と爲《な》し本卦《ほんくわ》は無病《むびやう》のものと爲《な》し其變《そのへん》に依《よ》りて疾《やまひ》を斷《だん》ずるの類《るゐ》是《こ》れなり又婦人《ふじん》は氣血《きけつ》衰《おとろ》へ顏《かん》色青白《しよくせいはく》長病難治《ちやうびやうなんち》の症《しやう》なることあり○初爻《しよかう》の變《へん》 復《ふく》 肝氣《かんき》亢《たか》ぶり性急《せいきう》にして身體《しんたい》拘急《こうきう》し少《すこ》しく痛《いた》みあるべし又病證《びやうしやう》一定《てい》せず持《ぢ》病發動《びやうはつどう》し輕《かろ》きが如《ごと》くなれども早《はや》く治《ち》せざれば大患《たいくわん》に至《いた》ることあり春時《しゆんじ》は最《もつと》も危《あやふ》し○二爻の變《へん》 師《し》 瘡毒《さうどく》殊《こと》に楊梅瘡《やうばいさう》雁來瘡《がんらいさう》に此爻《このかう》を得《う》ること多《おほ》し又大小便《だいせうべん》澁滯《じうたい》し或《あるひ》は大便《だいべん》に血《ち》を帶《お》ぶることあり否《しからざ》れば脾胃《ひゐ》の濕熱《しつねつ》黃疸《わうだん》の類《るゐ》にして病根《びやうこん》下《しも》に在《あ》り或《あるひ》は脚疾《きやくしつ》浮腫《ふしゆ》の兆《てう》○三爻の變《へん》 謙《けん》 心氣《しんき》欝《うつ》し項背《こうはい》拘急《こうきう》して痛《いた》み甚《はなは》だしく肩膊《けんはく》及《およ》び腰脚《えうきやく》牽引《けんいん》或《あるひ》は腫脹《しゆちやう》し或《あるひ》は痿痺《いひ》することあり寒熱《かんねつ》の往來《わうらい》夕方《ゆふかた》

より發《はつ》すべし○四爻の變《へん》　豫《よ》　心下《しんか》空虛脾胃《ひゐ》虛して動氣《どうき》あり或《あるひ》は腫物《しゆもつ》を發《はつ》することあり　又心氣《しんき》驚《おどろ》き怖《おそ》るゝが如《ごと》く或《あるひ》は沈思《ちんし》し或《あるひ》は大怒《たいど》し看病人《かいびやうにん》を惱《なや》ますこと多《おほ》し婦人《ふじん》は産後《さんご》の疾《やまひ》なるべし又は血積《けつしやく》血塊《けつくわい》大抵《たいてい》血分《けつぶん》の患《うれひ》とす但《たゞ》腫物《しゆもつ》の類《るゐ》此爻《このかう》を得《う》れば發表《はつぺう》して治《ち》すべし豫《よ》は悅《よろこ》びなり病《やまひ》の反《はん》なり故《ゆゑ》に病《やまひ》ある之《これ》を不豫《ふよ》と謂《い》ふ故《ゆゑ》に吉兆《きつてう》と見《み》るなり

○五爻の變《へん》　比《ひ》　頭痛《づつう》鼻血《はなぢ》を出《い》だし或《あるひ》は腹滿《ふくまん》小便《せうべん》不利《ふり》下部《かぶ》虛《きよ》し氣血《きけつ》調和《てうくわ》せず又肩背《けんぱい》に癰腫《えうしゆ》を發《はつ》することあり又は心神《しんじん》恍惚《くわうこつ》として危篤《きとく》に至《いた》ることあり然《しか》れども速《すみやか》に治《ち》を施《ほどこ》せば治《ち》すべし○上爻の變《へん》　剝《はく》　譫語《せんご》妄語《まうご》嘔逆《あうぎやく》身體《しんたい》に痛《いた》みを覺《おぼ》へ動作《どうさ》に難《かた》く時々《じゞ》氣を失《うしな》ひて又甦《よみがへ》り漸々《ぜんく》疲勞《ひらう》すべし服藥《ふくやく》効《かう》を奏《そう》せず或《あるひ》は半身《はんしん》不遂《ふずゐ》の症《しやう》なることあり或《あるひ》は顔面《がんめん》瘡《かさ》を生《しやう》ずる等《とう》總《すべ》て凶兆《けうてう》とす○又小兒《せうに》の疾《やまひ》を占《うらな》ひ之卦《じくわ》に師《し》謙《けん》豫《よ》比《ひ》剝《はく》等《とう》一陽《やう》五陰《いん》の卦《くわ》即《すなは》ち陽衰《やうする》の卦《くわ》を得《う》るも妄《みだ》りに凶兆《けうてう》として驚《おどろ》き補劑《ほざい》等《とう》を與《あた》へて肥培《ひばい》することあるべからず是《こ》れ多《おほ》くは坤地《こんち》の脾胃《ひゐ》の中《うち》に一陽《やう》の毒《どく》あることを告《つ》げたるなれば其《その》一陽爻《やうかう》の上下《しやうげ》するは則《すなは》ち毒《どく》ある所《ところ》の高下《かうげ》を示《しめ》せるなり故《ゆゑ》に下劑《げざい》を與《あた》へて脾胃《ひゐ》を治《ち》し平愈《へいゆ》を得《う》ること多《おほ》し又小兒《せうに》の病之卦《やまひじくわ》に重坤《ちやうこん》を得《う》るも一概《がい》に凶兆《けうてう》と爲《な》すべからず脾胃《ひゐ》を疏通《そつう》して治《ち》すべきことを示《しめ》さるゝことあればなり

䷂

水《すゐ》雷《らい》屯《ちゆん》

坎宮二世　春吉　夏凶
秋吉　冬平

此《この》卦《くわ》を得《う》るものは肝《かん》氣《き》強《つよ》く亢《たかぶ》りて脾《ひ》胃《ゐ》を尅《こく》せしより脾《ひ》胃《ゐ》を損《そん》し水《すゐ》穀《こく》の消《せう》化《くわ》其《その》宜《よろし》きを得《え》ず飲《いん》食《しよく》の毒《どく》脾《ひ》胃《ゐ》の中《うち》に生《しやう》じ爲《た》めに種《しゆ》々《く》の苦《く》痛《つう》を受《う》くるものとす故《ゆゑ》に胸《けう》鬲《かく》肩《けん》背《はい》拘《こう》攣《れん》して疼《とう》痛《つう》を感《かん》じ又は惡《お》心《しん》煩《はん》悶《もん》することあり喜《き》怒《ど》常《つね》なく飢《き》飽《はう》も亦《また》常《つね》なく心《しん》下《か》痞《ひ》硬《かう》の症《しやう》多《おほ》し留《りう》飲《いん》胸《けう》鬲《かく》よりして肩《けん》背《はい》に衝《つ》くべし滯《たい》食《しよく》して苦《く》痛《つう》する象《しやう》あり婦《ふ》人《じん》は經《けい》水《すゐ》不《ふ》順《じゆん》又毒《どく》瘡《さう》血《けつ》膿《のう》の災《わざはひ》所《しよ》々《く》に屯《たむろ》し腫《しゆ》物《もつ》を發《はつ》するの象《しやう》とす水《すゐ》木《もく》相《さう》生《じやう》の卦《くわ》なれども木《き》の上《うへ》に水《みづ》あり木《き》は水《みづ》の爲《た》めに浸《ひた》されて朽《く》つるの象《しやう》故《ゆゑ》に吉《きつ》と爲《な》しがたし又水《すゐ》下《か》の雷《らい》は死《し》地《ち》に居《を》るの象《しやう》なれは其《その》命《めい》危《あやふ》しと見《み》ることあり夏《か》時《じ》は雨《う》濕《しつ》或《あるひ》は夜《や》陰《いん》の濕《しつ》氣《き》に侵《をか》され冬《ふゆ》は寒《かん》冷《れい》に感《かん》じて得《う》る病《やまひ》とすることあり變《へん》爻《かう》に就《つ》きて活《くわい》斷《だん》すべし〇初《しよ》爻《かう》の變《へん》　比《ひ》　脾《ひ》胃《ゐ》和《くわ》せすして兩《りやう》便《べん》澁《じふ》滯《たい》し又濕《しつ》氣《き》を兼《か》ぬるが故《ゆゑ》に下《か》部《ぶ》に痛《つう》痒《やう》等《とう》の處《ところ》あるべし又脚《かつ》氣《け》轉《てん》筋《きん》の如《ごと》く心《しん》悸《き》して安《やす》からず〇二爻の變《へん》　節《せつ》　痰《たん》喘《ぜん》急《きう》迫《はく》及《およ》び骨《こつ》節《せつ》疼《とう》痛《つう》あり震《しん》變《へん》じて兌《だ》と爲《な》るを見《み》れば食《しよく》毒《どく》兌《だ》の留《りう》飲《いん》と爲《な》り震《しん》の肝《かん》經《けい》に纏《まと》ひつきたるなり故《ゆゑ》に胸《けう》腹《ふく》肩《けん》背《はい》の痛《いた》み強《つよ》かるべ

し秋《あき》は重《おも》く急症《きうしやう》は庚辛《かうしん》又申酉《さるとり》の日《ひ》危《あやふ》し○三爻の變《へん》　既濟《きせい》　時々《じゞ》發熱《はつねつ》ありて氣虚《ききよ》に屬《ぞく》する症《しやう》或《あるひ》は四肢《し》酸痛《さんつう》怒氣《どき》劇《はげ》しく性急《せいきう》にして大便《だいべん》秘結《ひけつ》し重症《ぢうしやう》に至《いた》ることあり或《あるひ》は吐血《とけつ》下血《げけつ》の患《うれ》ひあり○四爻の變《へん》　隨《ずゐ》　腹脹《ふくちやう》ありて時々《じゞ》拘急《こうきう》し痛《いた》むことあり又痰飲《たんいん》を交《まじ》へて輕《かろ》からず又は上衝《じやうしやう》して耳鳴《みゝな》り鼻《はな》傷《いた》み面部《めんぶ》に浮腫《ふしゆ》あり時《とき》に狂亂《きやうらん》奔走《ほんそう》笑語《せうご》節《せつ》を失《うしな》ふものあり危《あやふ》しと雖《いへど》も良醫《りやうい》を得《う》れば治《ち》することあり但《たゞ》秋時《しうじ》に在《あ》りては大抵《たいてい》凶兆《けうてう》とす○五爻の變《へん》　復《ふく》　盗汗《とうかん》出《い》てゝ悪寒《おかん》し頭重《かしらおも》く眼暗《まなこくら》く時々《じゞ》眩暈《げんうん》し意氣《いき》暢《の》びず涙《なみだ》出《い》て危厲《きれい》の兆《てう》あり又舊患《きうくわん》再發《さいはつ》の症《しやう》と見《み》ることあり然《しか》れども大汗《たいかん》を發《はつ》して治《ち》することあり良藥《りやうやく》を求《もと》むべし○上爻の變《へん》　益《えき》　毒瘡《どくさう》膿血《のうけつ》の類《るゐ》又は吐瀉《としや》することあり頭痛《づつう》腰足《えうそく》の惱《なや》みあり轉《てん》地《ち》又は醫《い》を易《か》へて治《ち》すべし婦人《ふじん》は産後《さんご》瘀血《おけつ》の滯《とゞこほ》りあるべし之卦《しくわ》に就《つ》きて考《かんが》ふれば元《ぐわん》來《らい》平日《へいじつ》多病《たびやう》の人《ひと》にして常《つね》に積氣《しやくき》の難《なや》み強《つよ》かるべし其故《そのゆゑ》は震《しん》と巽《そん》との二肝木《かんもく》を以《もつ》て脾《ひ》土《ど》を尅《こく》するを以《もつ》て脾胃《ひゐ》の中《うち》に熱《ねつ》を蓄《たくは》へ口中《こうちう》常《つね》に腫《は》れ痛《いた》むことあるべし故《ゆゑ》に治方《ちはう》は脾《ひ》胃《ゐ》の濕熱《しつねつ》を消除《せうぢよ》することを主《しゆ》とすべし又益《えき》の卦《くわ》たる山雷頤《さんらいゐ》の體中《たいちう》に一陽爻《やうかう》來《きた》りて種《しゆ》々《しゆ》の變病《へんしやう》を爲《な》せる意《い》あり患者《くわんじや》平日《へいじつ》の容體《ようたい》と病因《びやういん》とを聽取《ちやうしゆ》して判定《はんてい》するを要《えう》す

䷃ 山《さん》水《すゐ》蒙《もう》

離宮四世　春凶　夏平
秋不利　冬口舌

此卦《このくわ》を得《う》るものは第《だい》一脾《ひ》と腎《じん》との二臓《ざう》に虚損《きよそん》あるこごを心《こゝろ》に留《とゞ》め然《しか》る後《のち》に其變《そのへん》を見《み》て判定《はんてい》するを要《えう》す固《もと》より脾《ひ》と腎水《じんすゐ》に虧折《きせつ》あるときは肝木《かんぼく》必《かなら》ず其肥培《そのひばい》と滋潤《じじゆん》との養育《やういく》を失《うしな》ふより欝滞《うつたい》して其氣《そのき》亢《たかぶ》り行《ゆ》き種《しゆ》々の徴候《ちやうこう》を發《はつ》するものなり而《しか》して後《のち》には虚勞《きよらう》の症《しやう》ごもなることあり骨蒸《こつじやう》に似《に》たるの象《しやう》あり又は發狂《はつきやう》亂心《らんしん》の象《しやう》あり癌腫《がんしゆ》を發《はつ》することあり疝毒《せんどく》にて腰脚攣急疼痛《えうきやくれんきうとうつう》することあり心氣《しんき》虚耗《きよかう》して昏愚《こんぐ》と爲《な》ることあり總《す》べて胸《けう》腹《ふく》に熱《ねつ》を蓄《たくは》へ飲食進《いんしよくすゝ》まず但外來病《たゞぐわいらいびやう》なれば伏暑中寒瘟疫《ふくしよちうかんうんえき》の初期《しよき》と見《み》るこごあり此《か》くの如《ごと》きは速《すみやか》に治《ぢ》するを要《えう》す○初爻《しよかう》の變《へん》　損《そん》　陰症《いんしやう》にして頭重《かしらおも》く臥《ふ》して起《た》つこと能はず或《あるひ》は小便不利《せうべんふり》腹痛《ふくつう》あるべし又咳嗽嘔吐《がいそうあうと》して服藥効《ふくやくかう》を奏《そう》せず○二爻の變《へん》　剝《はく》　小腹不《せうふくふ》仁《じん》にして上焦下枯《じやうせうかこ》瀉痢《しやり》の類《るゐ》兩脚浮腫《りやうきやくふしゆ》し起《た》つこと能《あた》はず至《いた》て凶兆《けうてう》とす元來《ぐわんらい》蒙《もう》の卦《くわ》泉水《せんすゐ》の山《やま》より流《なが》れ出《い》づる象《しやう》にして既《すで》に泄氣《せつき》の義《ぎ》たれば氣力《きりよく》の弱《よわ》きこと知《し》るべし而して坎《かん》を疾《やまひ》とす今坎《いまかん》の主畫《しゆくわく》消《き》へて坤の土《つち》と爲《な》る必死《ひつし》の兆《てう》と見《み》るの理《り》あり内卦《ないくわ》にても外卦《ぐわいくわ》に

ても其三畫卦《くわくわ》の主爻《しゆかう》變《へん》ずるときは殊《こと》に心《こゝろ》を留《とゞ》むべし〇三爻の變《へん》　蠱《こ》　風濕《ふうしつ》の氣《き》を合《がく》み身體《しんたい》倦《けん》憊《はい》腰《えう》脚《きやく》拘《こう》攣《れん》して痛《いた》む又兩便《りやうべん》不利《ふり》して腰脚《えうきやく》浮腫《ふしゆ》あるべし頭重《かしらおも》くして心神《しんしん》昏亂《こんらん》の兆《てう》あり三ヶ月《げつ》の後《のち》危《あやふ》し〇四爻の變《へん》　未濟《びせい》　肩背《けんはい》強急《こうきう》し又腹痛《ふくつう》あるべし心氣《しんき》鬱塞《うつそく》して眼《がん》目《もく》赤《あか》く耳《じ》鳴《めい》等《とう》の惱《なや》みあらん死生《しせい》未《いま》だ定《さだ》まらざるの際《さい》とす陰陽《いんやう》相《あひ》對《たい》するを以《もつ》て急《きう》に死《し》せず湯藥《たうやく》を擇《えら》ぶに在《あ》り〇五爻の變《へん》　渙《くわん》　惡《お》寒《かん》ありて痰涎《たんせん》出《い》で胸膈《けうかく》痞塞《ひそく》し頭《かしら》を垂《た》れ足《あし》を屈《かゞ》め四肢《しし》攣急《けんきう》して痛風《つうふう》に似《に》たることあり發汗《はつかん》して治《ぢ》すべし〇上爻の變《へん》　師《し》　濕熱《しつねつ》頭痛《づつう》身《み》の色《いろ》黄《き》はみ汗《あせ》自《おのづか》ら出《い》で腹滿《はらみ》ち總身《そうしん》浮腫《ふしゆ》するものあり膿血《のうけつ》脾腎《ひじん》の疾《やまひ》凶兆《けうてう》とす之《し》卦《くわ》師《し》なり師《し》は良將《りやうしやう》を得《え》て勝《か》つものなれば良醫《りやうい》を擇《えら》み治《ぢ》を請《こ》ふに如《し》かず〇屯《ちゆん》は蒙《もう》を兼《か》ね蒙《もう》は屯《ちゆん》を兼《か》ね互《たがひ》に其義《そのぎ》を發《はつ》すべし而して背面《はいめん》と中卦《ちうくわ》とに及《およ》ぶべし毎卦《まいくわ》皆《みな》此意《このい》を以《もつ》て斷《だん》ずべし又此卦《このくわ》二爻變《かうへん》の如《ごと》き凶兆《けうてう》と雖《いへど》も女子《ぢよし》の疾《やまひ》に在《あ》りては或《あるひ》は懷孕《くわいよう》と見《み》ることあり是《こ》れ衆陰《しういん》の中《うち》に一陽《やう》を藏《かく》すが故《ゆゑ》なり又蒙《もう》も屯《ちゆん》も物《もの》の始《はじ》めにして二卦《くわ》共《とも》に震《しん》の象《しやう》あり震《しん》は娠《しん》なり變《へん》じて剝《はく》と爲《な》る剝落《はくらく》は元《もと》より期《き》する所《ところ》なれば無事《ぶじ》に出產《しゆつさん》するものと占《せん》するの例《れい》あり是《こ》れ活斷《くわつだん》なれば時《とき》に臨《のぞ》みて其用《そのよう》を知《し》るべきなり

䷄ 水《すゐ》天《てん》需《じゆ》

坤宮游魂　春自如　夏口舌
秋平　冬半吉

此卦《このくわ》を得《う》るものは元來《ぐわんらい》肝積《かんしやく》の氣《き》強《つよ》く亢《たか》ぶり遂《つゐ》に脾土《ひと》を克傷《こくしやう》するものごす故《ゆゑ》に脾土《ひと》水《すゐ》穀《こく》の消化《せうくわ》惡《あ》くして食毒《しよくどく》を生《しやう》じ留飲《りういん》甚《はなは》だしく頭面《づうめん》より項背《かうはい》へかけ疼痛《とうつう》するの症《しやう》あるべし又水氣《すゐき》を以《もつ》て陽氣《やうき》を壓《あつ》する象《しやう》あり故《ゆゑ》に頭痛《づつう》し胸膈《けうかく》痞硬《ひかう》惡心《をしん》煩悶《はんもん》の象《しやう》あり反胃《はんゐ》の象《しやう》あり又此卦《このくわ》飲食《いんしよく》の象《しやう》あれど一時《じ》の疾《やまひ》は酒《さけ》より發《はつ》するものあり狂言妄語《きやうげんまうご》等《とう》を爲《な》すものなり大抵《たいてい》長病《ちやうびやう》にして難治《なんち》の症《しやう》ごす但《たゞ》婦人《ふじん》は氣血《きけつ》虛衰《きよすゐ》の意《い》あれば急《きう》に療《れう》するを要《えう》す遲《おそ》ければ大患《たいくわん》に至《いた》るべし總《す》べて之卦《しくわ》ご其人《そのひと》平素《へいそ》の容體《ようたい》ごを考《かんが》へ活斷《くわつだん》すべきなり○初爻《しよかう》の變《へん》　井《せい》　陽氣《やうき》乏《とぼし》く陰氣《いんき》壯盛《さうせい》にして心下《しんか》痞硬《ひかう》し小水《せうすゐ》利《り》せず足《あし》重《おも》くして脚氣《かつけ》の如《ごと》く又痔漏《ぢろう》の象《しやう》あり大抵《たいてい》難治《なんち》の症《しやう》ごす○二爻の變《へん》　既濟《きせい》　發熱《はつねつ》ありて上衝《じやうしやう》し大便《だいべん》秘結《ひけつ》又骨《こつ》節《せつ》痿《な》へ外膚《ぐわいふ》冷《ひ》へ腹裏《ふくり》熱《ねつ》し又忽《たちま》ち內寒《ないかん》外熱《ぐわいねつ》あるの症《しやう》常《つね》に心氣《しんき》を勞《らう》する人《ひと》は治《ち》し難《がた》し壯《さう》年《ねん》の人《ひと》は色情《しきじやう》に感《かん》じ內虛《ないきよ》に屬《ぞく》す老人《らうじん》は心氣《しんき》虛乏《きよばう》するなり○三爻の變《へん》　節《せつ》　腰痛《えうつう》して手足《しゆそく》冷《ひ》へ或《あるひ》は痼疾《こしつ》にして筋骨《きんこつ》痛《いた》み心下《しんか》痞硬《ひかう》咽喉《いんこう》口中《こうちう》等《とう》に惱《なや》みあるべし節《せつ》は口《くち》に毒《どく》を

十

含《ふく》む意《い》あり故《ゆゑ》に飲食《いんしよく》を節《せつ》すべし又痳疾《りんしつ》婦人《ふじん》は氣血《きけつ》の患《うれ》ひあり○四爻の變《へん》　夬《くわい》　痰喘《たんせん》急迫《きうはく》又胸脇《けうけう》苦滿《くまん》心下《しんか》痞硬《ひかう》或《あるひ》は浮腫《ふしゆ》ありて輕易《けいい》ならざる症《しやう》こす但《たゞ》婦人《ふじん》臨産《りんさん》の際《さい》此爻《このかう》を得《う》れば速《すみや》かに産《え》すべし○五爻の變《へん》　泰《たい》　疾《やまひ》少《すこ》く癒《い》ゆることを得《え》て又忽《たちま》ち甚《はなは》だしきに至《いた》るの恐《おそ》れあり安危《あんき》の分《わか》るゝ岐《ちまた》こす食《くら》はざるものは危《あやう》し食《くら》ふものは或《あるひ》は治《ち》すべし泰《たい》は元《もと》健康《けんかう》無事《ぶじ》の卦《くわ》なれども他卦《たくわ》より變《へん》じて泰《たい》こ爲《な》るこきは地天《ちてん》倒置《たうち》の象《しやう》こ爲《な》るを以《もつ》て凶《けう》こす然《しか》れども泰《たい》なるを以《もつ》て亦《また》九死《し》に一生《しやう》を得《う》ることあるなり○上爻の變《へん》　小《せう》畜《ちく》　首《くび》低《た》れ足《あし》縮《ちゞ》み汗《あせ》出《い》て身《み》冷《ひ》へ長病《ちやうびやう》にして救《すく》ひ難《がた》し但《たゞ》新《あら》たる風邪《ふうじや》を帶《お》びたるものは治《ち》すべし需《じゆ》の卦《くわ》乾《けん》を氣《き》とし坎《かん》を毒《どく》とし痛《いた》むとす是《こ》れ水氣《すゐき》を以《もつ》て乾天《けんてん》の氣《き》を掩《おほ》ふの象《しやう》なれば固《もと》より留飲《りういん》等《とう》ありて熱《ねつ》も強《つよ》く浮腫《ふしゆ》あるべし容易《やうい》ならざるの兆《てう》とす然《しか》れども變《へん》じて小畜《せうちく》と爲《な》れば坎《かん》の水《みづ》變《へん》じて巽《そん》の風《かぜ》と爲《な》る是《こ》れ風《かぜ》を以《もつ》て坎《かん》の水《みづ》を吹《ふ》き散《さん》ずるなれば治方《ちはう》に依《よ》り乾天《けんてん》の氣《き》も巽風《そんぷう》の助《たす》けを得《え》て終《つる》に發展《はつてん》することを得《う》るの理《り》あり故《ゆゑ》に此《こ》の治方《ちはう》を施《ほどこ》せば全快《ぜんくわい》すべし又婦人《ふじん》臨産《りんざん》の占《せん》なれば産期《さんき》已《すで》に迫《せま》ると知《し》るべし又需《じゆ》の卦《くわ》はまつの義《ぎ》なれば治方《ちはう》も急遽《きうきよ》の劑《ざい》を用《もち》ふるに宜《よろ》しからず徐々《じよく》と治《ち》を施《ほどこ》すに宜《よろ》し時《せき》に臨《のぞ》みて斷《だん》ずべし

䷅

天《てん》水《すゐ》訟《しよう》

離宮游魂　春凶　夏平
秋吉　冬吉

此《この》卦《くわ》を得《う》るものは肝《かん》積《しやく》の氣《き》強《つよ》く常《つね》に氣《き》を使《つか》ふ性《せい》なるより氣《き》血《けつ》不《ふ》順《じゆん》を致《いた》し種《しゆ》々の疾《しつ》患《くわん》を生《しやう》ずるものとす腎《じん》虚《きよ》腰《えう》痛《つう》の象《しやう》あり脾《ひ》胃《ゐ》虚《きよ》して飢《き》飽《はう》節《せつ》なきの象《しやう》あり水《すゐ》瀉《しや》の象《しやう》あり胸《けう》下《か》痞《ひ》塞《そく》の象《しやう》あり下《げ》利《り》厥《けつ》冷《れい》の象《しやう》あり氣《き》逆《ぎやく》上《じやう》衝《しよう》頭《づ》痛《つう》眩《げん》暈《うん》悪《お》心《しん》煩《はん》悶《もん》五心《しん》煩《はん》熱《ねつ》小《せう》便《べん》頻《ひん》數《さく》夜《や》臥《ぐわ》安《あん》眠《みん》せざる等《とう》の諸《しよ》象《しやう》あり婦《ふ》人《じん》は經《けい》水《すゐ》不《ふ》順《じゆん》にして氣《き》血《けつ》の虚《きよ》あり又酒《しゆ》毒《どく》及《およ》び膿《のう》血《けつ》の患《うれ》ひあり此《この》卦《くわ》上《じやう》下《か》相《あひ》乖《そむ》くの象《しやう》故《ゆゑ》に諸《しよ》症《しやう》總《すべ》て難《なん》治《ち》の兆《てう》とす然《しか》れども其《その》背《そむ》く所《ところ》を和《くわ》すれば治《ち》するの道《みち》なきに非《あら》ず其《その》人《ひと》平《へい》素《そ》の容《よう》體《だい》と之《し》卦《くわ》の象《しやう》とを照《せう》合《がふ》して活《くわつ》斷《だん》するを要《えう》す此《この》卦《くわ》又舊《きう》患《くわん》再《さい》發《はつ》の意《い》あり又一病《びやう》治《ち》して一病《びやう》殘《のこ》り永《えい》久《きう》の困《くるし》み治《ち》し難《がた》く或《あるひ》は父《ふ》母《ぼ》より遺《い》傳《でん》するものありと知《し》るべし○初《しよ》爻《かう》の變《へん》　履《り》　痰《たん》咳《がい》急《きう》迫《はく》骨《こつ》節《せつ》疼《とう》痛《つう》危《あやふ》きが如《ごと》しと雖《いへど》も初《しよ》發《はつ》に治《ち》すれば平《へい》癒《ゆ》すべし○二爻の變《へん》　否《ひ》　上《じやう》逆《ぎやく》下《か》虚《きよ》し胸《けう》中《ちう》不《ふ》利《り》足《あし》軟《なん》弱《じやく》にして歩《ほ》行《かう》に難《がた》し或《あるひ》は時《じ》候《こう》の違《たが》ひ夏《か》日《じつ》寒《かん》疾《しつ》を得《え》冬《とう》日《じつ》熱《ねつ》病《びやう》を得《う》るの類《るゐ》或《あるひ》は亂《らん》心《しん》の意《い》あり凶《けう》兆《てう》とす○三爻の變《へん》　姤《こう》　傷《しやう》寒《かん》時《じ》疫《えき》の類《るゐ》大《だい》小《せう》便《べん》不《ふ》利《り》して浮《ふ》腫《しゆ》の患《うれ》ひあり或《あるひ》は腰《えう》脚《きやう》の痛《いた》みあり婦《ふ》人《じん》は經《けい》

水《すゐ》不《ふ》順《じゆん》にして妊身《にんしん》の兆《てう》都《すべ》て陽氣《やうき》實《じつ》するが故《ゆゑ》に治癒《ちゆ》すべし〇四爻の變《へん》　渙《くわん》　山嵐《さんらん》の瘴氣《しやうき》に中《あた》るの類時《るゐとき》ありて壯熱《さうねつ》を發《はつ》することあり或《あるひ》は小腹腰下《せうふくえうか》の痛《いた》み濕疝《しつせん》の類《るゐ》なれども漸次《ぜんじ》快癒《くわいゆ》すべし但《たゞ》再發《さいはつ》の憂《うれ》ひあり孕婦《ようふ》は流産《りうざん》を防《ふせ》ぐべし臨産《りうざん》の占《せん》なれば速《すみやか》に生《うま》るべし〇五爻の變《へん》　未濟《びせい》　發熱上衝《はつねつじやうしやう》の兆《てう》あれども治《ち》し易《やす》し但胸痛《たゞけうつう》の憂《うれ》ひあるときは重《ぢう》患《くわん》とす又癒《い》ゆるとも再發《さいはつ》を防《ふせ》ぐべし〇上爻の變《へん》　困《こん》　發熱上焦腰下《はつねつじやうせうえうか》に難《なや》み大《おほい》に苦《くるし》むべしと雖《いへど》も死《し》せず壯年《さうねん》の人《ひと》は冷濕《れいしつ》を兼《かね》て首或《かしらあるひ》は咽喉《いんこう》に痛《いた》みを生《しやう》じ老人《らうじん》は氣血虚《きけつきよ》乏《ばう》の症《しやう》とす〇凡《およ》そ卦《くわ》の表《おもて》に坎水《かんすゐ》の寒《かん》あれば其背面《そのはいめん》には必《かなら》ず離火《りくわ》の熱《ねつ》を具《そな》ふ患者《くわんじや》の表《へう》に熱《ねつ》あるものは其裏必《そのうらかなら》ず冷《れい》なるものなり又惡風《おふう》するも惡寒《おかん》するも倶《とも》に其裏《そのうら》は熱《ねつ》あるものとす蓋《けだ》し易《えき》の卦象《くわしやう》も天地《てんち》の氣候《きこう》も其道同《そのみちおな》じ例《たと》へば夏日盛暑《かじつせいしよ》の日《ひ》井水《せいすゐ》の冷《ひやゝ》かなるは外熱《くわいねつ》の候《こう》冬月嚴寒《とうげつげんかん》の時《とき》に井水《せいすゐ》の暖《あたゝ》かなるは外寒《くわいかん》の候《こう》たるが如《ごと》し需訟《じゆしやう》の二卦皆坎水《くわみなかんすゐ》あれば因《ちな》みに之《これ》を記《き》す他《た》の卦《くわ》も此意《このい》を以《もつ》て推《お》し考《かんが》ふべし訟《しやう》の如《ごと》きは天水違《てんすゐたが》ひ行《ゆ》き氣《き》血不和《けつふわ》の象《しやう》なれば其治方《そのちはう》も宜《よろし》く降氣劑《かうきざい》と補劑《ほざい》とを兼用《けんよう》すべきに却《かへつ》て下劑《げざい》を投《とう》じ天地《てんち》否《ひ》の象《しやう》と爲《な》して元氣《げんき》を損《そん》し終《つる》には觀剝《くわんはく》と爲《な》りて死《し》に至《いた》らしむることあり愼《つゝし》まざる可《べ》からず

䷆ 地《ち》水《すゐ》師《し》

坎宮歸魂　春平　夏凶
秋凶　冬吉

此卦《このくわ》を得《う》るものは脾胃《ひゐ》虚損《きよそん》の象《しやう》あり食滞《しよくたい》の象《しやう》あり小腹《せうふく》に塊物《くわいぶつ》ある象《しやう》あり腹痛《ふくつう》の象《しやう》あり大患《たいくわん》に至《いた》りしものは塚墓《てうぼ》の卦《くわ》にして不祥《ふしやう》の兆《てう》とす此卦《このくわ》本泰《もとたい》にして三陰《いん》三陽《やう》具足《ぐそく》し无事《ぶじ》壮健《さうけん》なりしもの初《はじ》め三爻變《かうへん》じて臨《りん》の大震《たいしん》と爲《な》り以《もつ》て震《しん》の氣《き》を破《やぶ》り次《つぎ》に初爻變《しよかうへん》じて坎《かん》と爲《な》り坎《かん》の腎水《じんすゐ》を減《げん》ぜし象《しやう》あれば震《しん》の氣《き》は上《のぼ》りて亢《たかぶ》り進《すゝ》み腎《じん》の水《みづ》は流《なが》れ下《くだ》りて傷《やぶ》るゝものゝ如《ごと》し故《ゆゑ》に小腹《せうふく》に塊物《くわいぶつ》あり或《あるひ》ば痛《いた》みあるものとす又脾腎《ひじん》の虚《きよ》するを以《もつ》て或《あるひ》は手足《しゆそく》痿痺《いひ》し濕氣《しつき》を兼《か》ぬるの象《しやう》あれば或《あるひ》は瘡毒《さうどく》膿血《のうけつ》の患《うれひ》あり小兒《せうに》は蚘蟲《くわいちう》の患《うれ》ひあり婦人《ふじん》は血《ち》の難《なや》みあり總《す》べて病根下《びやうこんしも》に在《あ》りて強《つよ》きが如《ごと》し但《たゞ》し師《し》は將《しやう》を擇《えら》むに在《あ》り故《ゆゑ》に良醫《りやうい》を擇《えら》み治《ち》を請《こ》ふべし歸魂《きこん》の卦注意《くわちうい》を要《えう》す○初爻《しよかう》の變《へん》　臨《りん》　痰飲《たんいん》四支《し》厥冷《けつれい》或《あるひ》は疼《とう》痛《つう》あるべし又脚力《きやくりよく》痿《な》へ小便《せうべん》不利《ふり》口中《こうちう》に痛《いた》みあるものあり老人《らうじん》は重《おも》し少壯《せうさう》の者《もの》は漸々《ぜんぜん》快復《くわいふく》の兆《てう》とす但《たゞ》驚《おどろ》くことあるべし○二爻《かう》の變《へん》　坤《こん》　脾腎《ひじん》俱《とも》に虚《きよ》し血液《けつえき》の運行《うんかう》遅慢《ちまん》にして四支《し》に痺《しび》れを生《しやう》じ時々《じじ》腹痛《ふくつう》あるべし此卦《このくわ》一陽《やう》を以《もつ》て主《しゆ》と爲《な》す今二爻變《かうへん》ずれば一

陽《やう》を失《うしな》ふ故《ゆゑ》に治《ち》し難《がた》きの兆《てう》とす老人《らうじん》は大抵《たいてい》死《し》に至《いた》る壯者《さうしや》癒《い》ゆるとも必《かなら》ず長《なが》きに渉《わた》るべし〇三爻の變《へん》　升《しよう》　風濕《ふうしつ》の患《うれ》ひ又は眩暈《げんうん》あり又腰脚《えうきやく》牽引《けんいん》或《あるひ》は浮腫《ふしゆ》あるの兆《てう》頭重《かしらおも》くして足《あし》輕《かろ》く重症《ぢうしやう》に至《いた》ることあり孕婦《ようふ》は胎動《たいどう》あり注意《ちうい》すべし〇四爻の變《へん》　解《かい》　脾《ひ》胃《ゐ》虚《きよ》し腰痛《えうつう》或《あるひ》は亂心《らんしん》氣脱《きだつ》の兆《てう》又脚氣《かつけ》衝心《しやうしん》の恐《おそ》れあり水氣《すゐき》多《おほ》くして不治《ふぢ》の症《しやう》とす〇五爻の變《へん》　坎《かん》　心痛《しんつう》膿《のう》血《けつ》或《あるひ》は耳目《じもく》の患《うれ》ひ又腫滿《しゆまん》し小便《せうべん》不利《ふり》の症《しやう》一病治《びやうち》して又一病《びやう》を發《はつ》するの意《い》あり〇五爻の變《へん》　蒙《もう》　風寒《ふうかん》暑濕《しよしつ》に中《あた》り心氣《しんき》昏亂《こんらん》して人事《じんじ》を覺《おぼ》へず頭重《かしらおも》くして耳《じ》鳴《めい》する等《とう》の兆《てう》多《おほ》くは治《ち》し難《がた》し〇此《この》卦《くわ》本《もと》地《ち》天泰《てんたい》にして泰《たい》の時《とき》は三陰《いん》三陽《やう》具足《ぐそく》し無病《むびやう》壯《さう》健《けん》の象《しやう》なれども既《すで》に三爻《かう》變《へん》じて地《ち》澤《たく》臨《りん》の大震《たいしん》の象《しやう》と爲《な》り是《こゝ》に於《おい》て震《しん》の木《き》を破《やぶ》り次《つぎ》て初爻《しよかう》變《へん》じて下《か》卦《くわ》坎《かん》と爲《な》り坎《かん》の腎水《じんすゐ》を減《げん》じ全卦《ぜんくわ》僅《わづか》に一陽《やう》を存《そん》して師《し》の病患《びやうくわん》とは爲《な》りし者《もの》なり故《ゆゑ》に震《しん》の肝木《かんぼく》の氣《き》は上《のぼ》り亢《たか》ぶり進《すゝ》むに過《す》ぎて破《やぶ》れ坎《かん》の腎水《じんすゐ》は流《なが》れ下《くだ》りて傷《やぶ》るゝ者《もの》とす然《しか》れば此病《このやまひ》を療《りやう》するには先《さきだ》ちて震氣《しんき》の上《のぼ》るものを抑《おさ》へ坎《かん》の腎水《じんすゐ》の下《くだ》り減《げん》ずるものを止《とゞ》むるをよしとす是《こ》れ卦象《くわしやう》に由《よ》りて治療《ちりやう》の法《はふ》を考《かんが》ふるの道《みち》なり但《たゞ》變卦《へんくわ》に依《より》て其《その》趣《おもむ》き一ならざれば猶《なほ》變卦《へんくわ》と對照《たいせう》して其病根《そのびやうこん》を斷定《だんてい》し治療《ちりやう》の方《はう》をも講《かう》ずべきなり

䷇ 水《すゐ》地《ち》比《ひ》

坤宮歸魂　春病　夏自如
秋吉　冬大利

此卦《このくわ》を得《う》るものは觀察《くわんさつ》に二途《と》ありごす一は輕症《けいしやう》にして全卦重坤《ぜんくわちやうこん》の脾胃《ひゐ》の中《うち》に坎《かん》の食《しよく》毒《どく》ありて疾《やまひ》を爲《な》すものと爲《な》し其食毒《そのしよくどく》を除《のぞ》き去《さ》るに宜《よろ》しと爲《な》す一は虚勞危篤《きよらうきとく》の大病《たいびやう》にして身心疲勞《しんしんひらう》し唯《たゞ》九五の一陽《やう》のみ心位《しんゐ》に居《を》るものなれば之《これ》を救《すく》ふの方《はう》なしと觀《み》るなり又胸膈《けうかく》に水毒《するどく》ありて痛《いた》みを爲《な》すの象《しやう》あり但脾腎虚衰《たゞひじんきよすゐ》し血氣不順《けつきふじゆん》なるが故《ゆゑ》に身體《しんたい》四支痿弱《しいじやく》し或《あるひ》は痰咳眩暈等《たんがいげんうんとう》あるべし常《つね》に沈々《ちん〳〵》として樂《たのし》まず或《あるひ》は小便《せうべん》利《り》せずして浮腫《ふしゆ》し疾《やまひ》長《なが》くして危候《きこう》多《おほ》し婦人《ふじん》は經行不順《けいかうふじゆん》或《あるひ》は吐血《とけつ》の類《るゐ》治《ぢ》すと雖《いへど》も終身《しうしん》の禍《わざはひ》を招《まね》くことあり其症《そのしやう》の如何《いかん》を問《と》はず速《すみやか》に治《ち》を求《もと》むべし遲《おそ》きときは大患《たいくわん》に至《いた》るなり歸魂《きこん》の卦《くわ》なれば注意《ちうい》を要《えう》す〇初爻《しよかう》の變《へん》　屯《ちゆん》　手足拘攣《しゆそくこうれん》し或《あるひ》は足《あし》に水腫《するしゆ》あり肝氣《かんき》勝《か》ちて體衰《たいおとろ》へ病勢《びやうせい》次第《しだい》に進《すゝ》むの兆《てう》又心下《しんか》に動氣《どうき》あるべし急《きふ》に治《ぢ》し難《かた》きの兆《てう》とす〇二爻の變《へん》　坎《かん》　瘡毒腫物《もつ》膿血等《のうけつとう》の象《しやう》或《あるひ》は泄瀉《せつしや》し手足微冷《しゆそくびれい》の象《しやう》此疾狐狸《このやまひこり》の禍《わざはひ》又は鬼祟等《きそうとう》に依《よ》ることあり又二ケ所《しよ》患《うれ》ひあるの象《しやう》あり重險《ちやうけん》の中《うち》に陥《おちい》るの意《い》あれば容易《ようい》に治《ぢ》しがたし〇三爻の變《へん》　蹇《けん》

肩《けん》背《はい》強《こう》急《きう》し腰《えう》脚《きやく》の患《うれ》ひありて龜《き》背《はい》の如《ごと》く膝《しつ》行《かう》するの象《しやう》あり病《やまひ》久《ひさ》しきに渉《わた》るべし或《あるひ》は心《しん》下《か》に難《なや》みあり治《ち》するも長《なが》し○四爻の變《へん》　萃《すゐ》　患《うれ》ふる所《ところ》一ならず痰《たん》喘《ぜん》吐《と》血《けつ》心《しん》下《か》痞硬《がう》停《てい》食《しよく》等《とう》の患《うれ》ひあれども西《せい》方《はう》の醫《い》を請《こ》ひ服《ふく》藥《やく》すれば治《ち》すべきの兆《てう》あり○五爻の變《へん》　坤《こん》　心《しん》脾《ひ》勞《らう》極《きはま》りて腎《じん》精《せい》乏《とぼし》く將《まさ》に危《き》篤《とく》に至《いた》らんとするの兆《てう》然《しか》れども或《あるひ》は快《くわい》方《はう》に向《むか》ふの一機《き》兆《てう》あり此《この》時《とき》吉《きつ》凶《けう》の岐《ちまた》なり又吉《きつ》凶《けう》共《とも》に急《きう》なるの時《とき》なれば治《ち》を求《もと》むるは速《すみや》かなるに宜《よろ》し

又胸《けう》背《はい》手《しゆ》臂痛《いた》み眼《がん》目《もく》昏《こん》晦《くわい》するものあり○上爻の變《へん》　觀《くわん》　上《じやう》焦《せう》下《か》枯《こ》頭《づ》痛《つう》眩《けん》暈《うん》一旦《たん》快《こゝろよ》きが如《ごと》くなるも病《びやう》勢《せい》は一層《そう》を增《ま》し重《ぢう》症《しやう》に陷《おちい》り五六日《じつ》を經《へ》て危《あや》ふかるべし蓋《けだ》し本《ほん》卦《くわ》の比《ひ》は坤《こん》を脾《ひ》胃《ゐ》とし坎《かん》を食《しよく》毒《どく》とするが故《ゆゑ》に食《しよく》毒《どく》脾《ひ》胃《ゐ》の中《うち》に在《あ》るの象《しやう》とす此《か》くの如《ごと》きときは坤《こん》を以《もつ》て無《む》病《びやう》と見《み》ることあり而《しか》して其《その》脾《ひ》胃《ゐ》の中《うち》に坎《かん》の一陽《やう》あるは坎《かん》を毒《どく》とし食《しよく》とし痛《いた》みとす即《すなは》ち食《しよく》毒《どく》にて痛《いた》むの象《しやう》變《へん》じて觀《くわん》と爲《な》るときは又一陽《やう》爻《かう》の毒《どく》を增《ま》すものとす且《かつ》觀《くわん》の畫《くわく》象《しやう》より見《み》れば飮《いん》食《しよく》の進《すゝ》みがたき象《しやう》とす然《しか》れば頭《づ》痛《つう》眩《けん》暈《うん》等《とう》も本《もと》は脾《ひ》胃《ゐ》より發《はつ》するものなれば解《げ》毒《どく》劑《ざい》を用《もち》ふるに宜《よろ》しかるべし又觀《くわん》は全《ぜん》卦《くわ》大《たい》艮《ごん》の象《しやう》艮《ごん》も亦《また》脾《ひ》胃《ゐ》とす何《いづ》れより見《み》るも脾《ひ》胃《ゐ》の疲《ひ》勞《らう》するもの此《この》病《びやう》因《いん》たるは疑《うたが》ひを容《い》れざる所《ところ》なり

䷈

風《ふう》天《てん》小《せう》畜《ちく》 巽宮一世 春病 夏凶 秋口舌 冬吉

此卦《このくわ》を得《う》るものは元來陽氣《ぐわんらいやうき》偏《へん》に勝《か》ち陰《いん》に屬《ぞく》する血肉《けつにく》共《とも》に不足《ふそく》するの性《せい》とす故《ゆゑ》に肝氣《かんき》常《つね》に亢《たかぶ》りて脾胃《ひゐ》を尅《こく》し脾土《ひど》疲弊《ひへい》するの象《しやう》とす是《これ》を以《もつ》て水穀《すゐこく》の消化宜《せうくわよろし》きを失《うしな》ひ脾胃《ひゐ》の中途《ちうつう》に食毒《しよくどく》を生《しやう》じ留飲《りういん》尤《もつと》も盛《さか》んにして裏熱《りねつ》も亦甚《またはなは》だしかるべし筋膜《きんまく》拘攣《こうれん》し肩頭《けんとう》に懸《けん》痛《つう》あり大便《だいべん》秘結《ひけつ》するものあり又風邪《ふうじや》感冒《かんばう》の象《しやう》あり噦噎《かくいつ》の象《しやう》あり脹滿《ちやうまん》の象《しやう》あり呼吸《こきう》促《そく》迫《はく》の象《しやう》あり婦人《ふじん》は血塊血積《けつくわいけつしやく》四支《しし》沈重《ちんちやう》して掣痛《せいつう》あるべし又胎孕《たいよう》は安《やす》からさるの兆《てう》とす小兒《せうに》は疳《かん》の類《るゐ》必死《ひつし》の症《しやう》とす但痛所《たゞいたみしよ》に腫物《しゆもつ》あれは治《ち》することあり老人《らうじん》の半身不遂《はんしんふずゐ》は凶《けう》兆《てう》百事《じ》全功《ぜんこう》を奏《そう》すること難《かた》し又人《ひと》の勸《すゝ》むることは心《こゝろ》に應《おう》ぜず我《わ》が思《おも》ふことは成《な》らざること多《おほ》き意《い》あり○初爻《しよかう》の變《へん》ゝ巽《そん》　腰足《えうそく》拘急《こうきう》又外邪《ぐわいじや》の侵《おか》す所《ところ》風疾《ふうしつ》風毒《ふうどく》の類《るゐ》再發《さいはつ》の意《い》あり丹誠《たんせい》を凝《こ》らし鬼神《きじん》に禱《いの》るに宜《よろ》し大病《たいへう》の兆《てう》とす○二爻の變《へん》　家人《かじん》　發熱《はつねつ》頭痛《づつう》大便《だいべん》秘結《ひけつ》小水《せうすゐ》赤《あか》く澁《しぶ》り飲食味《いんしよくあぢはひ》なく重症《ぢうしやう》に至《いた》らんとす元來《ぐわんらい》此卦《このくわ》乾《けん》を氣《き》とし巽《そん》を肝《かん》とす是《こ》れ肝氣《かんき》欝結《うつけつ》の象《しやう》なり又之卦《しくわ》家人《かじん》は益《えき》の卦中《くわちう》へ九三一陽《やう》の毒《どく》入《い》り來《きた》りたる象益《しやうえき》は震巽《しんそん》二

木《ほく》の肝氣《かんき》脾胃《ひゐ》を尅傷《こくしやう》せるの脾象《しやうひ》土《ど》傷《やぶ》るゝが故《ゆゑ》に食毒《しよくどく》生《しやう》じ震巽《しんそん》の間《あひだ》に火熱《くわねつ》を生《しやう》じて家《か》人《じん》と爲《な》るものなり然《しか》れば治方《ちはう》は中卦《ちうくわ》坎《かん》の毒《どく》を去《さ》るに在《あ》り○三爻の變《へん》　中孚《ちうふ》　病内《やまひうち》に在《あ》り積氣《しやくき》濕毒《しつどく》の類《るゐ》腰間《えうかん》に痛《いた》みあり或《あるひ》は夫妻《ふさい》の嫉妬《しつと》より發《はつ》する病《やまひ》腎氣《じんき》の衰《おとろ》ふるに依《よ》ることあり婦人《ふじん》多《おほ》くは妊娠《にんしん》或《あるひ》は血塊《けつくわい》の類《るゐ》とす○四爻の變《へん》　乾《けん》　腹滿《ふくまん》して時《じ》々く痛《いた》みを發《はつ》し或《あるひ》は血證《けつしやう》を見《あら》はして身《み》大《おほい》に熱《ねつ》し忽《たちま》ち厥冷《けつれい》して下利《げり》することあり又痔疾《じしつ》下血《げけつ》脱肛《だつかう》の類《るゐ》急《きう》に治《ち》し難《がた》し○五爻の變《へん》　大畜《たいちく》　氣血《きけつ》の不順《ふじゆん》身體《しんたい》疼痛《とうつう》痛《ふう》風《ふう》歴節《れきせつ》風《ふう》の如《ごと》く或《あるひ》は腫物《しゆもつ》を發《はつ》せんとす心下《しんか》痞《ひ》し咳嗽《がいそう》出《い》で頭重《かしらおも》かるべし婦人《ふじん》は産後《さんご》の血症《けつしやう》治《ち》し難《がた》し○上爻の變《へん》　需《じゆ》　寒熱《かんねつ》ありて氣欝《きうつ》す或《あるひ》は頭痛《づつう》病《やまひ》輕《かろ》きに似《に》て危《あやふ》し又腰《こし》より以下《いか》痿《な》へて起《た》つこと能《あた》はざるものあり元來《ぐわんらい》小畜《せうちく》の時《とき》肝氣《かんき》亢《たか》ふりて脾胃《ひゐ》を尅《こく》し脾土《ひど》疲弊《ひへい》し水穀《すゐこく》の消化《せうくわ》宜《よろし》きを失《うしな》ひ食毒《しよくどく》脾胃《ひゐ》に生《しやう》じて留飮《りういん》を爲《な》せしもの今《いま》變《へん》じて需《じゆ》と爲《な》れば乾《けん》を氣《き》こし坎《かん》を毒《どく》とし坎《かん》の水毒《すゐどく》を以《もつ》て乾天《けんてん》の氣《き》を掩《おほ》ふが故《ゆゑ》に身體《しんたい》浮腫《ふしゆ》を生《しやう》ずることあるべし又乾《けん》の皮肉《ひにく》の中《うち》に坎《かん》の水氣《すゐき》あるの象《しやう》なれば容易《ようい》ならず然《しか》れども需《じゆ》は時《とき》を待《ま》つの卦《くわ》なれば靜養《せいやう》して漸次《ぜんじ》に治《ち》するの理《り》あり又小畜《せうちく》の上爻の辭《ことば》も凶《けう》ならざれば其意《そのい》を以《もつ》て看護《かんご》すべきなり

天《てん》澤《たく》履《り》

艮宮五世　春凶　夏平
秋凶　冬吉

此卦《このくわ》を得《う》るものは乾《けん》の氣《き》は上《かみ》に升《のぼ》りて下降《かこう》せず兌《だ》の止水《しする》は下《しも》に止《とゞま》りて上行《じやうかう》せず是《こ》れ氣血《きけつ》不順《ふじゆん》にして氣《き》は鬱結《うつけつ》し血《ち》は粘滞《ねんたい》し虚熱《きよねつ》其中間《そのちうかん》に生《しやう》じて一身《しん》を薫灼《くんしやく》するの象故《しやうゆゑ》に煩悶《はんもん》頭眩《とうげん》悪心《おしん》不食《ふしよく》五心《しん》反熱《はんねつ》氣息《きそく》短促《たんそく》等《とう》の症《しやう》ありて危篤《きとく》の候《こう》とす凡《およ》そ上卦《くわ》に乾《けん》あるものは上實《じやうじつ》下虚《かきよ》の象《しやう》にして容易《ようゐ》ならざる症《しやう》なり又下部《かぶ》に濕熱《しつねつ》ありて逆上《ぎやくじやう》するものあり胸鬲《けうかく》苦滿《くまん》するものあり大小便《だいせうべん》不利《ふり》のものあり手足《しゆそく》厥冷《けつれい》のものあり婦人《ふじん》は經行《けいかう》不順《ふじゆん》にして重患《ぢうくわん》に至《いた》ること多《おほ》し此卦《このくわ》婦人《ふじん》裸體《らたい》の象《しやう》にして又孕婦《ようふ》と見《み》ることあり腎水《じんすゐ》實過《じつくわ》し淫心《いんしん》甚《はなは》だ動《うご》き鬱氣《うつき》洩らす所《ところ》なくして疾《やまひ》を發《はつ》するものあり又急劇《きうげき》の症《しやう》に此卦《このくわ》を得《う》ることあり○初爻《しよかう》の變《へん》　訟《しやう》　四支《し》厥冷《けつれい》し泄瀉《せつしや》或《あるひ》は裏《り》急《きう》後《こう》重《ぢう》ありて痢疾《りしつ》の兆《てう》又は足痛《そくつう》濕《しつ》氣の症《しやう》臥《ふ》して起《た》つこと能《あた》はざるものあり○二爻の變《へん》　无妄《むばう》　病口《やまひくち》より入《い》り疲勞《ひらう》するの象《しやう》腎虚《じんきよ》の意《い》あり邪熱《じやねつ》盛《さか》んなるときは脇下《けうか》痛《いた》み頭痛《づつう》鼻血《はなぢ》出《い》で劇症《げきしやう》と爲《な》る女子《ぢよし》は産後《さんご》腰《えう》下の病《やまひ》或《あるひ》は夫妻《ふさい》離別《りべつ》の愁《うれ》ひより半亂《はんらん》狂氣《きやうき》するものあり此《か》くの如《ごと》きは凶兆《けうてう》とす○三爻

の變《へん》　乾《けん》　大便秘結《だいべんひけつ》し腰脚冷痛浮腫《えうきやくれいつうふしゆ》すべし或《あるひ》は大《おほい》に嘔逆《あうぎやく》を發《はつ》するものあり治《ぢ》しがたし〇四爻の變《へん》　中孚《ちうふ》　發熱留飲等《はつねつりういんとう》の難《なや》み欝氣胸鬲《うつきけうかく》に上《のぼ》り眼目昏朦行歩自由《がんもくこんもうかうほじいう》ならず或《あるひ》は浮腫《ふしゆ》するものあり婦人《ふじん》は懐姙《くわいにん》の兆《てう》速《すみやか》に治《ぢ》せざれば危《あやふ》きに至《いた》る〇五爻の變《へん》　睽《けい》　逆《ぎやく》氣《き》上衝頭痛壯熱心煩腹滿《じやうしやうづつうさうねつしんはんふくまん》或《あるひ》は瘀血《をけつ》の症《しやう》あり醫藥《いやく》應《おう》ぜざるときは醫《い》を易《か》へ或《あるひ》は藥《くすり》を轉《てん》ずるに利《よろ》し病《やまひ》輕《かろ》きに似《に》て重《おも》し〇上爻の變《へん》　兌《だ》　乾金《けんきん》の剛變《がうへん》じて兌金《だきん》の柔《じう》と爲《な》る痰《たん》喘《せん》の患《うれ》ひあり又頭痛《づつう》し大便不利腰背强痛呼吸短促《だいべんふりえうはいきやうつうこきうたんそく》するものあり不治《ふぢ》の症《しやう》とす〇八卦《くわ》に在《あ》りては乾《けん》も兌《だ》も皆《みな》肺《はい》と爲《な》す兌《だ》の卦下《くわしも》に在《あ》るときは命門《めいもん》の火《ひ》を受《う》け肺金《はいきん》剋《こく》せらるゝが故《ゆゑ》に肺臟《はいざう》の傷《やぶ》れを主《つかさ》どる又兌《だ》の卦《くわ》は脾胃《ひゐ》の不足《ふそく》咽喉《いんこう》の痛《いた》みある象《しやう》とす凡《およ》そ病筮《びやうぜい》に乾兌《けんだ》の卦下《くわしも》に在《あ》るものは不治《ふぢ》の症《しやう》多《おほ》し又履《り》の卦《くわ》は彖辭《たんじ》に虎《とら》の尾《を》を履《ふ》むとありて危《き》殆《たい》の意《い》を見《あら》はすなれば病筮《びやうぜい》に此卦《このくわ》を得《う》れば危《あやふ》きことありと知《し》るべし然《しか》れども彖《たん》には人《ひと》を咥《くら》はずと云《い》ひ爻《かう》には人《ひと》を咥《くら》ふともあれば爻《かう》の變《へん》と病症《びやうしやう》とを對照《たいせう》して活斷《くわつだん》するを要《えう》す又大象離《たいしやうり》に似《に》て火《ひ》の象《しやう》あれば其熱《そのねつ》あること知《し》るべし又孕婦《ようふ》を筮《ぜい》して上爻《かう》の變《へん》を得《う》るときは産期《さんき》近《ちか》しと雖《いへど》も難《なや》みあるの兆《てう》とす出産《しゆつさん》の男女《なんによ》を問《と》はゞ女子《ぢよし》なるべし

䷊

地《ち》天《てん》泰《たい》

坤宮三世　春吉　夏凶
秋凶　冬吉

此卦《このくわ》を得《う》るものは元來《ぐわんらい》三陰《いん》三陽《やう》具足《ぐそく》し陰陽《いんやう》の氣《き》升降和順《しやうこうくわじゆん》するの象乾《しやうけん》の純陽《じゆんやう》の氣《き》は下《し》湧泉《ようせん》に降《くだ》り巡《めぐ》り坤《こん》の純陰《じゆんいん》の血《ち》は上《かみ》百會《ゑ》に升《のぼ》り朝《てう》す是《こ》れ无事《ぶじ》无病堅固《むびやうけんご》壯健《さうけん》の象《しやう》とす然《しか》るに疾《やまひ》を占《うらな》ひて此卦《このくわ》を得《う》るに由《よ》れば深遠微妙《しんえんびみやう》の玄義《げんぎ》ありて此卦《このくわ》に非《あら》ざれば告《つ》ぐることを能《あた》はざるの義《ぎ》あるを以《もつ》て告《つ》げられたることを默悟《もくご》すべし蓋《けだ》し父母《ちゝはゝ》の遺毒《いどく》を傳《つた》へたるの象《しやう》あり又梅毒內《ばいどくうち》に伏《ふく》して未《いま》だ表《おもて》に發《はつ》せざるの象《しやう》あり或《あるひ》は多房《たばう》にして腎水虛耗《じんすゐきよかう》せるの象《しやう》あり腹中硬滿《ふくちうかうまん》の象《しやう》あり又重病《ぢうびやう》にして此卦《このくわ》を本卦《ほんくわ》に得《う》るときは乾《けん》の人身《じんしん》を坤《こん》の土中《どちう》に埋《うづ》むの象《しやう》あるを以《もつ》て危篤《きとく》と爲《な》すなり又痘瘡《とうさう》に在《あ》りて本卦《ほんくわ》に泰《たい》を得《う》るときは十の八九は救《すく》ひ難《かた》きの兆《てう》とす○初爻《しよかう》の變《へん》　升《しやう》　逆上眩暈《ぎやくじやうけんうん》して足痛《そくつう》あるべし痛風《つうふう》の類《るゐ》にして早《はや》く治《ぢ》せざれば凶輕《けうかろ》きに似《に》て重《おも》きに至《いた》るものなり或《あるひ》は亂心奔走《らんしんほんそう》蹶《つまづ》き傷《やぶ》るゝの類《るゐ》女子《ぢよし》は產後《さんご》の病《やまひ》なるべし○二爻の變《へん》　明夷《めいい》　壯熱《さうねつ》あり口中煩渴《こうちうはんかつ》し大便秘結《だいべんひけつ》し又痰血《たんけつ》濕氣瘡毒《しつきさうどく》の難《なや》みあるべし或《あるひ》は眼疾《がんしつ》のものあり凡《おほよ》そ病證《びやうせい》に明夷《めいい》を得《う》るは卦名《くわめい》よりして

好《この》まざるものなれば戒愼《かいしん》を要《えう》す速《すみやか》に治《ち》せざれば凶《けう》○三爻の變《へん》　臨《りん》　食傷《しよくしやう》又は毒瘡開《どくさうかい》口《こう》の惱《なや》み或《あるひ》は痞《ひ》積上衝急《しやくじやうしやうきう》に治《ち》しがたし但《たゞ》臨産《りんざん》は安《やす》し○四爻の變《へん》　大壯《たいさう》　病候《びやうこう》變《へん》ずるの時《とき》とす肝氣《かんき》盛《さか》んにして逆上《ぎやくじやう》強《つよ》く胸脇《けうけう》苦《く》滿《まん》從來《じうらい》陰症《いんしやう》のもの反《かへり》て發熱《はつねつ》し怒氣《どき》を發《はつ》するものあり○五爻の變《へん》　需《じゆ》　水腫《するしゆ》疝積《せんしやく》の凝《こ》る所《ところ》膿血《のうけつ》の災《わざはひ》治《ち》し難《がた》きの症《しやう》或《あるひ》は色欲《しきよく》の禍頭《わざはひ》痛《つら》し面部《めんぶ》に浮腫《ふしゆ》を生《しやう》ず凶兆《けうてう》こす○上爻の變《へん》　大畜《たいちく》　頭痛《づつう》腹滿《ふくまん》心氣《しんき》鬱塞《うつそく》して開《ひら》き難《がた》し病輕《やまひかる》からざれども靜養《せいやう》して治《ち》すべし○凡《およ》そ百疾《しつ》千患《くわん》の起《おこ》る卦象《くわしやう》に就《つ》きて之《これ》を論《ろん》ずればは先《ま》づ人身《じんしん》の陰陽《いんやう》和順《わじゆん》し氣《き》血《けつ》具足《ぐそく》し骨肉《こつにく》壯健《さうけん》無事《ぶじ》無病《むびやう》なるは乾坤《けんこん》氣《き》血《けつ》の全備《ぜんび》して運《うん》行《かう》するに依《よ》る即《すなは》ち乾氣《けんき》は下降《かかう》して湧泉《ようせん》に降《くだ》り坤血《こんけつ》は上升《じやうしやう》して百會《ゑ》に朝《てう》し是《こ》れ陰陽《いんやう》交《かう》和《わ》し氣《き》血《けつ》升降《しやうこう》する處《ところ》の徵候《ちやうこう》にして即《すなは》ち泰《たい》の卦象《くわしやう》とし又乾氣《けんき》鬱結《うつけつ》し疲勞《ひらう》して下《くだ》らず坤《こん》血《けつ》は粘滯《ねんたい》して升《のぼ》らず氣《き》血各上下《けつおの〳〵しやうか》に引《ひ》き分《わか》れて閉塞《へいそく》し陰陽《いんやう》交《まじは》らずして疾《やまひ》を生《しやう》ずるは否《ひ》の象《しやう》とす而して百疾《しつ》千患《くわん》の始《はじ》まりは先《ま》づ肝《かん》（震《しん》に配《はい》す）膽《たん》（巽《そん》に配《はい》す）の二臟腑《ざうふ》より生《しやう》ずるものとす如何《いかん》となれば震巽《しんそん》は陰陽《いんやう》二氣《き》發動《はつどう》する所《ところ》の主《しゆ》たればなり震《しん》は坤血《こんけつ》の一陰《いん》畫不足《くわくふそく》する所《ところ》の肝積巽《かんしつくそん》は乾氣《けんき》一陽畫《やうくわく》不足《ふそく》する所《ところ》の肝積《かんしやく》なれば泰否《たいひ》の二卦《くわ》と此《この》震巽《しんそん》二卦《くわ》との義《ぎ》を知《し》ることを要《えう》す

☰☷

天《てん》地《ち》否《ひ》

乾宮三世　春吉　夏凶
秋平　冬吉

此卦《このくわ》を得《う》るものは天地《てんち》閉塞《へいそく》の象《しやう》にして乾《けん》の氣《き》は亢《たかぶ》り上《のぼ》りて下《しも》に降《くだ》らず坤《こん》の血《ち》は下《しも》に降《くだ》りて上《かみ》に朝《てう》せず氣血《きけつ》和《くわ》せずして共《とも》に虚損《きよそん》するの象《しやう》とす故《ゆゑ》に百疾《しつ》千患《くわん》の因《より》て生《しやう》ずる所《ところ》の本《もと》なりとす氣《き》逆上衝《ぎやくじやうしやう》悪心《おしん》煩悶《はんもん》頭痛《づつう》目眩《もくげん》五心《しん》煩熱《はんねつ》手足《しゆそく》寒冷《かんれい》飢飽《きはう》節《せつ》なく夜臥《やくわ》安《やす》からず下利《げり》又は小便《せうべん》頻數《ひんさく》下血《げけつ》崩漏《ほうろう》等《とう》の諸症《しよしやう》皆《みな》具《そな》はるの象《しやう》肝脾《かんひ》肺腎《はいじん》總《す》べて虧虚《ききよ》せるの象《しやう》失《しつ》心癲狂《しんてんきやう》の象《しやう》皆《みな》危篤《きとく》の兆《てう》とす又夏日《かにつ》は涼《りやう》を納《い》れて後《のち》暑邪《しよじや》を伏《ふく》し冬日《とうじつ》は爐《ろ》に當《あた》りて快眠《くわいみん》の間《あひだ》寒氣《かんき》に中《あた》り火毒《くわどく》を帶《お》ぶる等《とう》のことあり疾《やまひ》内《うち》に伏《ふく》して未《いま》だ大《おほい》に發《はつ》せず故《ゆゑ》に内《うち》に釀《かも》すこと久《ひさ》しければ終《つゐ》に治期《ちき》を失《うしな》ふを以《もつ》て速《すみやか》に治《ぢ》を求《もと》むるに宜《よろ》し又毒《どく》を食《くら》ひて病根《びやうこん》を除《のぞ》くことあり○初爻《しよかう》の變《へん》　无妄《むばう》　肝氣《かんき》亢《たか》ぶり足痛《そくつう》の症疾《しやうやまひ》に感《かん》ずること未《いま》だ深《ふか》からず速《すみやか》に治《ち》するに宜《よろ》し放擲《はうてき》するときは重《おも》きに至《いた》るべし○二爻《かう》の變《へん》　訟《しやう》　上下《しやうか》相戻《あひもと》り邪氣《じやき》邪熱《じやねつ》の侵《おか》す所《ところ》あり或《あるひ》は亂心《らんしん》或《あるひ》は腫瘡《しゆさう》或《あるひ》は虚病《きよびやう》に屬《ぞく》することあり又下利《げり》足痛《そくつう》等《とう》の意《い》あり○三爻《かう》の變《へん》　遯《とん》　手足《てあし》及《およ》び腰間《えうかん》に難《なや》みあり或《あるひ》は大小便《だいせうべん》通《つう》ぜず中風《ちうふう》等《とう》の象《しやう》多《おほ》く難治《なんぢ》

の症《しやう》とす○四爻《かう》の變《へん》　觀《くわん》　胸《けう》間《かん》悶《もん》亂《らん》或《あるひ》は脹《ちやう》滿《まん》欝《うつ》氣《き》發《はつ》斑《はん》濕《しつ》瘡《さう》の類《るゐ》又眩《げん》暈《うん》等《とう》ありて凶《けう》兆《てう》とす然《しか》れども急《きう》に死《し》せず○五爻《かう》の變《へん》　晋《しん》　心《しん》熱《ねつ》灼が如《ごと》く時《じ》疫《えき》の類《るゐ》逆《ぎやく》上《じやう》して目《め》痛《いた》み吐《と》血《けつ》等《とう》の象《しやう》あり夏《か》時《じ》は霍《くわく》亂《らん》轉《てん》筋《きん》危《き》篤《とく》の兆《てう》小《せう》兒《に》は痘《とう》瘡《さう》又眼《かん》病《びやう》の兆《てう》とす○上《しやう》爻《かう》の變《へん》　萃《すゐ》　食《しよく》物《もつ》停《てい》滯《たい》又は痰《たん》飲《いん》或《あるひ》は頭《づ》痛《つう》嘔《おう》吐《と》咳《がい》嗽《そう》の患《うれ》ひあり上《じやう》焦《せう》瘦《や》せ下《か》部《ぶ》枯《か》る淫《いん》酒《しゆ》過《くわ》度《ど》の致《いた》す所《ところ》早《はや》く救《すく》はざれば大《たい》患《くわん》に至《いた》り服《ふく》藥《やく》効《かう》なかるべし○此《この》卦《くわ》泰《たい》に反《はん》す泰《たい》は陰《いん》陽《やう》の氣《き》交《かう》和《くわ》し人《じん》身《しん》に在《あり》ては健《けん》全《ぜん》無《む》病《びやう》の象《しやう》此《この》卦《くわ》は陰《いん》陽《やう》の氣《き》和《くわ》せずして陽《やう》氣《き》は欝《うつ》結《けつ》し陰《いん》血《けつ》は粘《ねん》滯《たい》し百疾《しつ》千患《くわん》の由《よ》りて生《しやう》ずるの象《しやう》とす此《この》理《り》に通《つう》ずれば他《た》の卦《くわ》の泰《たい》足《たら》ざるは多《た》少《せう》の疾《やまひ》ある所以《ゆゑん》否《ひ》足《たら》ざるは尚《なほ》氣《き》息《そく》の存《そん》する所以《ゆゑん》とを知《しる》べし而して其《その》否《ひ》こ爲《な》る所《ところ》を避《さ》け之《これ》をして泰《たい》に復《ふく》せしむる所《ところ》を求《もと》むるは即《すなは》ち其《その》疾《やまひ》を療《りやう》するの道《みち》なり古《いにし》へは易《えき》理《り》と醫《い》道《だう》と相《あひ》須《ま》ちて其《その》疾《しつ》患《くわん》の因《より》て來《きた》る所《ところ》を考《かう》察《さつ》し治《ぢ》療《りやう》の方《はう》針《しん》をも定《さだ》めしものなれども後《こう》世《せい》は筮《せい》者《しや》醫《い》術《じゆつ》を知《し》らず醫《い》師《し》易《えき》理《り》を知《し》らざれば假《た》使《と》ひ易《えき》理《り》を說《と》くこ雖《いへど》も其《その》言《こと》を信《しん》じて治《ち》を施《ほどこ》すこと能《あた》はず又病《びやう》人《にん》を筮《せい》するも筮《せい》者《しや》親《したし》く其《その》人《ひと》を候《こう》問《よん》し平《へい》日《じつ》の好《かう》惡《あ》稟《ひん》賦《ふ》の強《きやう》弱《じやく》身《しん》體《たい》の肥《ひ》瘠《せき》血《けつ》色《しよく》の如《い》何《かん》等《とう》を審《つまびら》かにすることなければ往々《わう〳〵》其《その》占《せん》を誤《あやま》ることあり是《こ》れ病《びやう》筮《せい》の難《かた》き所以《ゆゑん》なり

䷌

天《てん》火《くわ》同《どう》人《じん》

離宮歸魂　春凶　夏吉
秋凶　冬吉

此《この》卦《くわ》を得《う》るものは天《てん》禀《ひん》陽《やう》氣《き》偏《へん》に勝《か》ち陰《いん》肉《にく》薄《はく》少《せう》にして且《かつ》性《せい》急《きう》短《たん》慮《りよ》の性《せい》なるべし疾《やまひ》は房《ばう》欲《よく》度《ど》を過《す》ぎて腎《じん》水《すゐ》を減《げん》じ虚《きよ》火《くわ》腰《えう》間《かん》に生《しやう》じて頻《しき》りに上《じやう》衝《しやう》し頭《とう》眩《げん》目《もく》暈《うん》悪《お》心《しん》煩《はん》悶《もん》五心《しん》煩《はん》熱《ねつ》常《つね》に安《あん》眠《みん》しがたく胸《けう》脇《けう》苦《く》滿《まん》の症《しやう》を兼《か》ぬべし但《たゞ》輕《けい》症《しやう》に在《あ》りては流《りう》行《かう》性《せい》感《かん》冒《ばう》或《あるひ》は暑《しよ》邪《じや》瘟《うん》疫《えき》等《とう》に屬《ぞく》することあり又婦《ふ》人《じん》に在《あ》りては血《けつ》熱《ねつ》より狂《きやう》亂《らん》の如《ごと》く逆《ぎやく》上《じやう》するものあり吐《と》血《けつ》下《げ》血《けつ》を畏《おそ》るべし小《せう》兒《に》は痘《とう》疹《しん》の初《しよ》發《はつ》に此《この》卦《くわ》を得《う》ることあり屢《しば〳〵》醫《ゐ》師《し》を易《か》ふることあるべし易《か》ふるも直《たゞ》ちに治《ち》せず患《くわん》者《じや》は物《もの》に驚《おどろ》き易《やす》く人《ひと》をのみ便《たよ》りにするなり重《ぢう》患《くわん》に在《あ》りては不《ふ》治《ち》の兆《てう》とす歸《き》魂《こん》の卦《くわ》なれば尤《もつと》も注《ちう》意《い》すべし〇初《しよ》爻《かう》の變《へん》　遯《とん》　瘡《さう》濕《しつ》咽《いん》喉《こう》舌《せつ》疽《そ》の類《るゐ》上《かみ》塞《ふさが》り下《しも》枯《か》れ腹《ふく》肚《と》腰《えう》足《そく》疼《とう》痛《つう》し心《しん》氣《き》衰《すゐ》弱《じやく》遺《ゆい》言《げん》を爲《な》し死《し》亡《ばう》するもの多《おほ》し〇二爻《かう》の變《へん》　乾《けん》　大《たい》便《べん》秘《ひ》結《けつ》小《せう》便《べん》不《ふ》利《り》浮《ふ》腫《しゆ》又痰《たん》喘《せん》ありて多《おほ》くは治《ち》し難《がた》し或《あるひ》は足《そく》痛《つう》あり但《たゞ》し耳《じ》痛《つう》の類《るゐ》は耳《じ》聾《ろう》して死《し》せざるもあり〇三爻《かう》の變《へん》　无《む》妄《ばう》　肝《かん》氣《き》亢《たか》ぶり怒《ど》氣《き》強《つよ》く腰《えう》脚《きやく》攣《れん》急《きう》して屈《くつ》伸《しん》安《やす》からず或《あるひ》は亂《らん》心《しん》して高《かう》聲《せい》多《た》言《げん》危《き》篤《とく》の症《しやう》にして藥《やく》力《りよく》及《およ》び難《がた》きもの多《おほ》し然《しか》れども一旦《たん》は

快瘉《くわいゆ》に赴《おもむ》くことあり〇四爻《かう》の變《へん》　家人《かじん》　風邪《ふうじや》を兼《か》ねて熱《ねつ》あり且《かつ》臍《せい》腹《ふく》痛《いた》み婦人《ふじん》は懷孕《くわいよう》又氣《き》積《しやく》の類《るゐ》にして病重《やまひおも》けれども治《ち》すべし〇五爻《かう》の變《へん》　離《り》　火《くわ》熱《ねつ》盛《さか》んにして胸膈《けうかく》に迫《せま》り氣逆上《きぎやくじやう》して狂《きやう》するが如《ごと》く危《あやふ》しと雖《いへど》も治《ち》す或《あるひ》は眼目《かんもく》の患《うれ》ひあり〇上爻《かう》の變《へん》　革《かく》　氣《き》上衝《じやうしやう》して心煩《しんはん》し或《あるひ》は腹痛《ふくつう》甚《はなは》だしく遺尿《いねう》し熱汗《ねつかん》を發《はつ》することあり多《おほ》くは不治《ふち》の症《しやう》但《たゞ》醫《い》を易《か》ふるに吉《きつ》〇此卦《このくわ》離《り》宮《きう》の歸魂《きこん》とす凡《およ》そ病筮《びやうぜい》に歸魂《きこん》の卦《くわ》を得《う》るは好《この》まざる所《ところ》なり故《ゆゑ》に愼重《しんちやう》すべきものとす但《たゞ》卦爻《くわかう》の變《へん》により吉《きつ》に赴《おもむ》くことありと雖《いへど》も此卦《このくわ》の如《ごと》き一爻《かう》變《へん》のものに在《あ》りて大概《たいがい》宜《よろ》しからず遯《とん》の如《ごと》きは虛損《きよそん》の象《しやう》且《かつ》今《いま》一爻《かう》を變《へん》ずれば否《ひ》と爲《な》り陰《いん》陽《やう》の氣《き》閉塞《へいそく》して通《つう》ぜざるの象《しやう》とす乾《けん》は純陽《じゆんやう》にして陰氣《いんき》の助《たす》けなく精氣《せいき》虛耗《きよかう》の象《しやう》あり无妄《むばう》は天《てん》に從《したが》へば吉《きつ》大《てん》に逆《さか》へば凶《けう》の卦《くわ》にして六爻《かう》皆《みな》禍福《くわふく》を言《い》ひ大抵《たいてい》は凶《けう》なりとす家《か》人《じん》は離《り》火《くわ》酷烈《こくれつ》にして上《かみ》に風《かぜ》あり病氣《びやうき》旺盛《わうせい》なるの象《しやう》離《り》爲《ゐ》火《くわ》は上下皆《みな》火《ひ》なれば極熱《ごくねつ》にして背面《はいめん》は大寒《だいかん》の象《しやう》亦《また》凶兆《けうてう》と爲《な》すべし革《かく》に至《いた》りて病《やまひ》の危《き》篤《とく》に至《いた》るを稱《しやう》して病革《やまひせまる》といふが如《ごと》く亦《また》吉《きつ》といふべからず唯《たゞ》醫《い》藥《やく》を改《あらた》めて萬一を僥倖《げうかう》するの意《い》あるのみ故《ゆゑ》に此卦《このくわ》を得《う》るときは早《はや》きに及《およ》びて良醫《りやうい》の治《ち》を請《こ》ひ速《すみやか》に之《これ》を治《ち》せんことを求《もと》むべきなり

䷍ 火《くわ》天《てん》大《たい》有《いう》

乾宮歸魂　春吉　夏平
秋凶　冬吉

此卦《このくわ》を得《う》るものは元來《ぐわんらい》陽氣《やうき》偏《へん》に勝《か》ち陰肉《いんにく》薄少《はくせう》にして陰血《いんけつ》も亦不足《またふそく》するの性《せい》なれば肝《かん》の積氣《しやくき》のみ強《つよ》く亢《たよ》り胸膈《けうかく》に熱《ねつ》を生《しやう》じ煩《はん》渇《かつ》引《いん》飲《いん》頭《とう》眩《げん》逆上《ぎやくじやう》衝心《しやうしん》便秘《べんぴ》等《とう》の症《しやう》あるものごす又は眼《まなこ》しぶり或《あるひ》は吐血《とけつ》等《とう》ありて身《しん》體《たい》倦《う》み勞《つか》れ又は水腫《するしゆ》中濕《ちうしつ》中風《ちうふう》等《とう》の症《しやう》を兼《か》ね輕《かろ》きに似《に》て難治《なんち》の症《しやう》に至《いた》ることあり或《あるひ》は霍亂體《くわくらんたい》の症《しやう》に此卦《このくわ》を得《う》ることあり此卦大《このくわだい》を有《たも》つの卦《くわ》なれば病《やまひ》も亦《また》一二の症《しやう》に止《とゞ》まらず種《しゆ》々《く》の徵候《ちやうこう》を有《いう》することあり故《ゆゑ》に一偏《へん》に拘泥《こうでい》すべからず且歸魂《かつきこん》の卦《くわ》なれば充分《じうぶん》に注意《ちうい》すてし其死生《そのしせい》を斷《だん》ずるは之卦《しくわ》と病症《べうしやう》とに在《あ》るなり○初爻《しよかう》の變《へん》　鼎《てい》　腹內悶亂《ふくないもんらん》湧《わ》くが如《ごと》く上焦《せう》下《か》枯《こ》水腫《するしゆ》痰咳《たんがい》の症《しやう》とす鼎《てい》は故《ふる》きを改《あらた》め新《あら》たなるに就《つ》くの卦《くわ》なれば醫《い》を改《あらた》むるによし但乾《たゞけん》を闕《か》きて巽《そん》と爲《な》るを以《もつ》て欝氣《うつき》少《すこ》しく開《ひら》くべしと雖《いへど》も反復來往《はんふくらいわう》測《はか》るべからざるの意《い》あれば良醫《りやうい》を選《えら》み天祐《てんいう》を祈《いの》るに在《あ》るのみ○二爻《かう》の變《へん》　離《り》　壯熱《さうねつ》ありて吐血下血《とけつげけつ》等《とう》の症《しやう》を發《はつ》すれば必《かなら》ず死《し》す又傷寒《しやうかん》瘟《え》疫《えき》の類《るゐ》夏時《かじ》は霍亂《くわくらん》と爲《な》るべし○三爻《かう》の變《へん》　睽《けい》　理《り》に背《そむ》く所《ところ》にして水上《するじやう》に火《ひ》あるが如《ごと》く

病《やまひ》も亦《また》常《つね》に異《こと》なるの意《い》あり又痰《たん》飲《いん》嘔《おう》吐《と》腰《えう》痛《つう》等《とう》の症《しやう》醫《い》藥《やく》應《おう》じがたし○四爻《かう》の變《へん》　大畜《たいちく》　積氣《しやくき》留《りう》飲《いん》又腹脹《ふくちやう》の意《い》あり凶兆《けうてう》とす或《あるひ》は痿痺《いひ》と爲《な》るべし婦人《ふじん》は血塊《けつくわい》脹滿《ちやうまん》の象《しやう》あり○五爻《かう》の變《へん》　乾《けん》　時《じ》候《こう》風《ふう》濕《しつ》の感《かん》ずる所《ところ》頭《づ》痛《つう》眩《げん》暈《うん》或《あるひ》は浮《ふ》腫《しゆ》眼《がん》目《もく》の難《なや》みあり急症《きうしやう》は旬日《じゆんじつ》を出《い》てずして死《し》し或《あるひ》は長病《ちやうびやう》難治《なんち》の症《しやう》と爲《な》るべし○上爻《かう》の變《へん》　大壯《たいそう》　逆上《ぎやくじやう》して體衰るの症《しやう》或《あるひ》は肝氣《かんき》亢《たか》ぶり時《とき》としては亂心《らんしん》の如《ごと》きものあり爻辭《かうじ》に天祐《てんいう》とあれば巫醫を撰《えら》み天《てん》祐《いう》を祈《いの》るべきなり○此《この》卦《くわ》乾《けん》宮《きう》の歸《き》魂《こん》とす歸《き》魂《こん》の卦《くわ》は病筮《びやうせい》に於《おい》て大概《たいがい》宜《よろ》しからず又爻《かう》位《ゐ》を以《もつ》て言《い》へば初爻《しよかう》を喪門《そうもん》とし二爻《かう》を弔客《てうかく》とし三爻《かう》を哭聲《こくせい》とし四爻《かう》を棺材《くわんざい》とし五爻《かう》を行兆《かうてう》とし上爻《かう》を墳陵《ふんりやう》とす又上爻《かう》は頭《かしら》なり五爻《かう》は心《こころ》なり四爻《かう》は脅《けう》なり三爻《かう》は腰《こし》なり二爻《かう》は股《もゝ》なり初爻《かう》は足《あし》なり是《こ》れ獨《ひと》り此《この》卦《くわ》のみならず他《た》卦《くわ》も皆《みな》此《こ》の象《ざう》あれば時《とき》に臨《のぞ》み其《その》病狀《びやうじやう》と各《かく》爻《かう》の動《うご》きとに依《よ》り活斷《くわつだん》するを要《えう》す又時《とき》に應《おう》じ初《しよ》を五臟《ざう》と爲《な》し二を皮《ひ》肉《にく》と爲《な》し三を體骨《たいこつ》と爲《な》し腰足《えうそく》と爲《な》し四を肺《はい》と爲《な》し心《しん》と爲《な》し五上を頭《かしら》と爲《な》して見《み》ることあり又應爻《おうかう》及《およ》び外卦《ぐわいくわ》を醫師《いし》と爲《な》し內卦《ないくわ》及《およ》び世《せ》爻《かう》を病人《びやうにん》と爲《な》し爻《かう》の相生《さうじやう》相《さう》尅《こく》を以《もつ》て醫《い》藥《やく》の適否《てきひ》を判《はん》ずることあり醫師《いし》より病《やまひ》を尅《こく》すれば病治《やまひち》すべく病《やまひ》より醫《い》を尅《こく》すれば其藥《くすり》靈《れい》ならざるが如し

䷎ 地《ち》山《さん》謙《けん》

兌宮五世　春平　夏凶
秋吉　冬吉

此卦《このくわ》を得《う》るものは第《だい》一に脾胃《ひゐ》虚損《きよそん》の象《しやう》とし又胃中《ゐちう》に食毒《しよくどく》ありて疼痛《とうつう》するの象《しやう》あり又寒疝《かんせん》腰痛《えうつう》の象《しやう》あり勞役《らうえき》して陽氣《やうき》虚衰せるの象《しやう》あり中風《ちうふう》にして半身不遂《はんしんふずゐ》の象《しやう》あり打撲《だぼく》の象《しやう》あり故《ゆゑ》に老人《らうじん》は中氣《ちうき》の病多《やまひおほ》く婦人《ふじん》は血分《けつぶん》に屬《ぞく》するの症《しやう》多《おほ》し或《あるひ》は持病《ぢびやう》の宿痾《しゆくあ》再發《さいはつ》し外見《ぐわいけん》よりは重《おも》くして長《なが》く愈《い》へざるものなり胎孕《たいよう》は障《さは》りなしと雖《いへど》も遲《おそ》し總《すべ》て陰氣《いんき》勝《か》つが故《ゆゑ》に沈默《ちんもく》して樂《たのし》まず又下卦《かくわ》艮止《ごんし》なれば行歩《かうほ》に艱《なや》む等《とう》のことあるべし又此卦《このくわ》彖墓《てうぼ》の象《しやう》あり山《やま》の高《たか》きを以て地下《ちか》に入《い》るの卦《くわ》なれば凶兆《けうてう》と見《み》ることあり時《とき》に臨《のぞ》み活斷《くわつだん》すべし但《たゞ》し先《さ》きに屈《かゞ》みて後《のち》に伸《の》ぶるの意《い》あれば長病《ちやうびやう》に在《あ》りては治《ち》することあり〇初爻《しよかう》の變《へん》　明夷《めいい》　此卦《このくわ》艮山《ごんざん》己《すで》に地中《ちちう》に入《い》るの象《しやう》にして今《いま》又離《り》の心坤地《こゝろこんち》の下《しも》に入《い》るの象《しやう》なれば至《いたり》て危篤《きとく》の兆《てう》とす且卦名《かつくわめい》より見《み》るも明夷《めいい》と爲《な》るを以《もつ》て大概《たいがい》は不治《ふぢ》のものとす然《しか》れども壯年《さうねん》の人《ひと》或《あるひ》は膏粱《かうりやう》過食《くわしよく》して食毒《しよくどく》を脾胃《ひゐ》に止《とゞ》むることあり是《こ》れ謙《けん》の象《しやう》なれば此《この》時《とき》に當《あた》り脾胃《ひゐ》を助《たす》け食毒《しよくどく》を疏滌《そでき》するときは速《すみやか》に治《ち》すべきを却《かへり》て溫補《おんぽ》の劑《ざい》を以《もつ》て疾《やまひ》を

増《ぞう》進《しん》せしめ更《さら》に明《めい》夷《い》の象《しやう》と為《な》せしが如《ごと》きは解《げ》熱《ねつ》と疏《そ》滌《でき》との力《ちから》に依《よ》りて平《へい》癒《ゆ》することあるべし○二爻《かう》の變《へん》　升《しやう》　風《ふう》邪《じや》を伏《ふく》し逆《ぎやく》上《じやう》強《つよ》く足《そく》痛《つう》眩《げん》暈《うん》等《とう》あるべし病《びやう》氣《き》昇《のほ》り進《すゝ》むの時《とき》なれば戒《かい》愼《しん》を要《えう》す○三爻《かう》の變《へん》　坤《こん》　謙《けん》の時《とき》一陽《やう》猶《なほ》存《そん》せしに今《いま》變《へん》じて純《じゆん》陰《いん》と為《な》る其《その》凶《けつ》知《し》るべし水《すゐ》虚《きよ》或《あるひ》は毒《どく》瘡《そう》の症《しやう》又劇《げき》藥《やく》を服《ふく》し脾《ひ》胃《ゐ》を傷《やぶ》り眼《がん》目《もく》昏《こん》蒙《もう》し腰《えう》脚《きやく》伸《の》ぶること能《あた》はざるの象《しやう》あり然《しか》れども坤《こん》は順《じゆん》にして物《もの》を育《いく》するの理《り》あり謙《けん》は人《ひと》に依《よ》りて立《た》つの意《い》あり良《りやう》醫《い》の力《ちから》を得《う》れば治《ち》すべきなり○四爻《かう》の變《へん》　小《せう》過《くわ》　陰《いん》氣《き》強《つよ》きに過《す》ぎ積《しやく》聚《じゆ》甚《はなは》だしく肝《かん》氣《き》心《しん》下《か》を犯《おか》し骨《こつ》節《せつ》疼《とう》痛《つう》寒《かん》熱《ねつ》往《わう》來《らい》の症《しやう》ごす小《せう》過《くわ》の卦《くわ》たる上《のほ》るに宜《よろ》しからず下《くだ》るに宜《よろし》きの象《しやう》なれば氣《き》を下《くだ》し安《あん》靜《せい》なるに宜《よろ》し婦《ふ》人《じん》は妊《にん》娠《しん》の兆《てう》とす○五爻《かう》の變《へん》　蹇《けん》　胸《けう》背《はい》及《およ》び腰《えう》足《そく》の難《なや》みあるべし或《あるひ》は瘡《さう》毒《どく》の餘《よ》殃《わう》心《しん》氣《き》欝《うつ》悶《もん》して心《しん》下《か》痞《つ》硬《かう》し脾《ひ》腎《かん》に濕《しつ》熱《ねつ》あるべし婦《ふ》人《じん》は經《けい》行《かう》不《ふ》順《じゆん》便《べん》秘《ぴ》等《とう》の症《しやう》急《きふ》に治《ぢ》しがたし○上爻《かう》の變《へん》　艮《ごん》　頭《づ》痛《つう》又は腰《えう》背《はい》強《こう》急《きふ》し四肢《し》痿《い》痺《ひ》し或《あるひ》は全《ぜん》身《しん》瘡《さう》疥《かい》を發《はつ》し陰《いん》部《ぶ》に患《うれ》ひあるの象《しやう》とす○凡《およ》そ此《この》卦《くわ》下《か》卦《くわ》三爻《かう》は皆《みな》吉《きつ》にして凶《けう》なく上卦《くわ》三爻《かう》は皆《みな》利《り》にして害《がい》なし然《しか》れば病《びやう》狀《じやう》を察《さつ》するごときは上《かみ》に述《の》ぶるが如《ごと》くなれども時《とき》として吉《きつ》を得《う》ることなきに非《あら》ず意《い》を用《もち》ひて判《はん》決《けつ》すべきなり

䷏ 雷《らい》地《ち》豫《よ》

離宮一世　春平　夏吉
秋吉　冬凶

此卦《このくわ》を得《う》るものは肝氣《かんき》亢《たかぶ》りて脾土《ひと》を尅《こく》し脾土《ひと》尅《こく》せられて水穀《すゐこく》の消化《せうくわ》宜《よろ》しからず食毒《しよくどく》心下《しんか》に止《とゞ》まり痞《ひ》硬《かう》するの象《しやう》あり肝積《かんしやく》に攻《せ》めらるゝの象《しやう》あり脾胃《ひゐ》虚弱《きよじやく》にして下利《げり》し易《やす》きの象《しやう》あり腹中《ふくちう》に塊物《くわいぶつ》あるの象《しやう》あり濕《しつ》を兼《か》ぬる症《しやう》は腰脚《えうきやく》痺《ひ》痛《つう》し或《あるひ》は痰咳《たんかい》を發《はつ》し咽喉《いんこう》腫痛《しゆつう》し又一身《しん》斑點《はんてん》を發《はつ》することあり婦人《ふじん》は血塊《けつくわい》又經水《けいすゐ》の滯《とゞこほ》りなるべし元來《ぐわんらい》肝氣《かんき》の亢《たか》ぶりあれば或《あるひ》は癲狂《てんきやう》を發《はつ》し人事《じんじ》を失《うしな》ひ卒爾《そつじ》に怪我《けが》するの類《るゐ》又物《もの》に觸《ふ》れて心氣《しんき》躁《さはが》しく動悸《どうき》甚《はなは》だしきものあり此卦《このくわ》雷《らい》の地《ち》を出《い》でゝ奮《ふる》ふの象《しやう》蓄し春陽《しゆんやう》の氣《き》行《おこな》はれ雷《らい》の奮《ふる》ひ出《い》づるや蟄蟲《ちつちう》皆《みな》蘇《そ》し百穀《こく》草木《さうもく》育《いく》するの象《しやう》なれば悦《よろこ》びあるの時《とき》なれども病《やまひ》に在《あ》りては震《しん》動《どう》の劇《はげ》しきが爲《た》めに反《かへり》て安《やす》からざるの意《い》あり〇初爻《しよかう》の變《へん》震《しん》一雷《らい》已《すで》に發《はつ》せしに一雷《らい》又下《し》より起《おこ》るの象《しやう》あれば餘病《よびやう》を發《はつ》し且《かつ》急《きう》劇《げき》の症《しやう》とす筋骨《きんこつ》疼痛《とうつう》し腰脚《えうきやく》痲痺《ひ》し或《あるひ》は癲癇《てんかん》の如《ごと》く心下《しんか》皷《こ》動《どう》し發狂《はつきやう》に類《るゐ》するものあるべし先《さ》きに危《あやふ》くして後《のち》に治《ち》すべし〇二爻の變《へん》解《かい》　夜氣《き》の侵《をか》す所《ところ》瘡毒《さうどく》の難《なや》み或《あるひ》は發熱《はつねつ》狂走《きやうそう》發斑《はつはん》等《とう》の症《しやう》とす婦人《ふじん》は産後《さんご》又流産《りうざん》の

難《なや》み多《おほ》く血分《けつぶん》に屬《ぞく》するものとす良醫《りやうい》を得《え》て治《ち》すべし〇三爻の變　小過《せうくわ》　腹中塊物《ふくちうくわいぶつ》を生《しやう》じ腰下《えうか》重《おも》く夏時《かじ》は中暑伏陰《ちうしよふくいん》の患《うれ》ひあり男女共《だんぢよとも》に痿痺《いひ》の症《しやう》を發《はつ》することあるべし〇四爻の變《へん》　坤《こん》　血氣《けつき》衰弱腹內空虛《すゐじやくふくないくうきよ》或《あるひ》は脚氣《かつけ》上衝《じやうしやう》の如《ごと》く氣逆《きぎやく》して足痿《そくい》す凶兆《けうてう》治方《ちはう》を浸《みだり》にすべからす〇五爻の變《へ》　萃《すゐ》　上衝嘔咽《じやうしやうおうえつ》して飲食《いんしよく》進《すゝ》まず心下痞塞《しんかひそく》して脚弱《あしよわ》し最初治《さいしよち》方《はう》を誤《あやま》りたる慿《い》あり蓋《けだ》し飲食過度《いんしよくくわど》の致《いた》す所《ところ》とす〇上爻《かう》の變《へん》　晋《しん》　上焦下枯心火盛《じやうせうかこしんくわさか》んにして煩悶嘔吐《はんもんおうと》あるべし又瘡毒《さうどく》の象《しやう》あり婦人《ふじん》は血積半亂流產《けつしやくはんらんりうさん》の災《わざはひ》又は皷脹《こちやう》の象治《しやうち》するもの寡《すくな》し〇此卦豫《このくわよ》にして悅《よろこ》ぶの義《ぎ》と爲《な》し疾《やまひ》は豫《よ》と反《はん》す故《ゆゑ》に疾《やまひ》ある之《これ》を不豫《ふよ》と謂《い》ふ然《しか》るに豫《よ》にして許多《きよた》の疾患《しつくわん》あるものは豫《よ》の時《とき》悅《よろこ》びに任《まか》せ心勞《こゝろつか》れ意《い》足《た》り其《そ》の樂《たのし》み已《すで》に極《きはま》り遂《つひ》に情《じやう》を縱《ほしい》まゝにし欲《よく》に馳《は》せ或《あるひ》は飲食度《いんしよくど》に過《す》ぎ色欲《しきよく》に流《なが》れ遂《つる》に之《これ》を節《せつ》することを忘《わす》る亦《また》恒情《こうじやう》の免《まぬか》れざる所《ところ》なり故《ゆゑ》に六爻《かう》の辭《ことば》を見て各其因《おのおのそのよ》る所《ところ》を知《し》るべし初爻《しよかう》は悅《よろこ》びに堪《た》へずして樂《たのし》みを縱《ほしい》まゝにし凶《けう》を得《う》るものなり二爻《かう》は中正《ちうせい》にして吉《きつ》を得《う》るものなり三爻《かう》は不中不正《ふちうふせい》にして悅《よろこ》びを得《え》んと欲《ほつ》し却《かへり》て悔《く》ひあるものなり四爻《かう》は一卦《くわ》の主《しゆ》と爲《な》り豫悅《よえつ》を爲《な》すものなり五爻《かう》は豫樂《よらく》を欲《ほつ》して自由《じいう》を得《え》ず故《ゆゑ》に亡《ほろ》びざるものなり上爻《かう》は豫《よ》の極《きよく》に居《を》り情《じやう》を縱《ほしい》まゝにして凶《けう》なるものなり

䷐ 澤《たく》雷《らい》隨《ずゐ》

震宮歸魂　春平　夏吉
秋凶　冬吉

此《この》卦《くわ》を得《う》るものは肝《かん》氣《き》強《つよ》く脾《ひ》土《ど》尅《こく》せられ水《すゐ》穀《こく》の消《せう》化《くわ》悪《あ》しくして腐《ふ》敗《はい》液《えき》胸《けう》鬲《かく》に滿《み》ち溢《あふ》れ爲《た》めに種々《しゆく》の症候《しやうこう》を發《はつ》すべし頭《づ》痛《つう》悪《を》心《しん》の象《しやう》あり肩《けん》背《はい》強痛《きやうつう》の象《しやう》あり氣《き》逆頭眩《ぎやくとうげん》の象《しやう》あり飢《き》飽《はう》節《せつ》なきの象《しやう》あり又濕《しつ》毒《どく》の象《しやう》あり然《しか》れども多《おほ》くは色《しき》欲《よく》の爲《た》めに心《こゝろ》を動《うご》かし發《はつ》するの症《しやう》なれば輕《かろ》きが如《ごと》くにして實《じつ》は重《おも》し自《じ》汗《かん》盜《とう》汗《かん》痰《たん》咳《がい》ありて筋《きん》骨《こつ》拘《こう》急《きう》し日《ひ》を經《ふ》るに隨《したが》ひ邪《じや》氣《き》漸《やうや》く深《ふか》く早《はや》く治《ぢ》せざれば終《つる》に大患《たいくわん》に至《いた》ることあり婦《ふ》人《じん》は流《りう》產《ざん》の餘《よ》殃《わう》なるものあり此《この》卦《くわ》の象義《しやうぎ》皆《みな》陽《やう》を以《もつ》て陰《いん》に下《くだ》るに取《と》り名《な》づけて隨《ずゐ》と曰《い》ふ故《ゆゑ》に此《この》卦《くわ》の時《とき》は強《きやう》を以《もつ》て弱《じやく》に隨《したが》ふに利《り》あり疾《しつ》病《ぺい》を療《れう》するに於《お》けるも各《おの/\》其《その》時《とき》に隨《したが》ふの意《い》あるべし○初《しよ》爻《かう》の變《へん》　萃《すゐ》　濕《しつ》氣《き》を含《ふく》〆足《あし》痺痛《つう》し又は食滯《しよくたい》より脾《ひ》胃《ゐ》を損《そん》するものあり此《か》くの如《ごと》きは留《りう》飲《いん》咳逆《がいぎやく》して氣《き》鬱《うつ》するの症《しやう》とす然《しか》れども久《ひさ》しからずして治《ぢ》すべし○二爻の變《へん》　兌《だ》　痰《たん》飲《いん》咳《がい》嗽《そう》或《あるひ》は骨《こつ》節《せつ》痛《いた》み手《しゆ》足《そく》冷《ひ》へて治《ぢ》し難《かた》きの症《しやう》とす蓋《けだ》し傷食《しやうしよく》より時《じ》氣《き》に感《かん》じたるものにして或《あるひ》は亂《らん》語《ご》狂《きやう》走《そう》するものあり急《きう》に死《し》せざるも末《すゑ》には危《あやふ》し○三爻の變《へん》　革《かく》　熱《ねつ》の往《わう》

來《らい》ありて大《だい》便《べん》秘結《けつ》し口《こう》中《ちう》煩《はん》渇《かつ》して或《あるひ》は吐《と》血《けつ》等《とう》の恐《おそ》れあり長《ちやう》病《べう》は醫《い》藥《やく》を轉《てん》ずるに宜《よろ》し婦《ふ》人《じん》は經《けい》行《かう》の滯《とゞこほ》り又帶《たい》下《け》の症《しやう》或《あるひ》は異《い》病《べう》にして瘡《さう》疹《しん》又は眼《がん》病《べう》に變《へん》ずることあり革《かく》は疾《やまひ》革《せま》りて死《し》するの義《ぎ》あれば戒《かい》愼《しん》すべきなり○四爻の變《へん》　屯《ちゆん》　留《りう》飲《いん》腹《ふく》痛《つう》心《しん》氣《き》鬱《うつ》滯《たい》して冷《れい》濕《しつ》を含《ふく》み婦《ふ》人《じん》は血《けつ》虚《きよ》血《けつ》滯《たい》ありて長《なが》しご雖《いへど》も治《ち》すべし但《たゞ》鬱《うつ》氣《き》より生《しやう》ずる狂《きやう》亂《らん》奔《ほん》走《そう》言《げん》語《ご》節《せつ》なきものは凶《けう》兆《こう》○五爻の變《へん》　震《しん》　肝《かん》氣《き》亢《たか》ぶりて脾《ひ》胃《ゐ》衰《おとろ》へ事《じ》物《ぶつ》に就《つ》きて或《あるひ》は怒《いか》り或《あるひ》に悲《かなし》み心騷《こゝろさは》かしき症《しやう》とす蓋《けだ》し病《べう》邪《じや》漸《やうや》く深《ふか》く宿《しゆく》痾《あ》ご相《あひ》搏《う》ち大《おほい》に發《はつ》動《どう》するものとす故《ゆゑ》に耳《じ》鳴《めい》頭痛《づつう》四《し》肢《し》酸《さん》疼《とう》寒《かん》熱《ねつ》往《わう》來《らい》あるべし但《たゞ》小《せう》兒《に》に在《あ》りては肝《かん》積《しやく》の大《さい》なるものにして胸《けう》鬲《かく》に上《のぼ》り苦《く》悶《もん》して危《き》篤《とく》なるが如《ごと》きも本《ほん》卦《くわ》二五の應《おう》あるを以《もつ》て藥《くすり》も應《おう》ずるものと爲《な》し平《へい》復《ふく》するものと見《み》ることあり○上爻の變《へん》　无《む》妄《ばう》　病《べう》邪《じや》上《じやう》部《ぶ》に鬱《うつ》塞《そく》し寒《かん》熱《ねつ》往《わう》來《らい》して頭《づ》痛《つう》破《わる》るが如《ごと》く足《あし》痛《いた》みて伸《の》びず危《き》篤《とく》の兆《てう》ごす然《しか》れども卦《くわ》象《しやう》より見《み》るときは澤《たく》下《か》の雷《らい》天《てん》に上《のぼ》ることを得《う》るの意《い》あれば其《その》闕《か》けたるを補《おぎな》ひ危《あやふ》ぎに臨《のぞ》みて生《せい》理《り》あり良《りやう》醫《い》の治《ち》を請《こ》ふて治《ち》すべし但《たゞ》兌《だ》の口《くち》乾《けん》に變《へん》じ口《くち》を閉《と》ざすの象《しやう》あれば反《はん》胃《ゐ》と見《み》るこごあり又无《む》妄《ばう》は天《てん》災《さい》にして其《その》病《べう》因《いん》父《ふ》母《ぼ》の遺《い》傳《でん》に因《よ》ることあり時《とき》に臨《のぞ》みて活《くわつ》斷《だん》すべし

䷑ 山《さん》風《ふう》蠱《こ》

巽宮歸魂　春平　夏吉
秋不利　冬凶

此《この》卦《くわ》を得《う》るものは其病患《そのびやうくわん》の原因《げんいん》に各種《かくしゆ》の不同《ふどう》あるものなれば先《ま》づ其原因《そのげんいん》を詳悉《しやうしつ》し然《しか》る後《のち》占断《せんだん》を下《くだ》すべし或《あるひ》ば黴毒《ばいどく》の象《しやう》あり或《あるひ》は蚘蟲《くわいちう》の象《しやう》あり肝積衝心《かんしやくしやうしん》の象《しやう》あり父母《ふぼ》の遺《い》毒《どく》を受《う》けたる象《しやう》あり發狂亂心《はつきやうらんしん》の象《しやう》あり中風不遂《ちうふうふずゐ》の象《しやう》あり噦噎《かくいつ》の象《しやう》あり天行瘟疫《てんかううんえき》の象《しやう》あり外邪内攻《ぐわいじやないこう》して胸鬲《けうかく》を苦《くる》しましむるの象《しやう》あり脾胃虚《ひゐきよ》の象《しやう》あり腎虚《じんきよ》の象《しやう》あり瘍腫《やうしゆ》の象《しやう》あり痘瘡《とうさう》の象《しやう》あり元來蠱《ぐわんらいこ》にして疾《やまひ》の卦《くわ》なれば一を執《と》りて論《ろん》ずべからず蠱《こ》は敗《やぶ》るゝなれば身體《しんたい》次第《しだい》に壞亂《くわいらん》するの意《い》ありて疾《やまひ》の何《なに》たるを問《と》はず漸々《ぜん〴〵》深《ふか》く侵《おか》し危篤《きとく》に至《いた》るの兆《てう》又臨産《りんざん》に此卦《このくわ》を得《う》れば母子《ぼし》兩全《りやうぜん》しがたきなり此卦《このくわ》風《かぜ》の山下《さんか》に入《い》り閉息《へいそく》して振《ふる》はざるの象《しやう》物《もの》腐《くさ》りて蟲《むし》を生《しやう》ずるの時《とき》とす○初爻《しよかう》の變《へん》　大畜《たいちく》　形體手足等《けいたいしゆそくとう》に痛《いた》みあり或《あるひ》は浮腫《ふしゆ》あり毒瘡痼疾《どくさうこしつ》眼目昏朦《がんもくこんもう》病根《びやうこん》深《ふか》くして拔《ぬ》き難《がた》く急《きう》に死《し》せざるも長《なが》きに渉《わた》りて治《ち》せず又妖魅蠱惑《やうみこわく》の象《しやう》あり○二爻の變《へん》　艮《ごん》　四肢《しし》重《おも》く腰脊疼痛《えうせきとうつう》飲食《いんしよく》進《すゝ》まず長病《ちやうびやう》にして輕《かろ》からざるの症《しやう》とす○三爻の變《へん》　蒙《もう》　血氣《けつき》衰弱《すゐじやく》便秘《べんぴ》腰脚冷痛《えうきやくれいつう》又瀉下《しやか》するときは痢疾《りしつ》

の如《ごと》し或《あるひ》は逆上《ぎやくじやう》して耳鳴《みゝな》り頭重《かしらおも》く目《め》かすむ等《とう》の症《しやう》あり婦人《ふじん》は産後《さんご》又經行《けいかう》の障りありて長病《ちやうびやう》と爲《な》るべし○四爻の變《へん》　鼎《てい》　病邪上衝《びやうじやしやうしやう》し嘔吐《おうと》噦逆《えつぎやく》或《あるひ》は發熱《はつねつ》悪寒《をかん》飲食《いんしよく》進まず危《き》篤《とく》の兆《てう》とす但醫《たゞい》を轉《てん》ずるに宜《よろ》し○五爻の變《へん》　巽《そん》　傷食吐《しやうしよくと》瀉《しや》血膿《けつのう》中風《ちうふう》等《とう》肝脾《かんひ》の傷《やぶ》れにして凶兆《けうてう》とす本卦《ほんくわ》の象《しやう》巽風《そんふう》を以《もつ》て艮山《ごんざん》を吹破《ふきやぶ》るの意《い》あり今山《いまやま》變《へん》じて風《かぜ》と爲《な》る必死《ひつし》の占《せん》と見《み》るなり○上爻の變《へん》　升《しやう》　逆上《ぎやくじやう》して頭痛《づつう》眩暈《げんうん》又傍症《ばうしやう》を發《はつ》すべし多《おほ》くは瘡毒《さうどく》より來《きた》る本卦《ほんくわ》の蠱《こ》は陰溺惑亂《いんできわくらん》の象《しやう》とす凡《およ》そ人《ひと》陰溺惑亂《いんできわくらん》なるときは必《かなら》ず氣血《きけつ》を破《やぶ》る故《ゆゑ》に瘡《さう》毒《どく》と見《み》るなり且足《かつあし》に浮腫《ふしゆ》あるべし巽《そん》を股《もゝ》と爲《な》し坤艮《こんごん》共《とも》に浮腫《ふしゆ》の象《しやう》あり又蠱《こ》と升《しやう》と共《とも》に足《あし》の腫《は》れたる象《しやう》なればなり然《しか》れども上爻《かう》は亂極《らんきはま》りて治《ち》に向《むか》ふの時《とき》なれば良醫《りやうい》を得《う》れば治《ち》すべきなり但艮《たゞごん》を身《み》と爲《な》し艮變《ごんへん》じて坤《こん》と爲《な》るは身《み》變《へん》じて土《つち》と爲《な》るものなれば時《とき》に取《と》りて必死《ひつし》と占《せん》することあるなり○此卦《このくわ》父母《ふぼ》老《おい》ひて子《こ》事《こと》に當《あた》るの象《しやう》なれば親子《しんし》の間《あひだ》に勞苦《らうく》あるべし又災難《さいなん》遠《とほ》きに在《あ》らずして近《ちか》きに起《おこ》り外《ほか》より入《い》らずして内《うち》より生《しやう》ずるの意《い》あれば疾病《しつぺい》に於《お》けるも此意《このい》を體《たい》して常《つね》に戒愼《かいしん》する所《ところ》あるべし初爻《しよかう》は疾未《やまひいま》だ深《ふか》からざれば早《はや》く治《ち》するに宜《よろ》し其他《そのた》は三爻《かう》及《およ》び上爻《かう》を以《もつ》て稍吉《やゝきつ》とするなり

䷒ 地《ち》澤《たく》臨《りん》

坤宮二世　春平　夏凶
秋利　冬吉

此卦《このくわ》は兌《だ》を下《しも》にし坤《こん》を上《かみ》にす澤上《たくじやう》に地《ち》ありて地澤《ちたく》相臨《あひのぞ》むの象全體《しやうぜんたい》に於《おい》ては二陽《やう》を以《もつ》て四陰《いん》に對《たい》し四陰《いん》を以《もつ》て二陽《やう》を觀《み》又二陽《やう》より四陰《いん》を望《のぞ》み陰陽相望《いんやうあひのぞ》むを以《もつ》て名《な》つけて陰《りん》と曰《い》ふ陰漸《いんやうや》く退《しりぞ》き陽漸《やうやうや》く進《すゝ》むの卦《くわ》なり然《しか》れども此卦《このくわ》を得《う》るものは天稟《てんりん》の賦性薄弱《ふせいはくじやく》にして肝氣《かんき》常《つね》に亢《たか》ぶり脾胃《ひゐ》を尅傷《こくしやう》す脾土《ひど》疲勞《ひらう》するよりして水穀《すゐこく》の消化惡《せうくわあ》しく脾胃中《ひゐちう》に濕氣《しつき》を生《しやう》じ轉《てん》じて種々《しゆく》の病患《べうくわん》と爲《な》りしことを知《し》るべし又腹中《ふくちう》に宿水《しゆくすゐ》あるの象《しやう》あり瘀血《おけつ》の象《しやう》あり故《ゆゑ》に痰飲《たんいん》ありて咳嗽《がいそう》し心氣《しんき》欝《うつ》して心下《しんか》痞《ひ》し或《あるい》は酒毒《しゆどく》或《あるひ》は腰脚痛《えうきやくいた》みあり卦象土《くわしやうつち》を以《もつ》て口《くち》を塞《ふさ》ぐなれば重症《ぢうしやう》のものに在《あ》りては凶兆《けうてう》とす但《たゞ》妊娠《にんしん》の婦人《ふじん》は此例《このれい》に在《あ》らず○凡《およ》そ六十四卦中《くわちう》人身《じんしん》稟賦《りんふ》の正體《せいたい》無病《むべう》健全《けんぜん》の象《しやう》と指定《してい》して其準則《そのじゆんそく》と爲《な》すべきものを泰《たい》とし泰《たい》に次《つ》ぐものを臨《りん》とす泰《たい》は三陰《いん》三陽《やう》具足《ぐそく》すれども臨《りん》は二陽《やう》四陰《いん》にして泰《たい》に比《ひ》すれば一陽《やう》の不足《ふそく》あるが故《ゆゑ》に稟賦《りんふ》虚弱氣《きよじやくき》血《けつ》不足《ふそく》のものと爲《な》すなり然《しか》れども人《ひと》の稟賦《ひんふ》に於《お》ける泰《たい》の具足《ぐそく》せるが如《ごと》きものは少《すくな》くして十中《ちう》三四を得《え》がたく臨《りん》の卦象《くわしやう》の

如《ごと》きは十中《ちう》に六七を得《う》べし故《ゆゑ》に疾病《しつぺい》の占《せん》を得《え》たる卦《くわ》の象義《しやうぎ》に對《たい》し如何《いか》なる治療《ちりやう》を施《ほどこ》すこも泰臨《たいりん》二卦《くわ》の象《しやう》に變《へん》ぜしむるの道《みち》なきときは不治《ふち》或《あるひ》は必死《ひつし》の兆《てう》と爲《な》すべきなり又一陽《やう》爻《かう》不足《ふそく》の臨《りん》を以《もつ》て稟賦《りんぷ》薄弱《はくじやく》の人《ひと》と爲《な》さば一陰《いん》爻《かう》不足《ふそく》の大壯《たいさう》も亦《また》同《どう》一の觀《くわん》を爲《な》すべきが如《ごと》くなれども大壯《たいさう》に至《いた》りては已《すで》に疾病《しつぺい》中《ちう》の人《ひと》なれば常體《ぢやうてい》と見《み》るべからず其《その》故《ゆゑ》は臨《りん》の大象《たいしやう》は震《しん》なるも大壯《たいさう》の大象《たいしやう》は兌《だ》なり震《しん》は春《はる》にして生氣《せいき》あるも兌《だ》は秋《あき》にして肅殺《しゆくさつ》の時なればなり○初爻の變《へん》　師《し》　泄瀉《せつしや》下血《げけつ》の症本《しやうもと》冷濕《れいしつ》を兼《か》ぬるが故《ゆゑ》に足《あし》の痛《いた》みあるべし秋《あき》は痢疾《りしつ》の兆《てう》治《ち》方《はう》を怠《おこた》るときは大患《たいくわん》に至《いた》る○二爻の變《へん》　復《ふく》　傷食《しやうしよく》酒毒《しゆどく》泄瀉《せつしや》脾胃《ひゐ》虚《きよ》の類《るゐ》一時《じ》快方《くわいはう》に向《むか》ひ再發《さいはつ》して危《あやふ》きに至《いた》るものあり女子《ぢよし》は虚勞《きよらう》の症《しやう》ごす○三爻の變《へん》　泰《たい》　喘息《ぜんそく》嘔吐《おうと》腰《こし》重《おも》くして腹脹《ふくちやう》大便《だいべん》不利《ふり》一身《しん》浮腫《ふしゆ》等《とう》の症《しやう》又病因《べういん》は多《おほ》く甘味《かんみ》の物《もの》を食《しよく》するより起《おこ》ると見《み》ることあり爻辭《かうじ》に甘臨《かんりん》とあるを以《もつ》てなり○四爻の變《へん》　歸妹《きまい》　過食《くわしよく》鼓脹《こちやう》脾胃《ひゐ》虚《きよ》酒毒《しゆどく》瘡《さう》濕《しつ》痰咳《たんがい》の類《るゐ》危篤《きとく》の兆《てう》とす○五爻の變《へん》　節《せつ》　留飲《りういん》或《あるひ》は骨節《こつせつ》疼痛《とうつう》或《あるひ》は嘔吐《おうと》あり飲食《いんしよく》進《すゝ》みがたく不治《ふち》の症《しやう》と爲《な》るべし産《さん》は平《たひら》かなれども臨産《りんざん》は阻礙《そがい》に注《ちう》意《い》すべし○上爻の變《へん》　損《そん》　腹痛《ふくつう》毒瘡《どくさう》眼昏《がんこん》耳聾《じろう》或《あるひ》は中毒《ちうどく》打撲傷《だぼくしやう》の類《るゐ》長病《ちやうべう》は愈《い》ゆることあるも急病《きうべう》は危《あやふ》し

䷓ 風《ふう》地《ち》觀《くわん》

乾宮四世　春平　夏凶
秋吉　冬凶

此卦《このくわ》を得《う》るものは肝氣《かんき》亢《たか》ぶり脾土《ひと》を尅傷《こくしやう》して水穀《するこく》の消化《せうくわ》悪《あ》しきより脾胃《ひゐ》中《ちう》に毒《どく》ご熱《ねつ》とを生《しやう》じたり此卦《このくわ》巽《そん》を肝《かん》とし積氣《しやくき》とし艮《ごん》を脾胃《ひゐ》とす全卦《ぜんくわ》は大艮《たいごん》にして又脾胃《ひゐ》なれば病因《びやういん》は肝《かん》と脾胃《ひゐ》ごの疲勞《ひらう》に起《おこ》るものとす元氣《げんき》大《おほい》に虚《きよ》する象《しやう》あり眩暈《げんうん》頭痛《づつう》悪心《おしん》の症《しやう》あり頭脊《どうせき》強《つよ》く疼痛《とうつう》するの象《しやう》あり痰涎《たんぜん》壅盛《ようせい》の象《しやう》あり下利《げり》及《およ》び自利《じり》の象《しやう》あり都《す》べて上盈《かみみ》ち下虚《しもきよ》し逆上《ぎやうじやう》して寢《いね》るも夢《ゆめ》多《おほ》く盜汗《とうかん》を發《はつ》するもの多《おほ》し婦人《ふにん》は血虚《けつきよ》の象《しやう》男女《なんによ》とも輕《かろ》きが如《ごと》くして實《じつ》は重《おも》し速《すみやか》に治《ぢ》を施《ほどこ》さゞれば漸々《ぜんぜん》危篤《きとく》に至《いた》るものなり此卦《このくわ》巽《そん》風《ふう》を以《もつ》て坤地《こんち》の上《かみ》に在《あ》り風《かぜ》の地上《ちじやう》を行《ゆ》くが如《ごと》く動搖《どうよう》の義《ぎ》あるを以《もつ》て身體《しんたい》穩和《をんわ》ならずして煩雑《はんざつ》の意《い》あるべし大概《たいがい》心氣《しんき》を亂《みだ》り次第《しだい》に重患《ぢうくわん》に至《いた》るなり〇初爻の變《へん》　益《えき》　肝氣《かんき》壯盛《さうせい》にして足《あし》痛《いた》み或《あるひ》は治《ぢ》を誤《あやま》ることあり初發《しよはつ》に治《ぢ》せざれば大患《たいくわん》に至《いた》る〇二爻の變《へん》　渙《くわん》　鬱悶《うつもん》眩暈《げんうん》月疾《もくしつ》腹痛《ふくつう》傷食《しやうしよく》吐血《とけつ》泄瀉《せつしや》の類《るゐ》又小便《せうべん》失禁《しつきん》腰脚《えうきやく》冷痛《れいつう》することあるべし良醫《りやうい》を得《え》て治《ぢ》すべし〇三爻の變《へん》　漸《ぜん》　胸鬲《けうかく》又手《て》腰《こし》等《とう》の難《なや》み或《あるひ》は疝氣《せんき》等《とう》の症《しやう》全體《せんてい》觀《くわん》の卦《くわ》大象《たいしやう》は艮《ごん》なり艮《ごん》

を脾《ひ》胃《ゐ》とす今《いま》漸《ぜん》に變《へん》ずるを見《み》れば大《たい》艮《ごん》の脾《ひ》胃《ゐ》の中《うち》に坎《かん》の毒《どく》を生《しやう》ぜるの象《しやう》あり坎《かん》を酒《さけ》こし毒《どく》こし夜《よ》とし勞《らう》とす故《ゆゑ》に脾《ひ》胃《ゐ》の中《うち》に酒《しゆ》毒《どく》停《てい》滞《たい》して諸《しよ》症《しやう》を生《しやう》ずるものとし此三爻《かう》の毒《どく》を除《ぢよ》去《きよ》することを務《つと》むれば治《ぢ》すべきなり治《ぢ》を怠《おこた》れば救《すく》ふ可《べか》らざるに至《いた》る○四爻の變《へん》　否《ひ》　上《かみ》塞《ふさが》り下《しも》枯《か》れ大《たい》患《くわん》の兆《てう》或《あるひ》は目《もく》疾《しつ》傷《しやう》食《しよく》欝《うつ》積《せき》痰《たん》咳《がい》毒《どく》瘡《さう》の類《るゐ》速《すみやか》に死《し》せざれども治《ぢ》しがたし○五爻の變《へん》　剝《はく》　上《じやう》實《じつ》下《か》虚《きよ》肩《けん》背《はい》痛《つう》或《あるひ》は身《しん》體《たい》及《およ》び手《しゆ》足《そく》痿《い》痺《ひ》し中《ちう》風《ふう》に類《るゐ》するものあり小《せう》兒《に》は脾《ひ》虚《きよ》婦《ふ》人《じん》は血《けつ》虚《きよ》皆《みな》重《ぢう》患《くわん》とす變《へん》じて剝《はく》と爲《な》る衆《しう》陰《いん》上《のぼ》り進《すゝ》みて今《いま》將《まさ》に一陽《やう》を消《せう》し盡《つく》さんとするの時《とき》なれば必《ひつ》死《し》の兆《てう》とす○上爻《かう》の變《へん》　比《ひ》　虚《きよ》勞《らう》或《あるひ》は頭《づ》痛《つう》耳《じ》目《もく》の患《うれひ》腰《えう》足《そく》不《ふ》自《じ》由《いう》大《たい》腹《ふく》水《すゐ》腫《しゆ》の象《しやう》小《せう》兒《に》は胎《たい》毒《どく》大《たい》抵《てい》不《ふ》治《ぢ》の症《しやう》とす○此《この》卦《くわ》大《たい》象《しやう》は艮《ごん》艮《ごん》と坤《こん》は土《つち》にして脾《ひ》に配《はい》す故《ゆゑ》に此《この》卦《くわ》の如《ごと》きは脾《ひ》に着《ちやく》眼《がん》するを要《えう》す凡《およ》そ艮《ごん》の病《やまひ》は氣《き》血《けつ》欝《うつ》滞《たい》し或《あるひ》は兩《りやう》便《べん》不《ふ》利《り》にして浮《ふ》腫《しゆ》の理《り》あり頭《づ》痛《つう》拘《こう》攣《れん》手《しゆ》足《そく》重《おも》く胃《ゐ》熱《ねつ》ありて胸《けう》膈《かく》を塞《ふさ》ぐ意《い》あり又婦《ふ》人《じん》は産《さん》前《ぜん》後《ご》の意《い》あり艮《ごん》坤《こん》倶《とも》に脾《ひ》に配《はい》すれども別《わか》ちて之《これ》を論《ろん》ずれば坤《こん》を受《う》け納《おさ》むるとし嚢《ふくろ》とし平《へい》坦《たん》の土《と》地《ち》とし外《ぐわい》實《じつ》内《ない》虚《きよ》の象《しやう》を取《と》る艮《ごん》土《と》は山《さん》岳《がく》險《けん》阻《そ》の地《ち》とす故《ゆゑ》に坤《こん》を脾《ひ》の主《しゆ》配《はい》とし艮《ごん》を脾《ひ》の從《じう》配《はい》とするなり艮《ごん》坤《こん》の卦《くわ》あるとき此《この》の義《ぎ》象《しやう》を用《もち》ふべし

䷔

火《くわ》雷《らい》噬《ぜい》嗑《かふ》

巽宮五世　春凶　夏吉
秋凶　冬凶

此卦《このくわ》を得《う》るものは肝《かん》の積氣《しやくき》強《つよ》くして脾胃《ひゐ》を尅傷《こくしやう》するが故《ゆゑ》に水穀《すゐこく》の消化《せうくわ》悪《あ》しく脾胃《ひゐ》に食毒《しよくどく》と熱《ねつ》とを生《しやう》じて種々《しゆ〳〵》の病《やまひ》と變《へん》ずるものとす留飲《りういん》痰涎《たんせん》胸膈《けうかく》に充《み》ち塞《ふさが》り項背《こうはい》拘急《こうきう》悪《を》心《しん》頭《とう》眩《げん》等《とう》の象《しやう》あり臍傍《せいはう》動悸《どうき》し心下《しんか》に水氣《すゐき》ある症《しやう》もあるべし又咽喉《いんこう》腫痛《しゆつう》の象《しやう》あり上進《じやうしん》して熱盛《ねつさか》んなるの象《しやう》あり婦人《ふじん》産後《さんご》血症《けつしやう》の類《るゐ》急《きう》に治《ち》し難《がた》し又力《ちから》を盡《つく》して一は治《ち》し一は治《ち》せざるの意《い》あり産《さん》は良全《りやうぜん》を保《たも》ち難《がた》し都《す》べて障害物《しやうがいぶつ》あるの卦《くわ》なれば先《ま》づ其障害《そのしやうがい》を斷《だん》定《てい》して之《これ》を除去《ちよきよ》することを務《つと》むべし此卦《このくわ》全體《ぜんたい》頤《ゐ》に似《に》て頤《ゐ》の中《ちう》に九四の一陽爻《やうかう》來《きた》りて梗《かう》を爲《な》すの意《い》あるを以《もつ》て此一陽《やう》を噬《か》み嗑せ然《しか》る後《のち》に兩脣《りやうしん》始《はじ》めて合《あ》ふの義《ぎ》より噬嗑《ぜいかふ》と曰《い》ふなり○凡《およ》そ六十四卦《くわ》の中《うち》にて醫道《いだう》に配《はい》する所《ところ》の卦《くわ》は頤《ゐ》と噬嗑《ぜいかふ》との二卦《くわ》とす噬嗑《ぜいかふ》は頤《ゐ》中《ちう》に一陽爻《やうかう》ありて妨《さまた》げを爲《な》すの象《しやう》なれば醫道《いだう》より見《み》るとき此《この》九四の一陽爻《やうかう》を以《もつ》て寒熱《かんねつ》氣血《けつ》の病毒《びやうどく》とし或《あるひ》は頤《ゐ》口《こう》の中《うち》へ一陽爻《やうかう》の藥物《やくぶつ》を入《い》るゝの象《しやう》とも見《み》るなり周禮《しうらい》に疾醫《しつい》と曰《い》ひ人《ひと》の疾病《しつぺい》苦惱《くのう》あるに臨《のぞ》みて其因《そのより》て來《きた》る所《ところ》を推《お》し考《かんが》へ其疾《そのやまひ》の緩急《くわんきう》を量《はか》り

寒熱《かんねつ》氣血《きけつ》の虛實《きよじつ》輕重《けいちやう》に從《したが》ひて其方劑《はうざい》を處《よ》し或《あるひ》は汗《あせ》し或《あるひ》は吐下《とか》し其他《そのた》和解《わかい》溫補《をんぽ》升提《しやうてい》降《かう》墜滲《つゐさん》通《つう》清涼《せいりやう》等《とう》の治療《ちれう》を施《ほどこ》す是《こ》れ噬嗑《ぜいかふ》の象《しやう》なり○初爻《しよかう》の變《へん》　晉《しん》　壯熱《さうねつ》逆上《ぎやくじやう》傷寒《しやうかん》瘟疫《をんえき》の如《ごと》く或《あるひ》は身《み》に斑點《はんてん》を生《しやう》じ或《あるひ》は瘡毒《さうどく》又足部《そくぶ》の痛《いた》みあるべし從來《じうらい》の病根《びやうこん》此時《このとき》に動《うご》き大《おほい》に發熱《はつねつ》することあり速《すみやか》に其因《そのいん》を去《さ》るに宜《よろ》し○二爻の變《へん》　睽《けい》　痰咳《たんがい》嘔吐《おうと》の症《しやう》又上熱《かみねつ》すれば下冷《しもひや》か心下《しんか》安《やす》ければ腹《はら》より足《あし》に難《なや》みを生《しやう》ずるの類《るゐ》藥《くすり》應《おう》じがたし危急《ききふ》なるが如《ごと》しと雖《いへども》も回復《くわいふく》するものなり蓋《けだ》し噬嗑《ぜいかふ》は疾醫《しつい》の卦《くわ》なるに變《へん》じて睽《けい》となるは治方《ちはう》の睽《そむ》きたるを知《し》る即《すなは》ち誤治《ごち》の象《しやう》なり元來《ぐわんらい》噬嗑《ぜいかふ》の卦《くわ》火《ひ》の壯《さか》んなるに睽《けい》も亦《また》火《ひ》の壯《さか》んなる象《しやう》なれば是《こ》れ火《ひ》の上《かみ》に火《ひ》を添《そ》ふるの義《ぎ》たり最初《さいしよ》の坎《かん》の毒《どく》を下《くだ》して頤《い》の象《しやう》と爲《な》せば平癒《へいゆ》すべきを誤治《ごち》せしが故《ゆゑ》に睽《けい》と爲《な》りたるなり然《しか》れども尙《なほ》坎《かん》の毒《どく》を去《さ》ることを務《つと》むべきなり○三爻の變《へん》　離《り》　大熱《だいねつ》心煩《しんはん》大小便《だいせうべん》通利《つうり》しがたく飲食《いんしよく》進《すゝ》まず外《はか》強《つよ》くして內《うち》弱《よは》く吐血《とけつ》衄血《ちくけつ》婦人《ふじん》は血症《けつしやう》危《あやふ》しとす○四爻の變《へん》　頤《い》　傷食《しやうしよく》藥傷《やうしやう》或《あるひ》は咽喉《いんこう》の痛《いた》み脾胃《ひゐ》虛《きよ》發熱《はつねつ》等《とう》の症《しやう》飲食《いんしよく》を節《せつ》し藥養《やくやう》して治《ち》すべし○五爻の變《へん》　无妄《むばう》　胸中《けうちう》痞塞《ひそく》し肩背《けんはい》に凝結《ぎやうけつ》して痛《いた》み頭重《かしらおも》くして時々《じじ》惡寒《をかん》發熱《はつねつ》或《あるひ》は浮腫《ふしゆ》すべし危篤《きとく》の兆《てう》とす○上爻の變《へん》　震《しん》　肝氣《かんき》壯《さか》んにして亂症《らんしやう》の如《ごと》く危《あやふ》し醫《い》を易《か》ふるに宜《よろ》し

☶☲ 山《さん》火《くわ》賁《ひ》

艮宮一世　春平　夏凶
秋吉　冬平

此卦《このくわ》は大陽《たいやう》艮山《ごんざん》の下《しも》に沒《ぼつ》して夜《よ》と爲《な》り中夜火《ちうやひ》を山下《さうか》に擧《あ》ぐるの象《しやう》中夜火《ちうやひ》を山下《さんか》に擧《あ》ぐれば火《ひ》の光《ひか》り樹木《じゆもく》に映《えい》じ彩色鮮明《さいしよくせんめい》の象《しやう》あり故《ゆゑ》に名《な》づけて賁《ひ》と曰《い》ふ賁《ひ》は文《ぶん》なり飾《かざ》るなり而して病《やまひ》に在《あ》りては日暮《じつぼ》より夜《よ》に至《いた》り發熱《はつねつ》或《あるひ》は苦悶《くもん》するものとす凡《およ》そ此卦《このくわ》を得《う》るものは骨蒸《こつせう》の象《しやう》あり肝積脾胃虚腎虚《かんしやくひゐきよじんきよ》の象《しやう》あり上焦《じやうせう》は煩悶虚渇《はんもんきよかつ》し中焦《ちうせう》は坎毒痞硬《かんどくひかう》し下焦《かせう》は虚火熾《きよくわさか》んにして便秘《べんぴ》する等《とう》の象《しやう》あり又下部《かぶ》に濕熱《しつねつ》あるの象《しやう》或《あるひ》は遺毒《いどく》を受《う》け房《ばう》欲度《よくど》に過《す》ぎ脾腎兩虚《ひじんりやうきよ》するものあり小兒《せうに》は疳《かん》婦人《ふじん》は産後《さんご》の血症《けつしやう》なるべし此卦《このくわ》大抵《たいてい》病根《びやうこん》・深《ふか》く一病《ひやう》に非《あら》ずして彼此《ひし》の病《やまひ》を兼《か》ぬる意《い》あり〇初爻《しよかう》の變《へん》　艮《ごん》　長病《ちやうびやう》にして四支麻痺《しまひ》じ脾胃調和《ひゐてうくわ》せず又腎間《じんかん》の邪解《じやかい》せず小水不利腰痛等《せうするふりえうつうとう》の症變《しやうへん》じて艮《ごん》と爲《な》るを見《み》れば憂喜《いうき》の二山死生相半《ざんしせいあひなかば》し永久《えいきう》の困《くるし》み腰間《えうかん》に在《あ》るが如《ごと》し婦人《ふじん》は多《おほ》く産後《さんご》或《あるひ》は氣積傷食《きしやくしやうしよく》の類《るゐ》なり〇二爻の變《へん》　大畜《たいちく》　兩便不利《りやうべんふり》或《あるひ》は浮腫《ふしゆ》或《あるひ》は足痛《そくつう》或《あるひ》は口舌《こうぜつ》及《およ》び咽喉《いんこう》の痛《いた》み輕《かろ》きに似《に》て輕《かろ》からず然《しか》れども良醫《りやうい》を得《う》れば治《ち》すべし〇三爻の變《へん》　頤《ゐ》　肝氣亢《かんきたか》ぶり心火之《しんくわこれ》に乘《じやう》

じて盛《さか》んに逆上《ぎやくじやう》し唇腫《くちびるは》れ痛《いた》み且《かつ》腰膝《えうしつ》拘急熱《こうきうねつ》あれども發《はつ》せず危候《きこう》に迫《せま》るものとす然《しか》れども食《しよく》に味《あぢは》ひあらば治《ち》すべきの兆《てう》○四爻の變《へん》　離《り》　大熱《だいねつ》心下《しんか》痞《つか》へ苦煩《くはん》す但《たゞ》時《じ》疫霍亂《えきくわくらん》小兒《せうに》痘疹《とうしん》の序熱《じよねつ》婦《ふ》人《じん》血熱《けつねつ》の症《しやう》は危し總《すべ》べて心神《しんしん》定《さだ》まらず時々《じ・》恨《うら》み怒《いか》りて妄語《まうご》するもの藥効《やくかう》を得《う》ること少《すくな》し○五爻の變《へん》　家人《かじん》　内外患《ないぐわいうれ》ふる所《ところ》一ならず其《その》氣《き》衰弱《すゐじやく》し艮《こん》の止《し》變《へん》じて巽《そん》の動《どう》と爲《な》る熱《ねつ》に發止《はつし》ありて胸痛《けうつう》心煩《しんはん》し飲食《いんしよく》進《すゝ》み難《かた》し少《すこ》く快《こゝろよ》きことありと雖《いへど》も終《つる》に危篤《きとく》に至《いた》るの兆《てう》○上爻の變《へん》　明夷《めいい》　多《おほ》くは難治《なんち》の症《しやう》又瘡瘍《さうやう》を發《はつ》することあり凶兆《けうてう》なれども治法《ちはふ》宜《よろし》きを得《う》れば治《ち》することあり○因《ちなみ》に云《い》ふ凡《およ》そ二五の應否《おうひ》を見《み》ることは何《いづ》れの筮《ぜい》何《いづ》れの卦《くわ》にても必《かなら》ず本卦《ほんくわ》の應否《おうひ》を主《しゆ》として用《もち》ふること是《こ》れ通常《つうじやう》の規則《きそく》なり然《しか》れども疾病《しつぺい》の占《せん》にては之卦《しくわ》の二五の應否《おうひ》を用《もち》ふることあり例《たと》へば今病人《いまびやうにん》に藥《くすり》を投《とう》じて其《その》應驗《おうけん》の有無《うむ》を試《こゝろ》み問《と》はんに其《その》本卦《ほんくわ》にて二五相應《あひおう》ぜざれども之卦《しくわ》に於《おい》て二五陰陽《いんやう》相應《あひおう》ずるときは今日《こんにち》まで藥力《やくりよく》徹《てつ》せず効驗《かうげん》見《あら》はれざりしも明日《みやうにち》よりして藥効《やくかう》を得《う》べしと見《み》ることあり此《この》二五の應否《おうひ》を見《み》ること大切《たいせつ》なり尙《なほ》疾病《しつぺい》の徵候《ちやうこう》と本卦《ほんくわ》の卦象《くわしやう》と對照《たいせう》し卦爻《くわかう》の轉歩《てんぽ》之卦《しくわ》の性情《せいじやう》等《とう》を熟察《じゆくさつ》して然《しか》る後《のち》に明斷《めいだん》すべきなり

䷖ 山《さん》地《ち》剝《はく》

乾宮五世　春吉　夏平
秋凶　冬不利

此卦《このくわ》は坤《こん》を下《し》にし艮《ごん》を上《かみ》にす艮《ごん》は山《やま》なり坤《こん》は地《ち》なり艮《ごん》の山《やま》夷《る》して坤《こん》の地《ち》に附《つ》き高山《かうざん》落《お》ちて平地《へいち》と爲《な》るの象《しやう》又消長《せうちやう》に於《おい》ては本《もと》乾《けん》より來《きた》りて姤《こう》と爲《な》り遯《とん》と爲《な》り否《ひ》と爲《な》り觀《くわん》と爲《な》り剝《はく》と爲《な》り今將《いままさ》に一陽《やう》を剝《はく》して坤《こん》を爲《な》らんとす皆是《みなこ》れ陰《いん》を以《もつ》て陽《やう》を消《せう》し陽《やう》は陰《いん》の爲《た》めに削《けつ》らるゝの象《しやう》なれば名《な》づけて剝《はく》と曰《い》ふ剝《はく》はけづるなり盡《つ》くるなり落《お》つるなり然《しか》れば此卦《このくわ》を得《う》るものは陽虛《やうきよ》勞《らう》脫《だつ》の象《しやう》とす故《ゆゑ》に氣逆《きぎやく》上衝《じやうしやう》甚《はなは》だ強《つよ》く四肢《し》厥冷《けつれい》して夜《や》臥安《くわやす》からず不食《ふしよく》にして下利《げり》自利《じり》等《とう》の症《しやう》あり此《か》くの如《ごと》きは陽氣《やうき》次第《しだい》に脫《だつ》し去《さ》り必死《ひつし》の兆《てう》とす然《しか》れども變《へん》に由《よ》りて死中《しちう》に活《くわつ》を求《もと》むるの作用《さよう》あるべし又脾胃《ひゐ》虛弱《きよじやく》なるが故《ゆゑ》に寒熱《かんねつ》往來《わうらい》し頭重《かしらおも》く肩《けん》背強《はいきやう》痛或《つうあるひ》は痿痺《いひ》するものあり産《さん》は安《やす》からざるの兆《てう》とす○初爻《しよかう》の變《へん》　頤《ゐ》　肝氣《かんき》亢《たか》ぶり盛《さか》んにして食《しよく》すれども力《ちから》なく足痛《あしいた》みて病輕《やまひかろ》からず或《あるひ》は下利《げり》清穀《せいこく》脇胸《けうけう》苦滿《くまん》し藥《くすり》を忌《い》む等《とう》の症《しやう》とす良醫《りやうい》を得《う》れば治《ち》すべし○二爻の變《へん》　蒙《もう》　上焦《じやうせう》下《か》枯《こ》竭《かつ》癪脾《しやくひ》胃《ゐ》虛或《きよあるひ》は瘡濕《さうしつ》血膿《けつのう》の類《るゐ》頭痛《づつう》瀉利《しやり》人事《じんじ》を失《うしな》ひ心氣《しんき》乏《とぼ》しき症《しやう》然《しか》れども治《ち》すべし○三

爻の變《へん》　艮《ごん》　肩《けん》背《はい》拘《こう》急《きう》又腰脚《えうきやく》重《おも》くして物《もの》を負《お》ふが如《ごと》く身《しん》體《たい》痿《い》痺《ひ》す是《こ》れ脾《ひ》胃《ゐ》の鬱《うつ》滯《たい》に屬《ぞく》す故《ゆゑ》に脾《ひ》胃《ゐ》を療《れう》して治《ち》すべし○四爻の變《へん》　晉《しん》　壯《さう》熱《ねつ》ありて心《しん》下《か》痞《つ》硬《かう》夏《か》時《じ》は霍《くわん》亂《らん》の類《るゐ》或《あるひ》は毒《どく》瘡《さう》疝《せん》積《しやく》上《じやう》焦《せう》眩《げん》暈《うん》婦《ふ》人《じん》は産《さん》後《ご》の血《けつ》症《しやう》大《たい》概《がい》不《ふ》治《ち》の症《しやう》とす○五爻の變《へん》　觀《くわん》　頭《づ》痛《つう》目《もく》眩《けん》惡《お》風《ふう》或《あるひ》は腹《ふく》中《ちう》拘《こう》急《きう》又は心《しん》神《しん》浮《ふ》散《さん》し言《げん》語《ご》錯《さく》亂《らん》危《き》篤《とく》の兆《てう》とす生《せい》を得《う》ること少《すく》し○上爻の變《へん》　坤《こん》　脾《ひ》胃《ゐ》虛《きよ》耗《かう》上《じやう》焦《せう》吐《と》瀉《しや》瘡《さう》毒《どく》に在《あ》りては鼻《び》頭《づ》缺《か》くる等《とう》の症《しやう》婦《ふ》人《じん》は眩《げん》暈《うん》嘔《おう》吐《と》手《しゆ》足《そく》厥《けつ》冷《れい》時《とき》として人《じん》事《じ》を省《せい》せず血《けつ》積《しやく》凝《ぎやう》結《けつ》の症《しやう》皆《みな》危《き》篤《とく》の兆《てう》とす又老《らう》人《じん》に在《あ》りては病《べう》毒《どく》あるにも非《あら》ず唯《たゞ》天《てん》命《めい》の盡《つ》きて元《げん》氣《き》の日《にち》夜《や》に消《せう》耗《かう》し漸《ぜん》々《〳〵》死《し》期《き》に迫《せま》るの兆《てう》とす○凡《およ》そ病《べう》筮《ぜい》之《し》卦《くわ》に重《ちやう》乾《けん》重《ちやう》坤《こん》を以《もつ》て告《つ》ぐるときは必《かなら》ず危《き》篤《とく》の兆《てう》とするなり其《その》故《ゆゑ》は乾《けん》は天《てん》にして氣《き》の積《せき》のみ本《もと》形《かたち》あることとなし故《ゆゑ》に无《む》の象《しやう》とす因《よつ》て病《べう》占《せん》に之《これ》を忌《い》むなり又坤《こん》は地《ち》なり地《ち》は萬《ばん》物《ぶつ》の生《しやう》じ出《い》づる處《ところ》にして又萬《ばん》物《ぶつ》の歸《き》入《はふ》する所《ところ》なり故《ゆゑ》に亦《また》无《む》の象《しやう》と爲《な》し之《これ》を忌《い》むなり加之《しかのみならず》人《じん》身《しん》の健《けん》康《かう》は地《ち》天《てん》泰《たい》の如《ごと》く三陰《いん》三陽《やう》にして陰《いん》陽《やう》相《あひ》均《ひとし》く二氣《き》升《しやう》降《かう》し其《その》宜《よろし》きを得《う》るに在《あ》り然《しか》るに乾《けん》坤《こん》の如《ごと》き純《じゆん》陽《やう》純《じゆん》陰《いん》なるときは其《その》一氣《き》に偏《へん》するを以《もつ》て生《せい》活《くわつ》の理《り》なきものとす但《たゞ》老《らう》婆《ば》の病《べう》占《せん》に坤《こん》を得《え》無《む》病《べう》の體《たい》と見《み》ることあり是《こ》れ活《くわつ》斷《だん》にして坤《こん》は大《たい》陰《いん》老《らう》婆《ば》當《たう》然《ぜん》の卦《くわ》象《しやう》と爲《な》すに依《よ》る

䷗ 地《ち》雷《らい》復《ふく》

坤宮一世　春口舌　夏凶
秋吉　冬吉

此卦《このくわ》は震《しん》な下《しも》にし坤《こん》を上《かみ》にす震雷《しんらい》坤地《こんち》の下《しも》に伏藏《ふくざう》するの象《しやう》一陽《やう》を以て五陰《いん》の下《しも》に在《あ》り陰極《いんきはま》りて陽復《やうかへ》る消長《せうちやう》に於《おい》ては剝《はく》より來《きた》りて坤《こん》と爲《な》り復《ふく》と爲《な》る之《これ》を人事《じんじ》に擬《ぎ》すれば惡《あく》を出《い》てゝ善《ぜん》に入《い》るの義《ぎ》なれば始《はじ》め惡《あ》しきことゝもあり復吉《またきつ》に向《むか》ふの時《とき》とす而《しか》して此卦《このくわ》を得《う》るものは肝積《かんしやく》強《つよ》く脾土《ひど》疲勞《ひらう》するの象《しやう》とす故《ゆゑ》に病因《びやういん》は肝積《かんしやく》と脾胃《ひゐ》虛《きよ》とのもの多《おほ》かるべし但《たゞ》一陽地下《やうちか》に復還《ふくくわん》するの卦《くわ》なれば生氣《せいき》あるの義《ぎ》とし病《やまひ》は平復《へいふく》するの兆《てう》とす然《しか》れども反復《はんぷく》の義《ぎ》あれば活斷《くわつだん》を要《えう》す又平生大望《へいせいたいもう》を懷《いだ》き心勞《しんらう》して病《やま》ひ再發《さいはつ》するの兆《てう》あり婦人《ふじん》は氣《き》血衰弱《けつすゐじやく》して經行不順《けいかうふじゆん》なるべし或《あるひ》は病勢《びやうせい》の漸々《ぜん〱》に進《すゝ》むことあり快復《くわいふく》に向《むか》ふことあり病《やまひ》の新久《しんきう》と老少《らうせう》の別《べつ》にも由《よ》るものなれば變《へん》を見《み》て審斷《しんだん》すべし但《たゞ》即病《そくびやう》は速《すみやか》に治《ち》すべく又產《さん》は安《やす》し○初爻《しよかう》の變《へん》　坤《こん》　氣虛《ききよ》して藥効《やくかう》少《すくな》く長病《ちやうびやう》又足《そく》痛或《つうあるひ》は身《み》に瘡疥《さうかい》を發《はつ》するの症《しやう》多《おほ》くは治《ぢ》しがたし○二爻の變《へん》　臨《りん》　心腹《しんふく》疼痛《とうつう》痰咳《たんがい》出《い》で胸中《けうちう》結痛《けつつう》兩脚痿《りやうきやくい》し戰寒《せんかん》あるべし本卦《ほんくわ》復《ふく》は數《す》回發《くわいおこ》りさめの理《り》あり之卦《しくわ》臨《りん》は泰《たい》に次《つ》ぎて無病《むびやう》の象《しやう》と爲《な》す

卦《くわ》なれば治方《ちはう》を得《え》て平愈《へいゆ》すべし〇三爻《かう》の變《へん》　明夷《めいい》　外冷內熱《くわいれいないねつ》身《み》に斑點《はんてん》を發《はつ》するものあり婦人《ふじん》は血症《けつしやう》腰間《えうかん》疼痛《とうつう》夜《よ》に入《い》りて甚《はなは》だしきものあり多《おほ》く不治《ふち》の症《しやう》とす〇四爻の變《へん》　震《しん》　積塊心胸《しやくくわいしんけう》に迫《せま》り悶絶《もんぜつ》するが如《ごと》きの兆候《てうこう》とす但震《たゞしん》は聲《こゑ》ありて形《かたち》なきの象《しやう》なれば或《あるひ》は疾《やまひ》に托《たく》して人《ひと》を欺《あざむ》くの類《るゐ》あり時《とき》に取《と》りて活斷《くわいだん》すべし又臨産《りんさん》の占《せん》に此爻《このかう》を得《う》れば安《あん》産《さん》の兆《てう》とす坤母《こんぼ》の服中《ふくちう》に震《しん》の男子《だんし》を孕《はら》み且之卦《かつしくわ》の震《しん》は兩足《りやうそく》を践《ふ》みならべたるの象《しやう》あり又震《しん》を生氣《せいき》とす男子安産《だんしあんさん》の象《しやう》と見《み》るべし但産後《たゞさんご》の驚《おどろ》きあるを防《ふせ》ぐべし〇五爻の變《へん》　屯《ちゆん》　心下痞結《しんかひけつ》し頭重《かしらおも》く足輕《あしかろ》く兩脚攣痛《りやうきやくれんつう》肩背《けんはい》に凝滞《ぎやうたい》ありて長病《ちやうびやう》と爲《な》るべし然《しか》れども良《りやう》醫《い》を得《え》て治《ち》すべし〇上爻の變《へん》　頤《い》　脾胃《ひゐ》虚損《きよそん》し飲食進《いんしよくすゝ》まず嘔吐《おうと》瀉利《しやり》反復《はんぷく》煩悶《はんもん》の類病《るゐやまひ》輕《かろ》きものは全癒《ぜんゆ》近《ちか》きに在《あ》り或《あるひ》は手足痿痺《しゆそくいひ》するものあり病勢重《びやうせいおも》きものは凶兆病状《けうてうびやうじやう》に由《よ》り活斷《くわつだん》すべし〇頤《い》の卦《くわ》は醫師《いし》の象《しやう》なれば之卦《しくわ》に此卦《このくわ》あるときは良醫《りやうい》を擇《えら》み能《よ》く醫師《いし》の言《こと》に從《したが》ひ頤養《いやう》の道《みち》を盡《つく》さしむるに在《あ》り頤《い》は養《やしな》ふの卦《くわ》にして口《くち》の象《しやう》而して大象《たいしやう》に言《げん》語《ご》を愼《つゝし》み飲食《いんしよく》を節《せつ》するの戒《いまし》めあれば宜《よろし》く此意《このい》を體《たい》せしむべし然《しか》れども上爻《かう》は卦《くわ》の終《をは》りなるを以《もつ》て老人《らうじん》又大患《たいくわん》のものに在《あ》りては死亡《しばう》の兆《てう》と見《み》ることあり

䷘

天《てん》雷《らい》无《む》妄《ばう》

巽宮四世　春吉　夏平
秋凶　冬吉

此卦《このくわ》は震《しん》を下《しも》にし乾《けん》を上《かみ》にす震雷乾天《しんらいけんてん》の下《しも》に在《あ》り雷《らい》の天下《てんか》を行《ゆ》く象《しやう》動《うご》くに天《てん》を以てし動《うご》きて天《てん》と合《あ》ふ即《すなは》ち天道運行《てんだううんかう》の象《しやう》にして夫《か》の四時《じ》行《おこな》はれ百物成《ぶつな》る咸《ことごと》く自然《しぜん》の妙用《みやうよう》眞誠无妄《しんせいむばう》なるを以《いつ》て名《な》づけて无妄《むまう》と曰《い》ふ蓋《けだ》し人《ひと》一點《てん》の妄《まう》なければ天人合一《てんじんがふ》にして至《し》眞至誠《しんしせい》なり然《しか》れども世間《せけん》此《か》くの如《ごと》きの人少《ひとすく》なければ此卦《このくわ》を得《う》るときは大抵凶《たいていけう》なりとす之《これ》を病《やまひ》に見《み》るときは肝積《かんしやく》強《つよ》く亢《たかぶ》り胸鬲《けうかく》に衝《つ》き上《のぼ》るの象《しやう》あり氣逆上衝頭眩煩悶項背《きぎやくじやうしようとうげんはんもんこうはい》强痛悪《きやうつうお》心不食《しんふしよく》心下痞硬痰涎壅塞《しんかひかうたんせんようそく》等《とう》の症候《しやうこう》あるべし又心氣《しんき》亂《みだ》れ寒熱往來輕症《かんねつわうらいけいしやう》にして治《ち》しがたきことあり或《あるひ》は人《ひと》の壯健《さうけん》を羨《うらや》み病《やまひ》を發《はつ》するの萌《きざ》しあれば愼《つゝし》むべし老人《らうじん》は健忘《けんばう》の類《るゐ》婦人《ふじん》は血分《けつぶん》の患《うれひ》にして藥効《やくかう》なかるべし○初爻《しよかう》の變《へん》　否《ひ》　氣欝《きうつ》四支《し》沈重《ちんちやう》或《あるひ》は疼痛《とうつう》あり又心下痞硬《しんかひかう》婦人《ふじん》は血虚《けつきよ》の症動《しやうどう》もすれば危《あやふ》きに至《いた》るの兆《てう》あり○二爻の變《へん》　履《り》　男《なん》女《によ》を問《と》はず嫉妬《しつと》欲欝《よくうつ》牛亂氣《はんもんき》勞《らう》の類《るゐ》或《あるひ》は腹内疼痛寒風《ふくないとうつうかんぷう》を厭《いと》ふ等《とう》の症急《しやうきう》に治《ぢ》しがたし○三爻の變《へん》　同人《どうじん》　痰火盛《たんくわさか》んにして大便秘結《だいべんひけつ》或《あるひ》は時疫熱病《じえきねつびやう》多《おほ》くは凶兆《けうてう》但《たゞ》し治療《ちれう》の期《き》に

後《おく》るゝ意《い》あり〇四爻の變《へん》　益《えき》　天性《てんせい》禀受《ひんじゆ》の虚弱《きよじやく》なるもの時候《じこう》に感《かん》じ又父母《ふぼ》の遺毒《いどく》等《とう》に依《よ》るの疾《やまひ》心下《しんか》痞《ひ》硬《かう》肝積《かんしやく》腹痛《ふくつう》等《とう》の症《しやう》終身《しうしん》の難《なや》みにして急《きう》に治《ぢ》しがたかるべし又之卦《しくわ》の益《えき》は病勢《びやうせい》の益《ま》す象《しやう》と見《み》るなり〇五爻の變《へん》　噬嗑《ぜいかふ》　心胸《しんけう》痞塞《ひそく》し飲食《いんしよく》下《くだ》らず寒熱《かんねつ》往來《わうらい》して肝積《かんしやく》怒張《どちやう》し或《あるひ》は腹痛《ふくつう》を兼《か》ぬ然《しか》れども治《ぢ》すべし〇上爻の變《へん》　隨《ずゐ》　中風《ちうふう》癐腫《きうしう》の類《るゐ》又は痰咳《たんがい》頭痛《づつう》口中《こうちう》の痛《いた》み等《とう》とす治療《ちれう》を怠《おこた》れば大患《たいくわん》に至《いた》るべし〇此卦《このくわ》前《まへ》に述《の》ぶるが如《ごと》く天道《てんだう》運行《うんかう》の象《しやう》にして動《うご》きて天《てん》に從《したが》へば吉《きち》否《しからざ》れば凶《けう》なるの卦《くわ》なるを以て正《たゞ》しきに非《あら》ざれば眚《わざはひ》ありと云《い》ひ世間《せけん》正《たゞ》しき人《ひと》少《すく》なければ此卦《このくわ》を得《う》るときは過半《くわはん》凶《けう》なりとす蓋《けだ》し動《うご》くに天《てん》を以てすれば則《すなは》ち无妄《むばう》と爲《な》り動《うご》くに人《ひと》を以てすれば則《すなは》ち妄《ばう》と爲《な》る易《えき》の戒《いまし》めを垂《た》るゝこと著明《ちよめい》にして六爻の辭《ことば》皆《みな》天命《てんめい》に取《と》る天《てん》に從《したが》へば則《すなは》ち福《さいはひ》を得《え》違《たが》へば則《すなは》ち咎《とが》を得《う》故《ゆゑ》に爻辭《かうじ》吉《きつ》を言《い》ひ利《り》を言《い》ひ災《わざはひ》を言《い》ひ疾《やまひ》を言《い》ひ喜《よろこ》びを言《い》ひ眚《わざはひ》を言《い》ふ初《しよ》九は卦《くわ》の主《しゆ》故《ゆゑ》に吉《きつ》二爻は當然《たうぜん》の理《り》に循《したが》ひ利《り》を得《う》るものなり六三は不中《ふちう》不正《ふせい》已《おの》れの致《いた》す所《ところ》に非《あら》ずして天數《てんすう》の災厄《さいやく》を免《まぬか》れざるものなり九四は剛《がう》にして貞《てい》を守《まも》り自《おのづか》ら咎《とが》なきものなり九五は道《みち》を以《もつ》て自《みづか》ら治《をさ》め疾《やまひ》ありと雖《いへど》も其《その》守《まも》る所《ところ》を變《へん》ぜず終《つひ》に喜《よろこ》びあるものなり上九は卦《くわ》の終《をは》り不《ふ》正《せい》にして行《ゆ》けば眚《わざはひ》を得《う》るものなり

䷙

山《さん》天《てん》大《たい》畜《ちく》

艮宮二世　春吉　夏凶
秋凶　冬平

此卦《このくわ》は乾《けん》を下《しも》にし艮《ごん》を上《かみ》にす乾《けん》は健《けん》なり艮《ごん》は止《し》なり艮《ごん》の制止《せいし》を以て乾《けん》の鋭進《えいしん》を止《とゞ》むるの象《しやう》故《ゆゑ》に名《な》つけて大畜《たいちく》と曰《い》ふ畜《ちく》は止《とゞ》むるなり又養《やしな》ふなり其止《そのとゞ》めらるゝを以て此卦《このくわ》を得《う》るときは身心《しんしん》憂苦《いうく》あり怒《いか》りを含《ふく》み恨《うら》みを懐《いだ》くの意《い》あり之《これ》を疾病《しつぺい》に見《み》るときは肝《かん》氣《き》亢《たか》ぶりて脾土《ひど》を尅傷《こくしやう》し胸鬲《けうかく》に上《のぼ》るの症《しやう》あり脾胃虚《ひゐきよ》の象《しやう》あり肝積《かんしやく》の象《しやう》あり煩悶悪心《はんもんをしん》飢飽節《きはうせつ》なく心下痞硬《しんかひかう》兩便不利等《りやうべんふりとう》の象《しやう》あるべし又腹中塊物《ふくちうくわいぶつ》ありて刺痛《しつう》し腰脚酸痛《えうきやくさんつう》し晝《ひる》は輕《かろ》く夜《よ》は安靜《あんせい》ならず百事《じ》に氣《き》を痛《いた》め飲食《いんしよく》に忌嫌《いみきら》ひあるべし危篤《きとく》の如《ごと》きものも良醫《りやうい》を得《え》て治《ち》すべし産安《さんやす》けれども期《き》を延《の》ぶることあり○初爻《しよかう》の變《へん》　蠱《こ》　風邪《ふうじや》に感《かん》じ熱甚《ねつはなは》だしく頭痛《づゝう》破《やぶ》るが如《ごと》く時々下利《じゞげり》して腹中疼痛《ふくちうとうつう》し加《くは》ふるに蚘蟲《くわいちう》を以てするの症或《しやうあるひ》は瘡《さう》腫膿血《しゆかうけつ》の症《しやう》あり小兒《せうに》は癇或《かんあるひ》は胎毒驚風等《たいどくきやうふうとう》とす○二爻の變《へん》　賁《ひ》　壯熱《さうねつ》ありて大便結燥《だいべんけつさう》し又本病《ほんべう》に附添《ふてん》する病《やまひ》あり例《たと》へば持病《ぢべう》と外邪《ぐわいじや》又は腹痛《ふくつう》と頭痛瀉血《づゝうしやけつ》と眼病《がんべう》この類概《るゐおほむ》ね危篤《きとく》に至《いた》るの兆《てう》とす○三爻の變《へん》　損《そん》　痰咳《たんがい》ありて骨節疼痛《こつせつとうつう》し咽喉或《いんこうあるひ》は腰痛《えうつう》あるべし

然《しか》れども漸次《ぜんじ》快癒《くわいゆ》の兆《てう》とす○四爻の變《へん》　大有《たいいう》　向《さ》きに治癒《ちゆ》の期《き》を誤《あやま》り是《こゝ》に至《いた》りて大《たい》患《くわん》に陷《おちい》りしものゝ如《ごと》し壯熱《さうねつ》ありて心下《しんか》痞《ひ》硬《かう》大小便《だいせうべん》不利《ふり》吉凶《きつけう》の界《さかひ》に在《あ》るものとす○五爻の變《へん》　小畜《せうちく》　胸滿《けうまん》して腹皮《ふくひ》拘急《こうきう》し痰飲《たんいん》鬱積《うつせき》するの兆《てう》時々惡風《おふう》あるべし速《すみやか》に治《ち》を施《ほどこ》すに宜《よろ》し○上爻の變《へん》　泰《たい》　氣《き》虛《きよ》の症《しやう》頭面《とうめん》に難《なや》みあるべし一旦《たん》治《ち》癒《ゆ》の兆《てう》あれども攝養《せつやう》せざれば再《ふたゝ》び大患《たいくわん》と爲《な》るの恐《おそ》れあり戒愼《かいしん》するを要《えう》す○此卦《このくわ》六爻專《かうもつぱ》ら畜止《ちくし》の義《ぎ》を言《い》ひ初九は剛健《がうけん》の德《とく》を懷《いだ》くも初陽《しよやう》尙《なほ》微《び》なるを以て能《よ》く六四の畜《とゞ》めを受け難《なん》を知《し》りて自《みづか》ら止《とゞ》まるものなれば治療《ちれう》に於《お》けるも甚《はなは》だ急功《きうこう》を求《もと》めざるべし二爻も亦《また》履《ふ》むこと其中《そのちう》を得《え》時《とき》を知《し》るの明《めい》ありて其功《そのこう》の遽《には》かに成《な》るべからざることを知《し》り止《とゞ》まりて行《ゆ》かざるものなれば妄《みだ》りに轉地《てんち》等《とう》を爲《な》すべからず三爻は陽《やう》を以て陽《やう》に居《を》り志剛《こゝろざしがう》にして才強《さいつよ》く未《いま》だ銳進《えいしん》の嫌《きら》ひあるを免《まぬか》れず唯艱貞《たゞかんてい》にして自《みづか》ら守《まも》り時《とき》の可《か》なるを見《み》て進《すゝ》み身《み》を保《たも》つものなれば其意《そのい》を體《たい》するに宜《よろ》し四爻は艮《ごん》の初《はじ》めに居《を》り能《よ》く乾陽《けんやう》の初進《しよしん》を止《とゞ》むるものなり五爻は柔中《じうちう》にして尊位《そんゐ》に居《を》り惡《あく》を制《せい》するこゝ道《みち》あり柔能《じうよく》剛《がう》を制《せい》し吉《きつ》を得《う》るものなり上爻は通顯《つうけん》の地《ち》に居《を》り至公《しこう》の道《みち》に體《たい》し己れを舍《す》てゝ人《ひと》に從《したが》ひ功《こう》を成《な》すものなれば此意《このい》を體《たい》すべきなり

䷚ 山《さん》雷《らい》頤《い》

巽宮游魂　春凶　夏平
秋吉　冬利

此卦《このくわ》は震《しん》を下《しも》にし艮《ごん》を上《かみ》にす艮《ごん》は止《とゞま》り震《しん》は動《うご》く上《かみ》止《とゞま》り下《しも》動《うご》き卦《くわ》の象《しやう》亦《また》頤《い》に似《に》たるを以て名《な》つけて頤《い》と曰ふ頤《い》はおとがひなり其義《そのぎ》を養《やしな》ふと爲《な》す故《ゆゑ》に此卦《このくわ》を得《う》るものは危《き》篤《そく》の症《しやう》に非《あら》ず能《よ》く療養《れうやう》すれば快復《くわいふく》すべきの兆《てう》とす又艮《ごん》を手《て》とし震《しん》を足《あし》とし或《あるひ》は艮《ごん》を骨《ほね》とし鼻《はな》とし疵《きず》とし痛《いた》みとし震《しん》を肝《かん》とし髮《はつ》とし聲音《せいいん》とし虛驚《きよきやう》とすることあり凡《およ》そ此《この》卦《くわ》の症《しやう》は肝《かん》の積氣《しやくき》強《つよ》く亢《たか》りて脾胃《ひゐ》を犯《おか》し脾胃《ひゐ》爲《た》めに尅《こく》せられて水穀《すゐこく》の消化《せうくわ》惡《あ》しく胃《ゐ》中《ちう》に熱《ねつ》を生《しやう》じて胸膈《けうかく》苦滿《くまん》し或《あるひ》は煩渇《はんかつ》引飲《いんいん》とし或《あるひ》は不食《ふしよく》することあるへし又中年《ちうねん》の人《ひと》は心氣《しんき》を勞《らう》し小兒《せうに》は食物《しよくもつ》停滯《ていたい》の象《しやう》とす其心勞《そのしんらう》するは山下《さんか》の雷動《らいどう》かんと欲《ほつ》して動《うご》くこと能《あた》はず上《かみ》より止《とゞ》められて欝悶《うつもん》するの象《しやう》あればなり○初爻《しよかう》の變《へん》　剝《はく》　強《しひ》て歩行《ほかう》し又は強《しひ》て好《この》まざる物《もの》を食《くら》ひ飲《の》むべからざるものを飲《の》み爲《た》めに疾《やまひ》を生《しやう》ぜしの類《るゐ》故《ゆゑ》に氣血《きけつ》不《ふ》順《じゆん》にして身體《しんたい》痿瘦手足《しゆそく》重く老人《らうじん》は半身《はんしん》不遂《ふずゐ》等の症《しやう》凶兆《けうてう》とす○二爻の變《へん》　損《そん》　內損《ないそん》氣《き》虛毒《きよどく》瘡傷食《さうしやうしよく》の餘殃《よわう》腰下《えうか》の難《なや》みあり速《すみやか》に治方《ちはう》を求《もと》めて病原《びやうげん》を除去《じよきよ》すべし○三爻の變《へん》

賁《ひ》　先《さ》きに治《ち》候《こう》を失《うしな》ひ此《こゝ》に至《いた》りて兩症《りやうしよう》雜出《ざつしゆつ》し外邪《くわいじや》は陰《いん》陽兩感《やうりやうかん》内傷《ないしやう》なれば濕《しつ》熱《ねつ》に積氣《しやくき》の類《るゐ》頭《づ》痛《つう》逆上《ぎやくじやう》大便《だいべん》秘《ひ》結《けつ》腰下《えうか》に難《なや》みあるの症《しやう》多《おほ》し○四爻の變《へん》　噬嗑《ぜいがふ》　骨《こう》硬《かう》傷食《しやうしよく》或《あるひ》は嘔《おう》吐《と》食飲《しよくいん》不下《ふか》口中《こうちう》腐爛《ふらん》鼻《び》痔《ぢ》等《とう》の症《しやう》又時氣《じき》の障《さは》りあり苦《くるし》むと雖《いへど》も治《ち》すべし○五爻の變《へん》　益《えき》　風邪《ふうじや》に侵《をか》され寒熱《かんねつ》往來《わうらい》胸《けう》脇苦《く》滿《まん》足《そく》脚攣《きやくれん》急《きう》等《とう》の症《しやう》早《はや》く治《ち》せざれば大患《たいくわん》に至《いた》るべし○上爻の變《へん》　復《ふく》　病症《びやうしやう》反復《はんふく》して定《さだま》らず逆上《ぎやくじやう》嘔吐《おうと》頭《づ》痛《つう》破《わる》るが如《ごと》く又肩背《けんはい》に難《なや》みあるべし然《しか》れども兩感《りやうかん》の症今純《いやういまじゆん》一に歸《き》するを以て良醫《りやうい》を得《う》れば治《ち》すべし○此卦《このくわ》易《えき》に於《おい》て醫《い》道《だう》に配當《はいたう》すべきの卦《くわ》なり故《ゆゑ》に大象《たいしやう》に言語《げんご》を愼《つゝし》み飲食《いんしよく》を節《せつ》するの辭《ことば》あり上卦《くわ》三爻《かう》は皆《みな》人《ひと》を養《やしな》ふ所以《ゆゑん》下《か》卦《くわ》三爻《かう》は皆《みな》自《みづか》ら養《やしな》ふ所以《ゆゑん》にして養《やしな》ふの道《みち》は人《ひと》を養《やしな》ふを以て公《こう》と爲《な》し自《みづか》ら養《やしな》ふを以て私《わたくし》と爲《な》す自《みづか》ら養《やしな》ふの道《みち》は德《とく》を養《やしな》ふを以て大《だい》と爲《な》し體《たい》を養《やしな》ふを以て小《せう》と爲《な》す故《ゆゑ》に初二三皆《みな》口《こう》體《たい》を養《やしな》ふ私《わたくし》にして小《せう》なるものなり四五上皆《みな》德《とく》を養《やしな》ふを以て人《ひと》を養《やしな》ふ公《こう》にして大《だい》なるものなり人《ひと》を養《やしな》ふと自《みづか》ら養《やしな》ふとに論《ろん》なく之《これ》を要《えう》するに皆正《みなたゞ》しきを得《う》るを以て吉《きつ》と爲《な》す初二三は皆凶《みなけう》にして四五上は皆吉《みなきつ》なり蓋《けだ》し全卦《ぜんくわ》養生《やうじやう》の道《みち》を言《い》ふものなれば病症《びやうせい》に於《お》けるも能《よ》く此意《このい》を體《たい》し爻辭《かうじ》と卦象《くわしやう》とに對照《たいせう》して患者《くわんじや》の經過《けいくわ》を審《つまびら》かにすべきなり

澤《たく》風《ふう》大《たい》過《くわ》

震宮游魂　春吉　夏平　秋凶　冬平

此卦《このくわ》は頤《い》に反《はん》し巽《そん》を下《しも》にし兌《だ》を上《かみ》にし四陽中《やうちう》に積《つ》みて陽《やう》の大《だい》なるに過《す》ぎ又巽木《そんもく》を以《もつ》て兌《だ》澤《たく》の中《うち》に在《あ》り水《みづ》は元《もと》木《き》を養《やしな》ふものなれども樹木《じゆぼく》を澤中《たくちう》に涵《ひた》し入《い》るれば其養《そのやしな》ひ大《だい》なるに過《す》ぎ却《かへつ》て木《き》を害《がい》するが如《ごと》く全體《ぜんたい》より見《み》るときは剛陽盛《がうやうさか》んなるに過《す》ぎて運動《うんどう》すること能《あた》はざるの象《しやう》あり故《ゆゑ》に人《ひと》に於《お》けるも肢體《したい》肥重《ひちやう》して轉運《てんうん》すること能《あた》はざるの意《い》あり又四陽中《やうちう》に居《お》り下《しも》に根抵《こんてい》なく生氣《せいき》已《すで》に斷《た》へ上《かみ》に附屬《ふぞく》なく枝葉《しえふ》既《すで》に凋《しぼ》む故《ゆゑ》に死亡《しばう》の象《しやう》とし又棺槨《くわんくわく》の象《しやう》とするなり然《しか》れば此卦《このくわ》を得《う》るものは即病《そくびやう》を除《のぞ》くの外《ほか》定《さだ》めて大患《たいくわん》と為《な》す即《すなは》ち肝《かん》の積氣《しやくき》強《つよ》く脾土《ひと》水穀《すゐこく》の消化《せうくわ》を失《うしな》ひ腐敗《ふはい》の液《えき》胸鬲《けうかく》に滿《み》ち溢《あふ》れて項背《かうはい》に引《ひ》き痛《いた》みを發《はつ》するの象《しやう》あり又腎虚《じんきよ》の象《しやう》あり脾胃虚《ひゐきよ》の象《しやう》あり中風《ちうふう》の象《しやう》あり脹滿《ちやうまん》の象《しやう》あり心下《しんか》より臍旁《さいばう》に連《つら》なりて硬物《かうぶつ》を生《しやう》じ難《なや》むの象《しやう》あり一を執《と》りて論《ろん》ずべからず婦人《ふじん》は血《けつ》塊鼓脹經《くわいこちやうけい》行《かう》不順《ふじゆん》又脚氣《かつけ》腫滿《しゆまん》の兆《てう》あり○初爻《しよかう》の變《へん》　夬《くわい》　吐瀉《としや》の症《しやう》或《あるひ》は筋骨《きんこつ》疼痛《とうつう》痰喘《たんせん》促《そく》迫《はく》して浮腫《ふしゆ》あり病勢轉變《びやうせいてんぺん》の兆《てう》あり即病《そくびやう》は治《ぢ》すべしと雖《いへど》も長病《ちやうびやう》は吉《きつ》を得《え》がたし蓋《けだ》し傷《しやう》

食《しよく》の類《るゐ》多《おほ》く自《おのづか》ら殃《わざわひ》を招《まね》くものなればなり○二爻の變《へん》　咸《かん》　腰脚疼痛《えうきやくとうつう》時《じ》々吐逆《ときやく》し咳唾《がいだ》多《おほ》く心下《しんか》痞し寒熱《かんねつ》の往來《わうらい》あり小兒《せうに》は脾《ひ》虛《きよ》の類《るゐ》良醫《りやうい》を得《え》て治《ち》すべし○三爻の變《へん》　困《こん》　多房《たばう》の致《いた》す所《ところ》腰脚冷痛《えうきやくれいつう》下利《げり》或《あるひ》は痔疾《ちしつ》淋疾《りんしつ》等《とう》の難《なや》みあるべし婦人《ふじん》は血症《けつしやう》治方《ちはう》を怠《おこた》らざれば長《なが》しと雖《いへど》も治《ち》すべし○四爻《かう》の變《へん》　井《せい》　心下《しんか》に毒《どく》あり且《かつ》濕氣《しつき》を兼《か》ぬるの症《しやう》小腹《せうふく》冷《れい》痛《つう》或《あるひ》は耳口《じこう》の難《なや》みありて長《なが》きに亘《わた》るべし○五爻の變《へん》　恒《こう》　四時《しじ》感冒《かんばう》發熱《はつねつ》或《あるひ》は宿疾《しゆくしつ》の積氣《しやくき》胸腹《けうふく》疼痛《とうつう》等《とう》とす長《なが》きも治《ち》すべし○上爻の變《へん》　姤《こう》　寒熱《かんねつ》往來《わうらい》ありて頭痛《づつう》烈《はげ》しく或《あるひ》は大《おほい》に悪寒《をかん》し或《あるひ》は下利《げり》して危篤《きとく》に至《いた》るの兆《てう》とす○此卦《このくわ》棺槨《くわんくわく》の象《しやう》あり又死亡《しばう》の象《しやう》あるを以《もつ》て大病人《たいびやうにん》等《とう》には往々《わう〳〵》此卦《このくわ》を得《う》ることあり然《しか》れども其病症《そのびやうしやう》を審《つまびら》かにするときは必《ひつ》死《し》の者《もの》を救《すく》ふことあり例《たと》へば大過《たいくわ》の三爻《かう》を得《え》て困《こん》と爲《な》る其症《そのしやう》は痲疹《ましん》後《ご》に逆上《ぎやくじやう》して亂《らん》心《しん》せしなり斷《だん》じて曰《いは》く是《こ》れ醫師《いし》の處方《しよはう》を誤《あやま》りしものにして即《すなは》ち大《だい》なる過《あやま》ちなり困《こん》は口《くち》の中《うち》に物《もの》ありて出《い》づることを得《え》ざるが故《ゆゑ》に困《くるし》むなり此卦《このくわ》坤《こん》の腹中《ふくちう》に大《だい》なる物《もの》あるの象故《しやうゆゑ》に坤《こん》の腹中《ふくちう》の物《もの》を瀉下《しやか》せば治《ち》すべしと爲《な》し下劑《げざい》を與《あた》ふべきことを示《しめ》し之《これ》をして全快《ぜんくわい》せしめしことありと云《い》ふ此類《このるゐ》治《ち》を誤《あやま》れば殆《ほとん》ど棺槨《くわんくわく》に入《い》らんとするものなり神《しん》にして明《あきらか》にするは其人《そのひと》に存《そん》すと謂《い》ふべし

䷜ 坎《かん》爲《る》水《すゐ》

坎水八純　春吉　夏凶
秋凶　冬吉

此《この》卦《くわ》は坎《かん》の卦《くわ》を重《かさ》ぬるを以《もつ》て亦《また》坎《かん》と名《な》づく坎《かん》の卦《くわ》たるや一陽《やう》を以《もつ》て二陰《いん》の中《ちう》に陷《おちい》る陷《おちい》れば必《かなら》ず難《なや》むことあり其《その》相《あひ》重《かさ》なるを以《もつ》て進《すゝ》むは固《もと》より險《けん》退《しりぞ》くも亦《また》險《けん》困《くろし》みの上《うへ》に困《くろし》みを加《くわ》ふるの象《しやう》とす故《ゆゑ》に此《この》卦《くわ》を得《う》るものは病毒《びやうどく》あること尤《もつと》も甚《はなは》だしく食毒《しよくどく》の象《しやう》あり水毒《すゐどく》の象《しやう》あり疼《とう》痛《つう》甚《はなはだ》しくして濕《しつ》氣《き》深《ふか》く中《ちう》焦《せう》に熱《ねつ》あり腎《じん》虛《きよ》の象《しやう》あり脾《ひ》胃《ゐ》虛《きよ》の象《しやう》あり天《てん》刑《けい》病《びやう》の象《しやう》あり何《いつ》れも容易《ようい》ならざるの症《しやう》とす又坎《かん》を血《ち》と爲《な》す腫《しゆ》物《もつ》膿《のう》血《けつ》等《とう》の意《い》あり此《この》病《やまひ》一朝《てう》一夕《せき》の故《ゆゑ》に非《あら》ず假令《たと》ひ速病《そくびやう》といふと雖《いへど》も其《その》由《よ》りて來《きた》ること既《すで》に深《ふか》く急《きう》に治《ち》すべからざるものとす○初爻《しよかう》の變《へん》　節《せつ》　痰《たん》咳《かい》嘔《おう》吐《と》飲《いん》食《しよく》進《すゝ》まず心《しん》下《か》留《りう》滯《たい》あり宿《しゆく》水《すゐ》化《くわ》せず水《すゐ》氣《き》次《し》第《だい》に害《がい》を爲《な》し四支《し》冷《れい》痛《つう》危《き》篤《とく》に赴《おもむ》くの兆《てう》あり○二爻の變《へん》　比《ひ》　雨《う》濕《しつ》又水《すゐ》毒《どく》酒《しゆ》醬《しやう》の傷《やぶ》れ或《あるひ》は水《すゐ》虛《きよ》吐《と》瀉《しや》腫《しゆ》脹《ちやう》二便《べん》の困《くろし》み腹《ふく》中《ちう》煩《はん》悶《もん》して力《ちから》なく寒《かん》熱《ねつ》往《わう》來《らい》する等《とう》の象《しやう》凶《けう》兆《てう》とす○三爻の變《へん》　井《せい》　嘔《おう》吐《と》下《げ》利《り》或《あるひ》は兩《りやう》便《べん》不《ふ》利《り》遂《つる》に欝《うつ》積《せき》して腰《えう》下《か》に浮《ふ》腫《しゆ》を生《しやう》ずる等《とう》多《おほ》く不《ふ》治《ち》の症《しやう》とす○四爻の變《へん》　困《こん》　心《しん》脾《ひ》の虛《きよ》脱《だつ》心《しん》胸《けう》の痛《いた》み又身《しん》體《てい》倦《けん》怠《たい》四支《し》痿《ゐ》痺《ひ》の兆《てう》あり難《なん》

治《ち》の症《しやう》とす○五爻の變《へん》　師《し》　氣《き》血《けつ》共《とも》に虚衰《きよすゐ》し身體《しんたい》痿痺或《あるひ》は胸背《けうはい》痛《いた》み或《あるひ》は寒疝《せん》等《とう》危篤《きとく》に至《いた》るべし○上爻の變《へん》　渙《くわん》　寒熱《かんねつ》往來《わうらい》吐瀉《としや》血暈《けつうん》の類《るゐ》又口鼻《こうび》の氣《き》臭《くさ》く瞳子《とうし》散《さん》ぜんとするの兆《てう》危《あやふ》し○此《この》卦《くわ》前《まへ》に逃《の》ぶるが如《ごと》く八卦《くわ》に於《おい》て既《すで》に病《やまひ》の卦《くわ》なれば諸事《しよじ》に渉《かた》りて其病《そのやまひ》の在《あ》る所《ところ》を推究《すゐきう》するを要《えう》す或《あるひ》は血《ち》結《むす》びて物《もの》を成《な》さんとし或《あるひ》は神氣《しんき》陷溺《かんでき》して沈々《ちん〳〵》たるの類《るゐ》或《あるひ》は痰飲《たんいん》の變《へん》或《あるひ》は兩便《りやうべん》に係《かゝ》る病《やまひ》又坎《かん》を耳《みゝ》と爲《な》せば耳鳴《みゝな》り聾《つんぼ》の類《るゐ》耳後《じご》結核《けつかく》等《とう》又腎《じん》に配《はい》するを以《もつ》て夢交《かう》ご取《と》り遺精《いせい》と取《と》り或《あるひ》は淋病《りんびやう》下疳《げかん》又は腎虚《じんきよ》ご爲《な》すの類《るゐ》廣《ひろ》く通考《つうかう》すべし又坎《かん》を隱伏《いんふく》と爲《な》せば臥《ふ》して起《た》つこと能《あた》はざるの象《しやう》あり又憂悶《いうもん》氣《き》欝《うつ》の象《しやう》あり水《みづ》の象《しやう》より取《と》りて水腫《すゐしゆ》の象《しやう》あり泄瀉《せつしや》の象《しやう》あり經水《けいすゐ》の變《へん》適斷《てきだん》適來《てきらい》等《とう》の意《い》あり內癰《ないよう》の象《しやう》あり喘息《ぜんそく》盜汗《とうかん》等《とう》の象《しやう》あり坎《かん》を節《ふし》多《おほ》しと爲《な》すよりして骨節《こつせつ》疼痛《とうつう》等《とう》の象《しやう》あり又膀胱《ばうくわう》所屬《しよぞく》の疾《やまひ》と見《み》ることあり或《あるひ》は痔瘡《ぢさう》と見《み》ることあり蓋《けだ》し坎《かん》は下《しも》に通《つう》ずるの穴《あな》なきを以《もつ》てなり又坎腎《かんじん》は血《ち》と骨《ほね》とに屬《ぞく》するより齒痛《しつう》の象《しやう》あり疝痛《せんつう》の象《しやう》あり又坎《かん》を鬼《き》と爲《な》す故《ゆゑ》に鬼祟《きさう》と爲《な》すことあり易固《えきもと》より一を執《と》りて論《ろん》ずべからず必《かなら》ず卦爻《くわかう》の變《へん》ご象《しやう》とを考《かんが》へ又其病《そのやまひ》の因《よ》る所《ところ》を審《つまびらか》にし其《そ》の方《はう》に依《よ》り將《まさ》に死《し》せんごするものをも之《これ》を救《すく》ふて生《せい》に趨《おもむ》かしむべきなり

䷝ 離《り》爲《ゐ》火《くわ》

離火八純　春凶く　夏吉
秋疾病　冬不利

此卦《このくわ》は離《り》の卦《くわ》を重《かさ》ぬるを以《もつ》て亦離《またり》と名《な》づく離《り》の卦《くわ》たる一陰《いん》を以《もつ》て二陽《やう》に麗《つ》く離《り》は麗《つ》くなり火《ひ》の物《もつ》たる氣《き》ありて形《かたち》なく物《もの》に著《つ》きて其形《そのかたち》を見《あら》はす故《ゆゑ》に離《り》を火《ひ》と爲《な》し人心《じんしん》も亦火《またひ》と爲《な》す離《り》は明《めい》を取《と》り人心《じんしん》も亦其明《またそのめい》を取《と》る心《こゝろ》も亦形《またかたち》なく麗《つ》く所《ところ》ありて神《しん》を發《はつ》すればなり然《しか》れば此卦《このくわ》を得《う》るものは第《だい》一に心臓《しんざう》の疲勞《ひらう》するものとし又血虚《けつきよ》の象《しやう》あり火熱《くわねつ》壯《さか》んなるの象《しやう》あり煩悶苦滿《はんもんくまん》の象《しやう》あり惡心不食《おしんふしよく》の象《しやう》あり煩渇引飲《はんかついんいん》の象《しやう》あり女子《ぢよし》は兩乳《りやうにふ》に熱《ねつ》ありて痛《いた》みを發《はつ》し乳汁腐敗《にうじうふはい》するの象《しやう》あり總《す》べて病《やまひ》に發作往來《はつさくわうらい》ありて或《あるひ》は眩暈《けんうん》し眼《がん》目痛《いた》み憂悲《いうひ》して心氣《しんき》を勞《らう》するものとす此《か》くの如《ごと》く種々《しゆく》の支症《ししやう》あれば本病《ほんびやう》を見定《みさだ》め難《かた》く治候《ぢこう》を見《み》ること遠《とほ》し○初爻《しよかう》の變《へん》　旅《りよ》　時候《じこう》の侵《おか》す所濕熱《ところしつねつ》ありて心神《しんしん》定《さだま》らず四支《しし》沈重腰脚痺《ちんちやうえうきやくひ》痛《つう》し長《なが》きに亘《わた》りて危《あやふ》きに至《いた》るものあり但《たゞ》痢《り》するものをよしとす○二爻《かう》の變《へん》　大有《たいいう》　煩渇《はんかつ》して兩便利《りやうべんり》せず腰脚腫《えうきやくしゆ》痛《つう》あるべし又傍證《ばうしやう》あれは腹脹《ふくちやう》するものは凶兆《けうてう》○三爻《かう》の變《へん》　噬嗑《ぜいかふ》　肝氣《かんき》壯《さか》んにして躁《さは》がしく發狂《はつきやう》するものゝ如《ごと》く又飲食通《いんしよくつう》ぜず譫語《せんご》

妄語《まうご》危《あやふ》きが如《ごと》しと雖《いへど》も治《ち》方《はう》宜《よろし》きを得《う》れば治《ぢ》すべし○四爻の變《へん》　賁《ひ》　心《しん》脾《ひ》の虚《きよ》脱《だつ》より心胸《しんけう》に痛《いた》みあり又一の別症《べつしやう》を生《しやう》じ一方《はう》治《ぢ》すれば一方《はう》難《なや》むの類《るゐ》又四支《し》痲痺《まひ》の患《うれ》ひあり或《あるひ》は晝間《ちうかん》少《すこ》しく快《こゝろよ》く夜《や》間《かん》大《おほい》に困《くるし》むものあり長《なが》きに亘《わた》るものとす○五爻の變《へん》　同人《どうじん》　一目《もく》已《すで》に盲《まう》し又一目《もく》を盲《まう》せんとするの類《るゐ》或《あるひ》は心肺《しんはい》迫切《はくせつ》上衝《じやうしやう》し或《あるひ》は浮腫《ふしゆ》し危篤《きとく》に至《いた》るものとす○上爻《かう》の變《へん》　豐《ほう》　頭痛《づつう》眩暈《げんうん》又心臟《しんざう》の難《なや》みありて多《おほ》く救《すく》ひ難《がた》きの兆《てう》とす○此《この》卦《くわ》罔罟《まうこ》の象《しやう》ありて飛鳥《ひてう》羅《ら》網《まう》に罹《かゝ》るの象《しやう》あり故《ゆゑ》に人《ひと》も不慮《ふりよ》の疾病患難《しつぺいくわんなん》に遭《あ》ふことあるの時《とき》とす而《しか》して六爻《かう》を通觀《つうくわん》すれば初爻《しよかう》を始《はじめ》ご爲《な》し火《び》の始《はじ》めて燃《も》ゆるが如《ごと》くなれば疾《しつ》病《へい》に於《お》けるも初爻《しよかう》の時《とき》は猶《なほ》輕《かろ》し速《すみやか》に治《ぢ》を施《ほどこ》して之《これ》を撲滅《ぼくめつ》すべし故《ゆゑ》に爻辭《かうじ》に之《これ》を敬《けい》すれば咎《とが》なしごあり二爻《かう》は中正《ちうせい》にして日《ひ》の正《まさ》に中《ちう》するが如《ごと》し故《ゆゑ》に元吉《げんきつ》ご云《い》ふ病勢《びやうせい》進《すゝ》むご雖《いへど》も治《ち》方《はう》を得《う》れば吉《きつ》三爻《かう》は内卦《ないくわ》の終《をは》りに居《お》り其《その》明《めい》將《まさ》に沒《つ》きんとす日《ひ》の將《まさ》に夕《ゆふべ》ならんとするが如《ごと》し老人《らうじん》に在《あ》りては凶《けう》ごす四爻《かう》は内外《ないぐわい》二卦《くわ》の間《あひだ》に介《はさ》まり火勢《くわせい》炎上《えんじやう》するが爲《た》めに其苦《そのくるし》み甚《はなは》だしく突如來如焚如死如棄如《とつじよらいじよふんじよしじよきじよ》の辭《ことば》あるを以《もつ》て多《おほ》く救《すく》ふべからざるが如《ごと》し五爻《かう》は外卦《ぐわいくわ》の主《しゆ》盛《さか》んなるに憂《うれ》ひ危《あやふ》きを防《ふせ》ぐときは吉《きつ》を得《う》るものなり上爻《かう》は卦《くわ》の終《をは》りに居《お》り離運《りうん》已《すで》に盡《つ》くるを以《もつ》て凶《けう》なり

澤《たく》山《さん》咸《けん》

兌宮三世　春吉　夏平
秋凶　冬平

此卦《このくわ》を得《う》る人《ひと》は風邪《ふうじや》感冒《かんぼう》の象《しやう》あり時疫《じえき》傷寒《しやうかん》の象《しやう》あり中暑《ちうしよ》中寒《ちうかん》の象《しやう》あり瘧痢《ぎやくり》の象《しやう》あり痘瘡《とうさう》麻疹《ましん》の象《しやう》あり黴毒《ばいどく》の象《しやう》あり脹滿《ちやうまん》の象《しやう》あり留飲《りういん》の象《しやう》あり外虚《ぐわいきよ》内實《ないじつ》の象《しやう》外寒《ぐわいかん》内熱《ないねつ》の象《しやう》あり又疾毒《しつどく》心肺《しんはい》を犯《おか》すの象《しやう》皆《みな》具《そな》はれり故《ゆゑ》に經過《けいくわ》を詳悉《しやうしつ》せざれば容易《ようい》に判定《はんてい》し難《がた》し但《たゞ》危篤《きとく》の病人《びやうにん》に在《あ》りては命期《めいき》短促《たんそく》の兆《てう》こす又壯年《さうねん》の人《ひと》は色情《しきじやう》より發《はつ》する病證《びやうしやう》にして氣欝《きうつ》し或《あるひ》は四時《じ》の感冒《かんぼう》より發《はつ》して胃《ゐ》を傷《そこな》ひ痰咳《たんがい》盗汗《とうかん》等《とう》あるべし小兒《せうに》は先天《せんてん》の餘毒《よどく》頭《づ》瘡《さう》小瘡《せうさう》又は痘瘡《とうさう》等《とう》輕《かろ》きより重《おも》きに至《いた》るの時《とき》とす〇此卦《このくわ》を得《う》るこきは全體《ぜんたい》傷寒《しやうかん》こ時疫《じえき》と瘧痢《ぎやくり》こ麻疹《ましん》と黴毒《ばいどく》こ感冒《かんぼう》等《とう》の諸象《しよしやう》を具《そな》ふるを以《もつ》て其病狀《そのびやうじやう》を審《つまびら》かにし然《しか》る後《のち》に判定《はんてい》せざれば誤《あやま》るこご多《おほ》し〇初爻《しよかう》の變《へん》　革《かく》　此卦《しのくわ》三陰《いん》三陽《やう》を具足《ぐそく》するを以《もつ》て一體《たい》は壯健《さうけん》の人《ひと》なれども今《いま》初爻《しよかう》を得《う》れば下部《かぶ》に熱《ねつ》あるの兆《てう》とす下部《かぶ》の離火《りくわ》より肺金《はいきん》を尅《こく》するを以《もつ》て口中《こうちう》に痛《いた》みを生《しやう》ずるものとす又口中《こうちう》苦《くるし》く煩渇《はんかつ》して大小便《だいせうべん》不利《ふり》又衂血《ちくけつ》等《とう》あるべし下部《かぶ》の熱《ねつ》を去《さ》りて治《ち》すべし又醫《い》を易《か》へ藥《くすり》を改《あらた》むるに宜《よろ》し〇二爻の變《へん》　大過《たいくわ》　虚勞《きよらう》の

症《しやう》にして氣《き》欝《うつ》し容《よう》易《い》に藥《やく》効《かう》を奏《そう》せず身《しん》體《たい》倦《けん》怠《たい》し漸《ぜん》々《ぐ》危《あやふ》きに至《いた》るの兆《てう》とす○三爻の變《へん》　萃《すゐ》　感《かん》ずる所《ところ》一ならず或《あるひ》は發《はつ》狂《きやう》するものあり但《たゞ》小《せう》兒《に》は疳《かん》勞《らう》飲《いん》食《しよく》停《てい》滯《たい》し腸《ちやう》鳴《めい》下《げ》痢《り》の類《るゐ》老《らう》病《びやう》宿《しゆく》痾《あ》或《あるひ》は少《すこし》く効《かう》を得《う》るものありと雖《いへど》も終《つひ》に治《ぢ》しがたし○四爻の變《へん》　蹇《けん》　冷《れい》濕《しつ》の氣《き》を含《ふく》み腰《えう》足《そく》痛《つう》疼《とう》し又腹《ふく》痛《つう》し心《しん》下《か》に毒《どく》あり坎《かん》血《けつ》結《むす》びて心《しん》氣《き》陷《かん》溺《でき》し腎《じん》氣《き》損《そん》して盗《たう》汗《かん》等《とう》あるべし病《やまひ》長《なが》きに亘《わた》りて危《あやふ》し○五爻の變《へん》　小《せう》過《くわ》　本《ほん》卦《くわ》の咸《かん》は疾《しつ》患《くわん》心《しん》肺《はい》の上《かみ》に在《あ》りて已《すで》に危《あやふ》き徵《ちやう》あり變《へん》じて小《せう》過《くわ》と爲《な》れば小《せう》過《くわ》は大《たい》坎《かん》の象《しやう》即《すなは》ち大《たい》險《けん》にして震《しん》雷《らい》の兌《だ》澤《たく》より衝《つ》き上《のぼ》るなれば必《ひつ》死《し》の兆《てう》とす又此《この》病《やまひ》夫《ふ》妻《さい》離《り》別《べつ》の憂《うれ》ひより來《きた》るものあり病《びやう》症《しやう》は氣《き》欝《うつ》血《うつ》積《しやく》腰《えう》痛《つう》濕《しつ》毒《どく》等《とう》とす○上爻の變《へん》　遯《とん》　肺《はい》氣《き》上《じやう》升《しやう》し病《やまひ》上《じやう》部《ぶ》に在《あ》り咽《いん》喉《こう》口《こう》瘡《さう》舌《ぜつ》疽《そ》等《とう》又頭《とう》面《めん》は浮《ふ》腫《しゆ》すべし又病《びやう》勢《せい》は日《ひ》に壯《さか》んにして加《くわ》へ増《ま》すの兆《てう》是《こ》れ陽《やう》爻《かう》の加《くわ》はるなれば元《げん》氣《き》は次《し》第《だい》に遯《のが》れ去らんとす又上爻《かう》變《へん》ずるときは兌《だ》の口《くち》塞《ふさ》がるを以《もつ》て不《ふ》食《しよく》と爲《な》り絶《ぜつ》食《しよく》して死《し》に至《いた》り救《すく》ふべきの道《みち》なきものとす○此《この》卦《くわ》六爻《かう》象《しやう》を人《じん》身《しん》に取《と》り拇《ぼ》腓《ひ》股《こ》は皆《みな》下《か》體《たい》に屬《ぞく》し心《しん》脢《はい》輔《ほ》は皆《みな》上《じやう》體《たい》に屬《ぞく》す六爻《かう》皆《みな》應《おう》ずと雖《いへど》も皆《みな》靜《せい》を以《もつ》て吉《きつ》と爲《な》し動《どう》を以《もつ》て凶《けう》と爲《な》す初《しよ》爻《かう》は足《あし》の拇《おやゆび》なり二爻《かう》は腓《こぶら》なり三爻《かう》は股なり四爻《かう》を心《しん》の位《くらゐ》とし五爻《かう》を脊《せき》背《はい》とす此《この》義《ぎ》亦《また》知《し》らざるべからず

雷《らい》風《ふう》恒《こう》

震宮三世　春吉　夏凶
秋凶　冬平

此卦《このくわ》を得《う》る人《ひと》は震巽《しんそん》二木《ぼく》の肝氣《かんき》欝結《うつけつ》して積氣《しやくき》大《おほい》に亢《たか》ぶり痛《いた》み甚《はなは》だしきの象《しやう》あり氣逆《きぎやく》上衝項背《じやうしやうこうはい》強《つよ》く拘攣《こうれん》し或《あるひ》は急痛《きうつう》することあるべし又脹満久痾《ちやうまんきうあ》の意《い》あり根氣《こんき》漸々《ぜん〱》に疲《つか》れ自然《しぜん》に衰弱《するじやく》するの時《とき》とす蓋《けだ》し恒久《こうきう》の疾《やまひ》にして四支《し》沈重眼目昏朦《ちんちやうがんもくこんもう》するものあり婦人《ふじん》は産後經行《さんごけいかう》に關《くわん》するものとす○初爻《しよかう》の變《へん》　大壯《たいさう》　乾金《けんきん》を以て震木《しんぼく》を尅《こく》し上躁《かみさわ》ぎ下塞《しもふさが》り小兒《せうに》は驚風《きやうふう》大人《たいじん》は中風《ちうふう》或《あるひ》は物《もの》に觸《ふ》れ傷《やぶ》れを受《う》くるの類《るゐ》永久《えいきう》の困《くるし》みにして死《し》せずと雖《いへど》も急《きう》に治《ち》しがたし又足肚《そくと》痿《い》痺《ひ》起行《きかう》する能《あた》はざるの意《い》あり足《あし》に浮腫《ふしゆ》あるときは危《あやふ》し○二爻の變《へん》　小過《せうくわ》　小過《せうくわ》は大坎《だいかん》の象《しやう》濕氣《しつき》を滯《お》び四支《し》痿弱《いじやく》すべし又坎《かん》は大險《だいけん》なり此時《このとき》死《し》生《せい》の岐《ちまた》に在《あ》るものとす治候《ちこう》を誤《あやま》れば危《あやふ》し○三爻の變《へん》　解《かい》　肝木《かんぼく》の積氣《しやくき》強《つよ》くして脾土《ひと》を尅《こく》し脾土《ひと》に食毒《しよくどく》を生《しやう》じて腎水《じんする》を尅《こく》し腎水《じんする》遂《つゐ》に枯《か》れて火熱《くわねつ》を生《しやう》ずるの兆《てう》とす熱氣《ねつき》妄《まう》行《かう》して或《あるひ》は進《すゝ》み或《あるひ》は退《しりぞ》き一旦《たん》は平愈《へいゆ》するも再感《さいかん》の恐《おそ》れありとす○四爻の變《へん》　升《しやう》　此《この》卦本《くわもと》泰《たい》より來《きた》る故《ゆゑ》に患者《くわんじや》は壯健《さうけん》の人《ひと》なりしに偶《たまたま》大《おほい》に驚《おどろ》くことありて心思《しんし》を勞《らう》せし

が爲《た》めに震巽《しんそん》の肝積甚《かんしやくはなは》だ亢《たか》ぶり胸鬲《けうかく》に上升《じやうしやう》し拘攣《こうれん》急痛《きうつう》するものとす又本卦《ほんくわ》震《しん》の生氣《せいき》たる主爻《しゆかう》は消《せう》して陰《いん》と爲《な》り巽《そん》の氣《き》は地中《ちちう》に陷《おちい》るの象《しやう》たれば一身《しん》浮腫《ふしゆ》するの象終《しやうつゐ》に危《き》篤《とく》に至《いた》るべし○五爻の變《へん》　大過《たいくわ》　本卦恒《ほんくわこう》は久《ひさ》しきの義《ぎ》あり之卦《しくわ》大過《たいくわ》は過《あやま》つことの大《だい》なる義《ぎ》あり然《しか》れば醫師《いし》の治療《ちれう》も應《おう》ぜざること知《し》るべし又卦爻《くわかう》の轉歩《てんほ》を以《もつ》て考《かんが》ふれば一陽爻《やうかう》の増《ま》したるを以《もつ》て病勢《びやうせい》の増加《ぞうか》せしものとす危篤《きとく》の兆《てう》ご見《み》るなり但《たゞ》徵候《ちやうこう》は厥冷《けつれい》して水腫《すゐしゆ》泄瀉《せつしや》婦人《ふじん》は經水《けいすゐ》の不巡《ふじゆん》又内癰《ないよう》等《とう》の症《しやう》とす○上爻の變《へん》　鼎《てい》　肝膽《かんたん》共《とも》に邪氣《じやき》に覆《おほ》はれ更《さら》に一層《そう》の枝症《ししやう》を添《そ》へ尤《もつとも》危險《きけん》の時《とき》ごす病症《びやうしやう》は寒熱《かんねつ》の往來《わうらい》ありて逆上頭痛《ぎやくじやうづつう》眩《けん》暈《うん》等《とう》なるべし○此卦《このくわ》諸事《しよじ》久《ひさ》しきに亘《わた》るの時にして百事《じ》速《すみや》かなるに利《よろ》しからず序《じよ》に循《したが》ひて漸《やうや》く進《すゝ》み功《こう》を成《な》し志《こゝろざし》を遂《と》ぐるの意《い》あれば疾患《しつくわん》に於《おい》ても久《ひさ》しくして後《のち》に治《ぢ》するの意《い》あり又雷《らい》と風《かぜ》とは日《ひ》を終《を》へざるの象《しやう》あれば或《あるひ》は時《とき》と事《こと》とに依《よ》り影跡《えいせき》もなく消亡《せうばう》する意《い》もあり　激雷怒風《げきらいどふう》の象《しやう》なれば駭《おどろ》き惶《おそ》るゝの意《い》あり又震巽《しんそん》共《とも》に木《き》なれば次第《しだい》に蕃榮《はんえい》するの意《い》あり時《とき》と事《こと》とに隨《したが》ひて斷《だん》ずるを要《えう》す但《たゞ》雷風《らいふう》の二物《ぶつ》至動《しどう》至變《しへん》と雖《いへど》も其極《そのきよく》を究《きは》むれば雷《らい》の聲《こゑ》を發《はつ》する其候《そのこう》を爽《たが》へず風《かぜ》の物《もの》を噓《きよ》する各其時《おの〳〵そのとき》に應《おう》ぜず未《いま》だ嘗《かつ》て失《うしな》ふことあらざるの義《ぎ》を知《し》るべし

䷠ 天《てん》山《ざん》遯《とん》

乾宮二世　春吉　夏凶
秋平　冬凶

此卦《このくわ》を得《う》る人《ひと》は肝氣《かんき》欝積《うつせき》し虚氣《きよき》上衝《じやうしやう》するの象《しやう》とす痰涎《たんせん》湧盛《ようせい》にして喘息《ぜんそく》氣急《ききう》煩悶《はんもん》の象《しやう》あり頭痛《づつう》眩暈《けんうん》肩背《けんはい》拘攣《こうれん》夜臥《やぐわ》不安《ふあん》の象《しやう》あり上熱《じやうねつ》下冷《かれい》清穀《せいこく》下利《げり》胸脇《きやうけふ》苦滿《くまん》心下《しんか》痞硬《ひかう》小腹《せうふく》虚《きよ》耗《かう》等《とう》の象《しやう》あり又健忘《けんばう》疝積《せんしやく》の類《るゐ》婦人《ふじん》は經水《けいすゐ》不順《ふじゆん》にして下部《かぶ》に病毒《びやうどく》あり又産後《さんご》の發病《はつびやう》憂《いう》苦《く》に迫《せま》り心氣《しんき》を勞《らう》し下焦《かせう》の氣《き》循環《じゆんくわん》せずして足痛《そくつう》痿痺《ゐひ》等《とう》を患《うれ》ふるものあるべし但此卦《たゞこのくわ》病占《びやうせん》に在《あ》りては凶兆《けうてう》多《おほ》し然《しか》れども長病《ちやうびやう》に之《これ》を得《う》るときは或《あるひ》は危《あやふ》きを遯《のが》れ快愈《くわいゆ》に向《むか》ふことあり元氣《げんき》の虚脱《きよだつ》を戒《いまし》むべきなり〇初爻《しよかう》の變《へん》　同人《どうじん》　心脾《しんひ》の二臟《ざう》に虚熱《きやねつ》ありて兩《りやう》便共《べんとも》に通利《つうり》しがたく又藥用《やくよう》時宜《じぎ》を失《うしな》ひ將《まさ》に危篤《きとく》に陷《おちい》らんとするの兆《てう》あり早く良醫《りやうい》の治《ち》を請《こ》ふべし〇二爻の變《へん》　姤《こう》　遯《とん》も姤《こう》も共《とも》に陰長《いんちやう》じ陽消《やうせう》するの卦《くわ》にして大概《たいがい》は凶兆《けうてう》とす然《しか》れども否《ひ》と爲《な》らずして姤《こう》と爲《な》るを見《み》れば一陽《やう》を下《しも》に加《くは》ふるを以《もつ》て陽長《やうちやう》ずるの義《ぎ》あるが故《ゆゑ》に良醫《りやうい》を得《う》れば治《ち》することあるべし但其症《たゞそのしやう》は邪氣《じやき》皮膚《ひふ》に流注《りうちう》し半身《はんしん》不遂《ふずゐ》或《あるひ》は痛風《つうふう》歴節《れきせつ》風便毒《ふうべんどく》或《あるひ》は打撲《だぼく》損傷《そんしやう》等《とう》なるべし〇三爻の變《へん》　否《ひ》　上《かみ》盛《さか》んに下《しも》虚《きよ》し常《つね》に

暗處《あんしよ》に向《むか》ひ欝々《うつ〳〵》として樂《たのし》まず頭痛目疾《づつうもくしつ》或《あるひ》は身體《しんたい》痲痺《まひ》する等《とう》の症《しやう》あるべし然《しか》れども急《きう》に死《し》するものに非《あら》ず○四爻の變《へん》　漸《ぜん》　腹痛《ふくつう》又手足《しゆそく》の痛《いた》みあるべし蓋《けだ》し脾腎《ひじん》の虚損《きよそん》より心下《しんか》痞硬《ひかう》し飲食停滯《いんしよくていたい》するものとす但《たゞ》病勢《びやうせい》は次第《しだい》に進《すゝ》むの時《とき》なれば速《すみやか》に施治《しち》すべし

○五爻の變《へん》　旅《りよ》　長病《ちやうびやう》或《あるひ》は老人《らうじん》に在《あ》りては氣積《きしやく》頭痛《づつう》上焦《じやうせう》下虚《かきよ》眼目《がんもく》昏蒙《こんもう》心氣《しんき》散亂《さんらん》下痢《げり》等《とう》の症《しやう》あり皆《みな》危篤《きとく》の兆《てう》とす百死《し》に一生《せい》を得《う》るものなり蓋《けだ》し精神《せいしん》を勞《らう》するより欝悶《うつもん》し氣血《きけつ》自然《しぜん》に虚衰《きよすゐ》するものとす但《たゞ》乾《けん》外《はか》に在《あ》ると艮《ごん》内《うち》に在《あ》るとの卦《くわ》は賴《たの》みあるものなれば醫藥《いやく》を擇《えら》むべきなり○上爻の變《へん》　咸《かん》　痰咳《たんがい》頭痛《づつう》氣逆《きぎやく》上衝《じやうしやう》等の症《しやう》とす吉凶《きつきよう》豫《あらかじ》め定《さだ》め難《がた》し○此卦《このくわ》遯《とん》にして陰氣《いんき》下《しも》より次第《しだい》に長《ちやう》じ陽氣《やうき》は次第《しだい》に遯《のが》れ去《さ》るの卦《くわ》なれば疾病《しつぺい》に在《あ》りては不吉《ふきつ》の兆《てう》とす然《しか》れども前《まへ》に凶《けう》にして後《のち》に吉《きつ》なるの卦《くわ》なれば困難《こんなん》の極《きよく》に當《あた》りて此卦《このくわ》を得《う》るときは難《なや》み解《と》くることあり又此卦《このくわ》上卦《じやうくわ》は乾健《けんけん》にして斷然《だんせん》捨《す》て去《さ》るの象《しやう》あり下卦《かくわ》は艮止《ごんし》にして之《これ》を戀《した》ひ留《とゞ》むるの意《い》あり故《ゆゑ》に下卦《かくわ》は上卦《じやうくわ》の吉《きつ》なるに如《し》かず蓋《けだ》し遯《のが》るゝものは遠《とほ》きを嫌《きら》はず愈《いよ〳〵》上《のぼ》りて愈吉《いよ〳〵きつ》なり四爻《かう》は超然《てうせん》として遠《とほ》く遯《のが》れ五爻《かう》は貞《てい》を以《もつ》て自《みづか》ら守《まも》り遯《のが》れて吉《きつ》を得《え》上爻《かう》は遯《のが》れて俗《ぞく》を離《はな》れ更《さら》に吉《きつ》なるを見《み》るべし

䷡

雷《らい》天《てん》大《たい》壯《さう》

坤宮四世　春凶　夏平
秋平　冬吉

此卦《このくわ》を得《う》る人《ひと》は陽氣《やうき》偏《へん》に勝《すぐ》れたる處《ところ》の性《せい》なるが故《ゆゑ》に肝積《かんしやく》強《つよ》く性急《せいきう》短慮《たんりよ》にして其氣《そのき》を使《つか》ふこと烈《はげ》しきが爲《た》めに一身《しん》攣急《れんきう》し發狂《はつきやう》亂《らん》心《しん》等《とう》の象《しやう》あり痰《たん》涎《せん》湧《よう》盛《せい》項《こう》背《はい》強痛《きやうつう》の象《しやう》あり心下《しんか》痞硬《ひかう》し煩悶《はんもん》して氣《き》逆上衝《ぎやくじやうしよう》するの象《しやう》あり脚氣《かつけ》衝心《しようしん》の象《しやう》あり此卦《このくわ》危《き》候《こう》多《おほ》きに居《ゐ》り病《べう》勢大《せいおほい》に壯《さか》んなるの義《ぎ》もあれば忽《ゆるか》せにすべからざるなり婦人《ふじん》は妊娠《にんしん》の初發《しよはつ》等《とう》なるべし

○初爻《しよかう》の變《へん》　恒《こう》　意氣《いき》鋭進《えいしん》して其量《そのりやう》を顧《かへり》みず或《あるひ》は酒食度《しゆしよくど》なく色欲《しきよく》節《せつ》なく終《つゐ》に勞損《らうそん》して元氣《げんき》を銷爍《せうしやく》し發熱《はつねつ》惡《を》寒《かん》して筋骨《きんこつ》疼痛《とうつう》し腰足《えうそく》掣痛《せいつう》するの類《るゐ》とす又傳染病《でんせんべう》の兆《てう》あり婦《ふ》人《じん》は經行《けいかう》不順《ふじゆん》痛腫《つうしゆ》あるの症《しやう》さす早《はや》く治《ぢ》せざれば大患《たいくわん》に至《いた》るべし○二爻の變《へん》　豐《ほう》　心《しん》肺《はい》の病《やまひ》にして凶兆《きようてう》熱《はつ》に往來《わうらい》ありて小便《せうべん》赤《あか》く澁《しぶ》り大便《だいべん》通《つう》じがたく臍腹《せいふく》に痛《いた》みあり漸次《ぜんじ》重症《ぢうしよう》に至《いた》る急病《きうべう》は最《もつと》も危《あやふ》し○三爻の變《へん》　歸妹《きまい》　坎《かん》の食毒《しよくどく》四爻《かう》胸《けう》膈《かく》の位《くらゐ》に當《あた》り腐敗《ふはい》の膠痰《かうたん》と爲《な》りて止《とゞま》り居《ゐ》るの象《しやう》あれば咽喉《いんこう》の痛《いた》み痰喘《たんぜん》或《あるひ》は傷食《しやうしよく》嘔吐《おうと》の類《るゐ》とす婦人《ふじん》は產後《さんご》の餘殃《よわう》生涯《せいがい》の困苦《こんく》を殘《のこ》すものとす速《すみやか》に治《ぢ》を施《ほどこ》すに宜《よろ》し○四爻の變《へん》　泰《たい》　伏邪《ふくじや》內《うち》に在《あ》

りて神氣《しんき》昏亂《こんらん》し顚狂《てんきやう》を發《はつ》するの類或《るゐあるひ》は腹痛《ふくつう》氣虛《きゝよ》を兼《か》ぬるものあり虛《きよ》を補《おぎな》ひ邪《じや》を解《かい》するに宜《よろ》し○五爻の變《へん》　夬《くわい》　熱亂《ねつらん》中風《ちうふう》傷食《しやうしよく》積聚《しやくじゆ》の類或《るゐあるひ》は兩眼《りやうがん》痛《いた》み兩便《りやうべん》秘《ひ》澁《じう》痰《たん》咳《がい》急迫《きうはく》嘔《おう》吐《と》或は胸膈《けうかく》苦滿《くまん》四支《しし》厥冷《けつれい》肩背《けんはい》強急《こうきう》等《とう》の症《しやう》あるべし多《おほ》くは危篤《きとく》の兆《てう》とす○上爻の變《へん》　大有《たいいう》　頭痛《づつう》發熱《はつねつ》上衝《じやうしよう》或《あるひ》は眩暈《げんうん》等《とう》時氣《じき》に感《かん》じて發《はつ》するものは速《すみや》かに治《ぢ》を施《ほどこ》すに宜《よろ》し重《ちう》病《べう》急症《きうしやう》に至《いた》りては危亡《きばう》の時《とき》とす○此卦《このくわ》又大兌《たいだ》の象《しやう》なれば兌《だ》の卦《くわ》に云《い》へる所《ところ》を合《あは》せ見《み》るべし是等《これら》は時《とき》に臨《のぞ》み症《しやう》に由《よ》りて活斷《くわつだん》するの用《よう》に供《きやう》すべし又三四五に坎《かん》あるは難《なや》みなり而《しか》して四爻《かう》坎《かん》の主爻《しゆかう》を去《さ》れば全卦《ぜんくわ》地澤臨《ちたくりん》と爲《な》る臨《りん》と爲《な》れば泰《たい》に近《ちか》くして先《ま》づ平《へい》復《ふく》するの象《しやう》とす故《ゆゑ》に之卦《しくわ》をも見合《みあは》せ或《あるひ》は此《この》四爻《かう》の難《なや》みを除《のぞ》き去《さ》ることをも務《つと》むべし蓋《けだ》し此卦《このくわ》內剛《うちがう》にして外動《ほかうご》き其勢《そのいきほ》ひ壯盛《さうせい》なれば患者《くわんじや》は急速《きうそく》に治愈《ちゆ》を欲《ほつ》し劇劑《げきざい》をも用《もち》ひんとするの意《い》あるべし然《しか》れども陰《いん》方《まさ》に位《くらゐ》を得《う》れば未《いま》だ遽《にはか》に逼《せま》るべからず剛強《がうきやう》恃《たの》むべからず進《すゝ》むこと躁《さう》なるべからず徐々《じよ／＼》として治療《ちれう》するに宜《よろ》し然《しか》るに初爻《しよかう》の如《ごと》きは勇往《ゆうわう》直前《ちよくぜん》して退《しりぞ》くことを知《し》らず故《ゆゑ》に凶《けう》なるものなり二爻《かう》は中《ちう》を得《う》るを以《もつ》て其正《そのせい》を失《うしな》はず故《ゆゑ》に吉《きつ》なるものなり四爻《かう》は乾《けん》を出《い》でゝ震《しん》に入《い》り陽《やう》を以《もつ》て陰《いん》に居《ゐ》る故《ゆゑ》に吉《きつ》にして悔亡《くいほろ》ぶ此義《このぎ》亦《また》合《あは》せ見《み》るべし

䷢ 火《くわ》地《ち》晋《しん》

乾宮歸魂　春吉　夏凶
秋平　冬吉

此卦《このくわ》を得《う》る人《ひと》は脾胃《ひゐ》虚《きよ》の象《しやう》あり中卦《ちうくわ》九四の坎《かん》の食積欝結《しよくせくうつけつ》せしより遂《つゐ》に上部《じやうぶ》に熱《ねつ》を生《しやう》ぜしなり脾胃《ひゐ》の濕氣《しつき》強《つよ》く水穀《すゐこく》の分利宜《よろ》しからずして下部《かぶ》に浮腫《ふしゆ》を發《はつ》するの象《しやう》あり又發熱《はつねつ》上衝《じやうしよう》胸鬲《けうかく》煩悶《はんもん》心下《しんか》痞硬《ひかう》小腹《せうふく》軟弱《なんじやく》の象《しやう》あり煩渇《はんかつ》引飲《いんいん》して却《かへ》て下利《げり》するの象《しやう》あり夏《か》時《じ》は霍亂《くわくらん》小兒《せうに》は胎毒《たいどく》等《とう》の徵《ちやう》とす一體《たい》陰《いん》を以《もつ》て陽《やう》を包《つゝ》むの卦《くわ》なれば心火《しんくわ》亢《たか》ぶりて食事《しよくじ》を忌《い》み嫌《きら》ふことあり女子《ぢよし》は産後《さんご》頭痛《づつう》翻吐《ほんと》四支《しし》沈重《ちんちやう》等《とう》のものあり此卦《このくわ》を得《え》て死亡《しばう》するもの少《すくな》からず〇初爻《しよかう》の變《へん》　噬嗑《ぜいかふ》　心火《しんくわ》薫蒸《くんせう》し臍下《せいか》常《つね》に疼《いた》み或《あるひ》は肝氣《かんき》盛《さか》んにして亂症《らんしやう》の如《ごと》く物《もの》に觸《ふ》れて或《あるひ》は怒《いか》り或《あるひ》は駭《おどろ》く等《とう》の症《しやう》あるべし又前年《ぜんねん》物《もの》に驚《おどろ》きたるより發《はつ》するものあり治方《ぢはう》は急功《きうこう》を求《もと》めず徐々《じよ〳〵》として元氣《げんき》を助《たす》くるに宜《よろ》し〇二爻の變《へん》　未濟《びせい》　隔《かく》日《じつ》に進退《しんたい》する瘧疾《ぎやくしつ》の類《るゐ》或《あるひ》は淋病《りんびやう》瘡毒《さうどく》の餘殃《よわう》眼目《がんもく》昏曚《こんもう》眩暈《げんうん》の類《るゐ》脚部《きやくぶ》に痛《いたみ》ある等《とう》飲食《いんしよく》を愼《つゝし》み嗜欲《しよく》を節《せつ》するに利し〇三爻の變《へん》　旅《りよ》　元氣《げんき》衰弱《すゐじやく》し腰脚《えうきやく》重《おも》く身體《しんたい》倦怠《けんたい》或《あるひ》は小腹《せうふく》冷《れい》痛《つう》して盜汗《たうかん》出《い》で耳目《じもく》昏冒《こんばう》精氣《せいき》涸渇《こかつ》するの症《しやう》戒愼《かいしん》せざれば大患《たいくわん》に至《いた》るべし〇四爻の變《へん》

剝《はく》　酒色《しゆしよく》度《ど》なきより生《しやう》ずる所《ところ》の疾《やまひ》眞氣《しんき》勞損《らうそん》し胃中《ゐちう》壅熱《ようねつ》四肢《し》困憊《こんはい》女子《によし》は月經期《げつけいき》を愆《あやま》り或《あるひ》は産後《さんご》の血症皆《けつしやうみな》輕症《けいしやう》に非《あら》ず危《あやう》きに至《いた》るものとす○五爻の變《へん》　否《ひ》　頭面《とうめん》重《おも》く上實《じやうじつ》下虚《かきよ》胸腹《けうふく》痞滿《ひまん》して眼目《がんもく》明《あきら》かならず或《あるひ》は浮腫《ふしゆ》となるべし又長病《ちやうべう》は治《ち》に向《むか》ふの時《とき》とす○上爻の變《へん》　豫《よ》ゝ火氣《くわき》上焦《じやうせう》肺金《はいきん》を尅《こく》し或《あるひ》は血亂《けつらん》欲鬱《よくうつ》盲聾《まうろう》四《し》支沈重《ちんちやう》傷食《しやうしよく》腹疾《ふくしつ》の類《るゐ》重《おも》きは治《ち》し難《がた》しと雖《いへど》も輕《かろ》きは治《ち》すべし但《たゞ》治《ち》を怠《おこた》れば危《あやう》し○此卦《このくわ》初爻《しよかう》の變《へん》の如《ごと》き耳口等《みゝくちとう》にかゝり耳《みゝ》も聞《きこ》へず口《くち》もゆがむ等《とう》のことあり其故《そのゆゑ》は中卦《ちうくわ》坎《かん》を耳《みゝ》とし坎水《かんすゐ》にして坤土《こんど》の爲《た》めに揜《おほ》はれたるの象《しやう》より見《み》るなり口《くち》のゆがむは耳《みゝ》に關《くわん》すればなり是《こ》れ皆《みな》離火《りくわ》の炎上《えんじやう》にて燥《かは》かさるゝものにして初爻《しよかう》變《へん》じて震《しん》と爲《な》れば震木《しんぼく》も亦《また》必《かなら》ず火氣《くわき》につきて進《すゝ》み上《のぼ》るべし此《か》くの如《ごと》きは降氣《こうき》の藥《くすり》を用《もち》ふるに在《あ》るなり又二爻《かう》の變《へん》の如《ごと》き足《あし》の浮腫《ふしゆ》するものあり是《こ》れ上卦《じやうくわ》の火《ひ》は上《のぼ》り進《すゝ》み下卦《かくわ》の坤《こん》は土《つち》にして濕氣《しつき》あり虚冷《きよれい》なるに今《いま》坤《こん》變《へん》じて坎《かん》と爲《な》れば益《ますく》下部《かぶ》に水氣《すゐき》あるヿを見《み》る患者《くわんじや》中年《ちうねん》以後《いご》の人《ひと》なれば上熱下虚《じやうねつかきよ》の病《やまひ》にして難治《なんぢ》の症《しやう》なるべしと雖《いへど》も壯年《さうねん》にして身體堅固《しんたいけんご》なれば服藥《ふくやく》怠《おこた》りなく調理法《てうりはふ》を得《う》る時《とき》は平復《へいふく》する事《こと》を得《う》べし此卦《このくわ》は大體吉《だいたいきつ》なるが如《ごと》くなれども病《やまひ》に在《あり》ては凶多《けうおほ》しと知《し》るべし

䷣ 地《ち》火《くわ》明《めい》夷《い》

坎宮游魂　春平　夏凶
秋凶　冬吉

此《こん》卦《くわ》を得《う》る人《ひと》は胃《ゐ》中《ちう》に坎《かん》の毒《どく》と離《り》の熱《ねつ》とを有《いう》し胃《ゐ》の充《じう》實《じつ》せる象《しやう》とす心《しん》下《か》痞《ひ》硬《かう》し腹《ふく》中《ちう》急《きう》痛《つう》し煩《はん》渇《かつ》引《いん》飲《いん》大《だい》便《べん》秘《ひ》結《けつ》し小《せう》水《すゐ》不《ふ》利《り》等《とう》の症《しやう》あるべし又發《はつ》狂《きやう》亂《らん》心《しん》するものあるべし重《ぢう》患《くわん》のものに在《あ》りては大《たい》概《がい》不《ふ》祥《しやう》の兆《てう》とす或《あるひ》は瘡《さう》毒《どく》腫《しゆ》物《もつ》を兼《か》ね發《はつ》熱《ねつ》頭《づ》痛《つう》眼《がん》目《もく》昏《こん》迷《めい》するものあり婦《ふ》人《じん》は血《けつ》虚《きよ》の症《しやう》病《べう》根《こん》既《すで》に深《ふか》きものとす○初《しよ》爻《かう》の變《へん》　謙《けん》　濕《しつ》毒《どく》内《うち》に在《あ》りて將《まさ》に外《ほか》に發《はつ》せんとし又腹《ふく》肚《と》力《ちから》なく脾《ひ》胃《ゐ》に欝《うつ》滯《たい》あり老《らう》人《じん》は氣《き》虚《きよ》中《ちう》風《ふう》の類《るゐ》長《ちやう》病《べう》にして危《あやふ》し○二爻《かう》の變《へん》　泰《たい》　腹《ふく》滿《まん》浮《ふ》腫《しゆ》足《そく》痛《つう》或《あるひ》は頭《づ》痛《つう》眩《げん》暈《うん》等《とう》の象《しやう》あり又惡《あく》腫《しゆ》あり老《らう》人《じん》は凶《けう》壯《さう》者《しや》は治《ち》すべし○三爻の變《へん》　復《ふく》　盲《まう》聾《ろう》の類《るゐ》或《あるひ》は往《わう》來《らい》反《はん》覆《ふく》の意《い》ありて症《しやう》候《こう》屢《しば／＼》變《へん》ずることあり凶《けう》兆《てう》醫《い》藥《やく》を轉《てん》ずるに利《よろ》し○四爻の變《へん》　豐《ほう》　積《しやく》聚《じゆ》上《じやう》衝《しやう》して腹《ふく》中《ちう》刺《さ》すが如《ごと》きの象《しやう》あり或《あるひ》は鼓《こ》脹《ちやう》治《ち》療《りやう》を怠《おこた》れば危《あやふ》し但《たゞ》年《とし》久《ひさ》しき病《やまひ》は治《ぢ》することあり○五爻の變《へん》　既《き》濟《せい》　陰《いん》陽《やう》相《あひ》交《まじは》り其《その》症《しやう》晝《ちう》夜《や》に變《へん》じ旦《たん》暮《ぼ》に甚《はなは》だし欝《うつ》邪《じや》盛《さか》んに溢《いつ》し將《まさ》に一身《しん》に亢《かう》せんとす危《き》篤《とく》の兆《てう》なり

○上爻の變《へん》　賁《ひ》　邪《じや》氣《き》甚《はなは》だしくして一身《しん》に亢《かう》す病《べう》狀《じやう》危《き》篤《とく》の兆《てう》或《あるひ》は癎《きやう》疾《しつ》顚《てん》狂《きやう》のものあ

り〇此卦《このくわ》姙娠《にんしん》を占《うらな》ひて二爻《かう》を得《う》るが如《ごと》き本卦《ほんくわ》は坤《こん》の腹中《ふくちう》に離《り》の女子《ぢよし》を孕《はら》むの象之卦《しやうしくわ》泰《たい》は離火《りくわ》變《へん》じて乾《けん》と爲《な》り乾《けん》は圓滿《ゑんまん》の象時《しやうとき》は深秋《しんしう》に當《あた》れば深秋《しんしう》に至《いた》りて女子《ぢよし》を產《さん》し無《ぶ》事《じ》なるべしご云《い》ふことあり又病人《びやうにん》を占《うらな》ひ同《おなじ》く二爻《かう》を得《う》本卦坤《ほんくわこん》を腹《はら》とし離《り》を熱《ねつ》とし坎《かん》を痛《いた》むとすれば腹《はら》に熱《ねつ》ありて痛《いた》むの象之卦泰《しやうしくわたい》に由《よ》れば離火《りくわ》の主爻《しゆかう》を變《へん》じたるを以《もつ》て解熱劑《げねつざい》を用《もち》ひて治《ぢ》すべしと云《い》ふことあり然《しか》れども長病《ちやうびやう》の老人《らうじん》を占《うらな》ひ二爻《かう》を得《う》るが如《ごと》きは凶《けう》なるものとす其故《そのゆゑ》は本卦明夷《ほんくわめいい》已《すで》に明地中《めいちちう》に入《い》るの象《しやう》にして之卦泰《しくわたい》は健全無病《けんぜんむびやう》の象《しやう》なるに今長病《いまちやうびやう》を占《うらな》ひて泰《たい》に之《ゆ》くが如《ごと》きは疑《うたが》はざるを得《え》ず蓋《けだ》し乾《けん》の老父地下《らうふちか》に入《い》るの象乾《しやうけん》は深秋《しんしう》なれば秋《あき》に至《いた》りて死《し》すべしと判《はん》することあり病人《びやうにん》の死生《しせい》を占《うらな》ひ三爻《かう》を得《う》るが如《ごと》き之卦復《しくわふく》なるを以《もつ》て通常復《つうじやうふく》の卦名《くわめい》に泥《なづ》み必《かなら》ず快復《くわいふく》すべしと云《い》ふなるべし然《しか》れども是《こ》れ大《おほい》に然《しか》らざるものあり其故《そのゆゑ》は本卦《ほんくわ》の明夷《めいい》を捨《す》てゝ唯之卦復《たゞしくわふく》の卦名《くわめい》のみを取《と》ることゝ又九三の一陽減《やうげん》じて心《しん》の爻《かう》の消滅《せうめつ》するに心《こゝろ》づかざるご粗畧《そりやく》と謂《い》はざるを得《え》す元來明夷《ぐわんらいめいい》は傷《やぶ》るゝの卦《くわ》にして離日坤地《りじつこんち》の下《しも》に沒《ぼつ》するの卦復《くわふく》は一陽《やう》の人坤《ひとこん》の地《ち》中《ちう》に復《かへ》り入《い》らんとするの象《しやう》なれば必死《ひつし》と判《はん》するを至當《したう》なりとすべし是等《これら》皆活斷《みなくわつだん》に必《ひつ》用《よう》なることなり

䷤

風《ふう》火《くわ》家《か》人《じん》

巽宮二世　春吉　夏凶
秋平　冬凶

此卦《このくわ》を得《う》る人《ひと》は肝欝《かんうつ》の積氣《しやくき》強《つよ》く胸鬲《けうかく》に衝《つ》き逼《せま》り脾胃《ひゐ》中《ちう》には水毒《すゐどく》横《よこ》たはり下部《かぶ》には熱《ねつ》盛《さか》んなるの象《しやう》あり故《ゆゑ》に項背《かうはい》強《つよ》く悪心《をしん》煩悶《はんもん》腰腹《えうふく》疼痛《とうつう》し胸中《けうちう》苦滿《くまん》の症《しやう》あるべし是《こ》れ腰間《えうかん》に濕毒《しつどく》あればなり又婦人《ふじん》は經行《けいかう》不順《ふじゆん》の滯《とゞこほ》りあるべし又前疾《ぜんしつ》已《すで》に愈《い》へて後病《こうべう》再發《さいはつ》すること多《おほ》し其故《そのゆゑ》は明夷《めいい》に繼《つ》ぐを以《もつ》てなり又外《ほか》に在《あ》りて病《やまひ》を受《う》け家《いへ》に歸《かへ》りて發《はつ》するものあり壯年《さうねん》の人《ひと》は酒色《しゆしよく》過度《くわど》に因《よ》り內傷《ないしやう》又は心氣《しんき》を損《そん》するの類《るゐ》とす○初爻《しよかう》の變《へん》　漸《ぜん》　四支《し》沈重《ちんちやう》して痲痺《まひ》す固《もと》より濕氣《しつき》を兼《か》ねたるの症《しやう》にして寒熱《かんねつ》の往來《わうらい》あり或《あるひ》は脾胃《ひゐ》利せず痢疾《りしつ》と爲《な》るものあり漸《ぜん》は進《すゝ》みて反《かへ》らず故《ゆゑ》に遺言《ゆいごん》して死《し》するもの多《おほ》し凶兆《けうてう》とす○二爻の變《へん》　小畜《せうちく》　心氣《しんき》欝滯《うつたい》して安《やす》からず痰飲《たんいん》又足腫《あしは》れて重《おも》く行歩《かうほ》に難《なや》むの象《しやう》あり婦人《ふじん》は經閉《けいへい》或《あるひ》は姙身《にんしん》の兆《てう》○三爻の變《へん》　益《えき》　風邪《ふうじや》熱《ねつ》を生《しやう》じ肝火《かんくわ》肺金《はいきん》を尅《こく》し耳鳴《じめい》目眩《もくげん》或《あるひ》は腹內《ふくない》痞塞《ひそく》脚氣《かつけ》水腫《すゐしゆ》の象《しやう》あり種々《しゆく》の變症《へんしやう》を呈《てい》すべし長病《ちやうべう》は治《ぢ》しがたし○四爻の變《へん》　同人《どうじん》　痰火《たんくわ》に因《よ》り腹脹《ふくちやう》して痛《いた》み或《あるひ》は浮腫《ふしゆ》と爲《な》ることあるべし壯年《さうねん》の人《ひと》は虛勞《きよらう》して危《あやふ》し○五

爻の變《へん》 賁《ひ》 舊病《きうべう》再發《さいはつ》或《あるひ》は痰積《たんしやく》頭痛《づつう》逆上《ぎやくじやう》老人《らうじん》は半身《はんしん》不遂《ふずゐ》にして危《あやふ》し病候《べうこう》一變《へん》することあり〇上爻の變《へん》 既濟《きせい》 發熱《はつねつ》惡寒《をかん》晝《ひる》安靜《あんせい》なれども夜《よ》重《おも》し或《あるひ》は陰陽《いんやう》兩感《りやうかん》の症凶兆《しやうけうてう》とす婦人《ふじん》は血崩《けつぼう》難治《なんち》の症重病《しやうぢうべう》は死《し》すべし〇凡《およ》そ病《やまひ》を占《うらな》ひ必死《ひつし》の象《しやう》あるものは救《すく》ふ能《あた》はずと雖《いへど》も必死《ひつし》に非《あら》ざるものは之卦《しくわ》にて大患《たいくわん》に至《いた》らんとするの時《とき》之卦《しくわ》にゆかしめず本《ほん》卦《くわ》の象《しやう》の中《うち》にて之《これ》を斡旋《あつせん》し全治《ぜんち》せしむるの方《はう》を求《もと》むべし例《たと》へば病因《べういん》及《およ》び治方《ちはう》を占《うらな》ひ此卦《このくわ》の四爻《かう》を得《え》たるが如《ごと》き之卦《しくわ》同人《どうじん》と爲《な》るときは陰氣《いんき》不足《ふそく》し必《かなら》ず大患《たいくわん》と爲《な》るを以《もつ》て同人《どうじん》と爲《な》らざる間《あひだ》に治《ち》するを要《えう》するが如《ごと》し蓋《けだ》し家人《かじん》の卦《くわ》は益《えき》より來《きた》り益《えき》は否《ひ》より來《きた》る否《ひ》は乾父《けんふ》上《かみ》に位《くらゐ》し坤母《こんぼ》下《しも》に位《くらゐ》す即《すなは》ち父母《ふぼ》の定位《ていゐ》なり其父母《そうふぼ》交《まじは》りて益《えき》と爲《な》る其益《そのえき》の時《とき》坎《かん》の一毒《どく》來《きた》りて此家人《このかじん》の象《しやう》となる其坎《そのかん》の一毒《どく》は即《すなは》ち父母《ふぼ》の遺毒《いどく》と爲《な》す故《ゆゑ》に此病因《このびやういん》は遺毒《いどく》より生《しやう》ずるものとし積氣《しやくき》強《つよ》くして腹痛《ふくつう》惡寒《をかん》等《とう》あるものとす是《こ》れ坎《かん》の痛《いた》みと離《り》火《くわ》の熱《ねつ》あればなり而《しか》して坎《かん》の毒《どく》を去《さ》るの藥《くすり》を用《もち》ひ此毒《このどく》を解《げ》するときは元來《ぐわんらい》益《えき》の卦《くわ》に在《あ》る震巽《しんそん》の肝膽《かんたん》健《すこや》かにして快癒《くわいゆ》すべしと判《はん》するなりかくするときは同人《どうじん》と爲《な》らずして治《ち》することを得《う》若《も》し治方《ちはう》を忽《ゆるか》せにし同人《どうじん》に之《ゆ》かしむるときは大患《たいくわん》と爲《な》るべきなり

䷥ 火《くわ》澤《たく》睽《けい》

艮宮四世　春吉　夏平
秋平　冬凶

此《この》卦《くわ》を得《う》る人《ひと》は骨《こつ》蒸《せう》勞《らう》瘵《さい》の象《しやう》あり亂《らん》心《しん》發《はつ》狂《きやう》の象《しやう》あり胸《けう》膈《かく》に毒《どく》と熱《ねつ》とあるの象《しやう》とす又氣《き》血《けつ》不《ふ》順《じゆん》の象《しやう》あり下《か》焦《せう》に兌《だ》の腐《ふ》敗《はい》留《りう》飲《いん》あり上《じやう》焦《せう》に離《り》の熱《ねつ》あり中《ちう》焦《せう》に坎《かん》の毒《どく》あり乾《けん》の氣《き》を以《もつ》て坎《かん》の毒《どく》を包《つゝ》みたるの象《しやう》あり濕《しつ》毒《どく》上《じやう》衝《しよう》して口《こう》中《ちう》痛《いた》むの象《しやう》あり氣《き》逆《ぎやく》上《じやう》衝《しよう》の象《しやう》あり卦《くわ》名《めい》よりすれば不《ふ》祥《しやう》の兆《てう》と見《み》ることあり然《しか》れども大《たい》抵《てい》九四坎《かん》毒《どく》の主《しゆ》爻《かう》を除《のぞ》き去《さ》れば六二六五の離《り》熱《ねつ》も併《あは》せて除《ぢよ》去《きよ》することを得《う》べし是《こ》れ一擧《きよ》三得《とく》の利《り》あれば遺《い》却《きやく》すべからざるなり病《びやう》者《しや》平《へい》生《せい》の氣《き》に偏《へん》僻《へき》あり寒《かん》暖《だん》暑《しよ》濕《しつ》をも厭《いと》はずして遂《つゐ》に不《ふ》正《せい》の氣《き》を受け且《かつ》醫療《りやう》に於《おい》ても亦《また》誤《ご》治《ち》して藥《くすり》の應《おう》ぜざる意《い》あれば殊《こと》に注《ちう》意《い》すべきなり○初《しよ》爻《かう》の變《へん》

未《び》濟《せい》　寒《かん》濕《しつ》合《がつ》併《へい》して下《か》部《ぶ》の疾《やまひ》を爲《な》し或《あるひ》は頭《づ》痛《つう》發《はつ》熱《ねつ》惡《を》寒《かん》甚《はなは》だしく咳《がい》嗽《そう》痰《たん》涎《せん》等《とう》の症《しやう》あるべし女子《ぢよし》は鬱《うつ》塞《そく》して氣《き》病《びやう》を發《はつ》するの類都べて藥《やく》功《こう》を見《み》ること遲《おそ》し○二爻の變《へん》

噬《ぜい》嗑《かふ》　熱《ねつ》氣《き》積《しやく》聚《じゆ》胸《けう》痛《つう》或《あるひ》は食《しよく》傷《しやう》吐《と》せず瀉《しや》せずして煩《はん》悶《もん》するものあり良《りやう》醫《い》を得《う》れば治《ち》すべし○三爻の變《へん》

大《たい》有《いう》　熱《ねつ》ありて大《だい》便《べん》閉《へい》結《けつ》し身《み》に浮《ふ》腫《しゆ》ありて體《たい》重《おも》く痿《い》弱《じやく》して危《き》篤《とく》に陷《おちい》る病《びやう》

困《こん》の極《きよく》とす○四爻《かう》の變《へん》　損《そん》　虛《きよ》損《そん》熱《ねつ》焦《せう》多《おほ》く淫《いん》酒《しゆ》の破《やぶ》る所《ところ》或《あるひ》は咽《いん》喉《こう》の患《うれひ》不《ふ》正《せい》の氣《き》の侵《おか》す所《ところ》中風《ちうふう》疫癘《えきれい》打撲《だぼく》金瘡《きんさう》の類《るゐ》危《き》險《けん》の極《きよく》とす○五爻の變《へん》　履《り》　痰飮《たんいん》胸間《けうかん》に在《あ》りて或《あるひ》は痞《つか》し又面部《めんぶ》浮腫《ふしゆ》ありて眼目《がんもく》に難《なや》みあり又瘡毒《さうどく》の兆《てう》一旦《たん》治《ち》すとも再發《さいはつ》の患《うれひ》あり○上爻の變《へん》　歸妹《きまい》　欝氣《うつき》積聚《しやくじゆ》痰喘《たんぜん》兩便《りやうべん》閉《へい》或《あるひ》は毒瘡《どくさう》の餘殃《よわう》咽喉《いんこう》を敗《やぶ》り鼻頭《びとう》を傷《きづゝ》け邪火《じやくわ》炎々《えん〳〵》として頭目《とうもく》昏冒《こんぼう》し骨肉《こつにく》羸瘦《るゐさう》するの象《しやう》あり又發狂《はつきやう》の象《しやう》あり共《とも》に不治《ふち》の症《しやう》とす○病占《べうせん》に此卦《このくわ》の上爻《じやうかう》を得《う》るは離《り》の心《こゝろ》の命根《めいこん》消《き》へて震《しん》の陽氣《やうき》天《てん》に歸《かへ》り去《さ》るの象《しやう》又離《り》の體《たい》は澤中《たくちう》に入《い》り震《しん》の氣《き》は上《のぼ》り去《さ》るの意《い》あれば必死《ひつし》にして治術《ちじゆつ》なかるべし又初爻《しよかう》を得《う》るが如《ごと》き之卦《しくわ》未濟《びせい》と爲《な》る既濟《きせい》も未濟《びせい》も二卦《くわ》共《とも》に熱《ねつ》と毒《どく》と一爻《かう》はさみにして相《あひ》混《こん》ずれば其治《そのち》方《はう》至《いたつ》て施《ほどこ》し難《がた》きものと爲《な》すなり此卦《このくわ》互卦《ごくわ》に重離《ちやうり》あり坎《かん》あり離《り》の明《めい》多《おほ》く視《み》て傷《やぶ》れを爲《な》し坎《かん》を心病《しんべう》と爲《な》す故《ゆゑ》に疑《うたが》ひを生《しやう》じて相睽《あひそむ》くの象《しやう》とす然《しか》れば此卦《このくわ》を得《う》るときは人《じん》心《しん》乖《と》き違《た》ひ百事《じ》成《な》り難《がた》く疑《うたが》ひの爲《た》めに事《こと》を破《やぶ》るの時《とき》なれば病《やまひ》に於《お》けるも此意《このい》を體《たい》し疑惑《ぎわく》を去《さ》ることを務《つと》むべし然《しか》れども物《もの》そむきて後《のち》に相合《あひあ》ふの理《り》あり例《たと》へば氷《こほり》を以《もつ》て熱《ねつ》を消《すう》し火《ひ》を以《もつ》て寒《かん》を溫《あたゝ》むるの類《るゐ》是《こ》れなり易《えき》の變化《へんくわ》窮《きはま》りなければ虛《きよ》心《しん》平氣《へいき》にして活斷《くわつだん》すべきなり

䷦ 水《すゐ》山《ざん》蹇《けん》

兌宮四世　春吉　夏白如
秋吉　冬疾病

此卦《このくわ》を得《う》る人《ひと》は脾《ひ》肺《はい》の間《あひだ》に毒《どく》あり熱《ねつ》あり故《ゆゑ》に胸《けう》脇《けう》苦《く》滿《まん》惡《お》心《しん》煩《はん》悶《もん》咳《がい》嗽《そう》甚《はなは》だしく不《ふ》食《しよく》等《とう》の症《しやう》あるべし胃《ゐ》熱《ねつ》強《つよ》く臂《ひ》肘《ちう》攣《れん》痛《つう》するの症《しやう》あり遺《い》毒《どく》の爲《た》めに身《しん》體《たい》屈《くわ》伸《しん》し難《かた》きの象《しやう》あり飲食《いんしよく》過多《くわた》にして胃《ゐ》中《ちう》に食毒《しよくどく》を生《しやう》じ熱《ねつ》を釀《かも》せる象《しやう》あり二坎《かん》を以て一《いつ》熱《ねつ》を包《つゝ》める象《しやう》あり此《か》くの如《ごと》くなれば起《き》臥《ぐわ》安《やす》からず常《つね》に憂《いう》苦《く》ありて病《やまひ》久《ひさ》しきに亘《わた》るべし蓋《けだ》し勞《らう》役《えき》に過《す》ぎ元《げん》氣《き》を耗《かう》損《そん》し或《あるひ》は房《ばう》勞《らう》に依《よ》り或《あるひ》は生《せい》物《ぶつ》を多《た》食《しよく》し或《あるひ》は厚《こう》味《み》に饜《あ》きたるに原《げん》因《いん》するものとす○初《しよ》爻《かう》の變《へん》　既《き》濟《せい》　困《こん》學《がく》して心《しん》志《し》疲《ひ》勞《らう》し或《あるひ》は思《し》慮《りよ》を勞《らう》することありて發《はつ》する等《とう》の疾《やまひ》にして肩《けん》背《はい》痛《いた》み發《はつ》熱《ねつ》して渇《かつ》し二便《べん》通《つう》じがたく下《げ》血《けつ》衂《ぢく》血《けつ》等《とう》あるべし又少《すこ》く快《こゝろよ》きことあるも再《さい》發《はつ》する意《い》あれば戒《かい》愼《しん》を要《えう》す○二爻の變《へん》　井《せい》　風《ふう》濕《しつ》或《あるひ》は脚《かつ》氣《け》の類《るゐ》速《すみや》に治《ち》せざれば大《たい》患《くわん》に至《いた》ることあり○三爻の變《へん》　比《ひ》　脾《ひ》腎《じん》に濕《しつ》熱《ねつ》を畜《たくは》へたるを以《いつ》て虛《きよ》弱《じやく》の人《ひと》は溫《をん》補《ほ》の劑《ざい》を服《ふく》するに宜《よろ》し全《まつた》く內《ない》傷《しやう》の症《しやう》にして疝《せん》積《しやく》腰《えう》痛《つう》等《とう》あるべし早《はや》く治《ち》せざれば危《あやふ》し○四爻の變《へん》　咸《かん》　氣《き》虛《きよ》腎《じん》虛《きよ》或《あるひ》は物《もの》に感《かん》じ易《やす》く又悲《ひ》哀《あい》多《おほ》くして精《せい》氣《き》耗《かう》損《そん》し痰《たん》飲《いん》腹《ふく》

脹等《ちやうとう》の患《うれ》ひあるべし又思想《しさう》遂《と》げず嗜欲《しよく》窮《きはま》らず遺精夢遺等《いせいむいとう》の象《しやう》あり早《はや》く治《ぢ》せざれば危《あやふ》きに至《いた》るべし○五爻の變《へん》　謙《けん》　上部《ぶ》に水毒《すゐどく》ありて肺《はい》と脾《ひ》との間《あひだ》に熱《ねつ》を包《つゝ》める象《しやう》あり故《ゆゑ》に身體倦惰《しんたいけんだ》し肩背強急等《けんはいきやうきふとう》の症《しやう》あるべし然《しか》れども清肺解熱《せいはいげねつ》の劑《ざい》を用《もち》ふれば平復《へいふく》すべきなり○上爻の變《へん》　漸《ぜん》　頭痛發熱風邪《づゝうはつねつふうじや》を兼《か》ね病狀《びやうじやう》の困《くるし》み此《こゝ》に至《いた》りて極《きはま》ると雖《いへど》も快復《くわいふく》すべきの兆《てう》とす○此卦《このくわ》妊娠《にんしん》の有無及《いうむおよび》胎兒《たいじ》の男女《なんによ》を占《うらな》ひ三爻《かう》を得《う》るが如《ごと》き男子《なんし》を孕《はら》めるものと爲《な》す此卦《このくわ》は坤《こん》の體中《たいちう》に離《り》の女子《ぢよし》を包《つゝ》める象《しやう》にして即《すなは》ち包卦《はうくわ》の一なり然《しか》れども之卦比《しくわひ》なるを以《もつ》て比《ひ》の九五の一陽勢力《やうせいりよく》至《いたつ》て強《つよ》く且卦中少《かつくわちうすくな》きものを以《もつ》て主《しゆ》とするの義《ぎ》を取《と》り坎《かん》の男子《なんし》と見定《みさだ》むるなり若《も》し本卦《ほんくわ》の蹇《けん》を以《もつ》て妊娠《にんしん》を告《つ》げ又其女子《そのぢよし》なることをも告《つ》げたりとすれば之卦比《しくわひ》は無用《むよう》なり故《ゆゑ》に本卦《ほんくわ》にて妊娠《にんしん》を告《つ》げ之卦《しくわ》にて男子《だんし》を告《つ》げたりと知《し》るべきなり是《こ》れ所謂《いはゆる》著情《きじやう》を知《し》るものなり又胎兒《たいじ》の男女《なんによ》を占《うらな》ひ此卦《このくわ》の五爻《かう》を得《う》るが如《ごと》き女子《ぢよし》と判《はん》するなり本卦蹇《ほんくわけん》は坤《こん》の腹中《ふくちう》に離《り》の女子《ぢよし》を孕《はら》めるの象《しやう》五爻《かう》の變《へん》ぜしは月數《げつすう》を告《つ》げたるものと知《し》るべし但疾《たゞやまひ》を占《うらな》ひ此卦《このくわ》の五爻《かう》を得《う》れば坎《かん》の主爻消《しゆかうせう》亡《ばう》するを以《もつ》て疾《やまひ》を除《のぞ》くものと爲《な》せども大病人《たいびやうにん》なるときは元氣《げんき》の衰《おとろ》へ疲《つか》れて危篤《きとく》なるの兆《てう》とするなり

䷧

雷《らい》水《する》解《かい》

巽宮二世　春平　夏吉
秋凶　冬不利

此《この》卦《くわ》を得《う》る人《ひと》は肝鬱《かんうつ》の積氣《しやくき》強《つよ》く脾《ひ》腎《じん》の二臟《ざう》を虚疲《きよひ》せしの象《しやう》とす腹中《ふくちう》に離《り》の熱《ねつ》あり二坎《かん》の毒《どく》を以《もつ》て一熱《ねつ》を包《つゝ》むの象《しやう》あり故《ゆゑ》に胃《ゐ》中《ちう》に食毒《しよくどく》と水毒《すゐどく》ごを有《いう》するの象《しやう》とす又疝積《せんしやく》の象《しやう》あり滯食《たいしよく》して吐瀉《としや》を得《う》るの義《ぎ》あり蓋《けだ》し患者《くわんじや》飲食起居《いんしよくききよ》節《せつ》なく勞役過度《らうえきくわど》或《あるひ》は房帷《ばうい》の致《いた》す所《ところ》又冬日《とうじつ》寒氣《かんき》を受《う》け春夏《しゆんか》の候《こう》に至《いた》り鬱熱《うつねつ》を發《はつ》するに因《よ》るもの多《おほ》し此卦《このくわ》輕症《けいしやう》に在《あ》りては解《と》け去《さ》るの義《ぎ》あれども長病《ちやうびやう》に在《あ》りては不祥《ふしやう》の兆《てう》とす〇初爻《しよかう》の變《へん》　歸妹《きまい》　氣血《きけつ》倶《とも》に虚《きよ》し煩燥《はんさう》して發熱《はつねつ》し或《あるひ》は骨節《こつせつ》疼痛《そうつう》四支《しし》微冷《びれい》し兩便《りやうべん》秘澁《ひじふ》して小腹《せうふく》重《おも》く又咳嗽《がいそう》を發《はつ》すべし長《なが》くして危《あやふ》しとす〇二爻の變《へん》　豫《よ》　稟受虚弱《りんじゆきよじやく》にして肝木《かんもく》偏勝《へんしよう》し脾土《ひど》是れが爲《た》めに尅《こく》せられ運行《うんかう》凝滯《ぎやうたい》腰足《えうそく》痿痺《いひ》するの症《しやう》なるべし速《すみやか》に治《ぢ》すれば癒《い》ゆべし〇三爻の變《へん》　恒《こう》　風邪積氣《ふうじやしやくき》に因《よ》りて痛《いた》みを生《しやう》じ或《あるひ》は熱《ねつ》の往來《わうらい》あるべし又食傷霍亂等《しよくしやうくわくらんとう》の兆《てう》あり久《ひさ》しきに亘《わた》るも治《ぢ》すべし〇四爻の變《へん》　師《し》　腎氣《じんき》虚《きよ》して心氣《しんき》勞《つか》れ脾胃《ひゐ》に濕熱《しつねつ》ありて邪氣《じやき》上冲《じやうちう》し或《あるひ》は眼病《がんべう》となり或《あるひ》は風邪《ふうじや》脾肝《ひかん》に入《い》り膈氣《かくき》通《つう》ぜず中風《ちうふう》に類《るゐ》するものあり婦人《ふじん》は

血虛《けつきよ》の症《しやう》なるべし産《さん》は安《やす》からず○五爻の變《へん》　困《こん》　頭痛甚《づつうはなは》だしく又咳嗽《がいそう》心煩《しんはん》あり病状《べうじやう》重《おも》しと雖《いへど》も治《ち》に向《むか》ふの時《とき》とす蓋《けだ》し心痛《しんつう》より發《はつ》するの症《しやう》とす○上爻の變《へん》　未濟《びせい》　氣血《きけつ》倶《とも》に虛《きよ》し腫痛《しゆつう》寒熱《かんねつ》往來《わうらい》甚《はなは》だ危篤《きとく》の時《とき》とす然《しか》れども此時《このとき》を保《たも》ちて少時《せうじ》を過《す》ぐれば快癒《くわいゆ》を得《う》べし○此卦《このくわ》は震雷《しんらい》上《かみ》に在《あ》り坎雲《かんうん》下《しも》に在《あ》り雷雨《らいう》作《おこ》りて天地《てんち》欝結《うつけつ》の氣《き》解《と》け萬物《ばんぶつ》の生《せい》機《き》始《はじ》めて達《たつ》するの象《しやう》其難《そのなん》を爲《な》すものは坎《かん》にして其難《そのなん》を解《と》くものは震故《しんゆゑ》に名《な》づけて解《かい》と曰《い》ひ病《やまひ》を筮《ぜい》して此卦《このくわ》を得《う》れば病《やまひ》の解《と》け去《さ》ると云《い》ふ象義《しやうぎ》あり又命根《めいこん》の解《ご》け去《さ》る義《ぎ》あり又包卦《はうくわ》の象《しやう》より陰《いん》の内《うち》に伏在《ふくざい》するものと見《み》ることあり又二寒《かん》一熱《ねつ》と見《み》ることあり是《こ》れ互卦《ごくわ》に坎離《かんり》あるを以《もつ》てなり此等《これら》の義《ぎ》亦《また》知《し》らざるべからず又人事上《じんじじやう》よりすれば初《しよ》爻《かう》は難《なん》の始《はじ》めて平《たひ》らぎたる時《とき》にして唯咎《たゞとが》なきことを求《もと》むるのみ二爻《かう》に至《いた》れば難已《なんすで》に除《のぞ》き貞吉《ていきつ》を得《う》るものなり三爻《かう》は難《なや》み消《せう》すと雖《いへど》も寇《あた》を以《もつ》て寇《あた》を致《いた》し自《みづか》ら咎《とが》を取《と》るものなり四爻《かう》は難《なや》み未《いま》だ全《まつた》く解《と》けずして尚人《なほひと》の相助《あひたす》くるを望《のぞ》むものなり五爻は能《よ》く心《こゝろ》を以《もつ》て相爭し難《なん》を爲《な》すものをして退《しりぞ》かしむるものなり上爻《かう》は積惡《せきあく》未《いま》だ靖《やす》からざるものあるを以《もつ》て威武《いぶ》を以《もつ》て之《これ》を除《のぞ》くものなり之《これ》を統《す》ぶるに小人《せうじん》難《なん》を爲《な》して君子《くんし》之《これ》を解《と》くものとす

䷨ 山《さん》澤《たく》損《そん》

艮宮三世　春平　夏吉
秋吉　冬平

此卦《このくわ》を得《う》る人《ひと》は多謀過慮《たぼうくわりよ》にして大《おほい》に心思《しんし》を疲勞《ひらう》し或《あるひ》は危懼險難《きくけんなん》の事《こと》に遭遇《さうぐう》して精神《せいしん》を苦《くる》しめ氣虚損耗《ききよそんかう》の象《しやう》あり心肺《しんはい》の二臟疲弊《ざうひへい》の象《しやう》あり肝脾腎《かんひじん》の三臟虚損《ざうきよそん》の義《ぎ》あり坤《こん》の血乾《ちけん》の氣《き》に包《つゝ》み揜《おほ》はるゝの象《しやう》あり血虚《けつきよ》の象《しやう》あり肝木《かんぼく》を以《もつ》て脾土《ひど》を尅《こく》するの象《しやう》あり氣逆上衝《ぎやくじやうしよう》又は不食《ふしよく》の症《しやう》あるべし脾胃中《ひゐちう》に腐敗液《ふはいえき》の留滯《りうたい》するものこす小兒《せうに》は脾胃虚疳蟲《ひゐきよかんちう》等《とう》の症《しやう》なるべし平常食物《へいじやうしよくもつ》に注意《ちうい》すべし厚味《こうみ》は必《かならず》害《がい》あり又婦人《ふじん》は月經期《げつけいき》を愆《あやま》るに依《よ》るの症多《しやうおほ》し○初爻《しよかう》の變《へん》　蒙《もう》　病根《びやうこん》巳《すで》に深《ふか》く泄瀉下血吐血衂血《せつしやげけつとけつぢくけつ》の患《うれ》ひあり又瘡毒腫物に變《へん》じ長病《ちやうびやう》にして危《あやふ》きに至《いた》ることあり但遄《たゞすみやか》に治方《ちはう》を求《もと》めて怠《おこた》らざれば長《なが》きも治《ち》すべし○二爻の變《へん》　頤《い》　内損傷折咽喉《ないそんしやうせついんこう》の痛《いた》み又は痰喘嘔吐腹痛《たんぜんおうとふくつう》或《あるひ》は上焦下枯邪火《じやうせうかこじやくわ》内《うち》に攻《せ》め長《なが》きに亘《わた》る多《おほ》くは不治《ふち》の症《しやう》とす又孕婦《ようふ》は凶《けう》○三爻の變《へん》　大畜《たいちく》　腹脹積聚《ふくちやうしやくじゆ》左腹《さふく》に塊《くわい》を生《しやう》じ腰痛《えうつう》あるべし速《すみやか》に治《ち》を施《ほどこ》さゞれば元氣耗損《げんきかうそん》して他《た》の症《しやう》を併發《へいはつ》すべし長《なが》きも治《ち》す○四爻の變《へん》　睽《けい》　長病《ちやうびやう》の兆《てう》思慮過多《しりよくわた》なるが爲《た》めに大《おほい》に心氣《しんき》を損《そん》せしより起《おこ》る所《ところ》積《しやく》

氣《き》胸《けう》鬲《かく》に突《つ》き塞《ふさが》り肩《けん》背《せい》に凝《こ》りて痛《いた》むべし且《かつ》氣《き》血《けつ》の不《ふ》順《じゆん》なるよりして動《やゝ》もすれば半《はん》身《しん》不《ふ》遂《すゐ》等《とう》の症《しやう》を發《はつ》することあり良《りやう》醫《い》の治《ち》を得《え》て快《くわい》復《ふく》すべし○五爻の變《へん》

中《ちう》孚《ふ》　風《ふう》邪《じや》發《はつ》熱《ねつ》し心《しん》煩《はん》頭《づつ》痛《う》し身《しん》體《たい》倦《けん》怠《たい》或《あるひ》は戰《せん》慄《りつ》し或《あるひ》は動《どう》氣《き》あるべし凶《けう》兆《てう》多《おほ》きの時《とき》とす○上爻の變《へん》

臨《りん》　心《しん》氣《き》を勞《らう》して得《う》る所《ところ》の疾《やまひ》假《た》令《と》ひ一旦《たん》治《ち》癒《ゆ》するも再《さい》發《はつ》の意《い》あれば戒《かい》愼《しん》すべし老《らう》人《じん》は凶《けう》兆《てう》○病《べう》因《いん》と治《ち》方《はう》とを占《うらな》ひ此《この》卦《くわ》の四爻《かう》を得《う》るが如《ごと》き先《ま》づ損《そん》の卦《くわ》は本《もと》泰《たい》より來《きた》るものとして病《べう》因《いん》を察《さつ》し治《ち》方《はう》を計《はか》るべし此《この》人《ひと》思《し》慮《りよ》の多《おほ》きより泰《たい》の時《とき》乾《けん》變《へん》じて兌《だ》の毀《き》折《せつ》と爲《な》り毀《き》折《せつ》の氣《き》上《かみ》に衝《つ》きのぼりて損《そん》の上爻《かう》の邪《じや》毒《どく》と爲《な》り艮《ごん》の肩《けん》背《せい》に止《とゞ》まり又中《ちう》卦《くわ》震《しん》の肝《かん》積《しやく》は脾《ひ》土《ど》を尅《こく》傷《しやう》す況《いは》んや思《し》慮《りよ》多《おほ》くして脾《ひ》土《ど》を破《やぶ》れるの人《ひと》なれば脾《ひ》の勞《らう》役《えき》殊《こと》に甚《はなは》だしく水《すゐ》穀《こく》の消《せう》化《くわ》宜《よろ》しからずして分《ぶん》泌《ぴつ》當《たう》を得《え》ず坎《かん》の飲《いん》食《しよく》の毒《どく》脾《ひ》胃《ゐ》中《ちう》に欝《うつ》滯《たい》し其《その》毒《どく》より上《じやう》焦《せう》中《ちう》焦《せう》の二《ふた》つの熱《ねつ》を生《しやう》じ之《し》卦《くわ》睽《けい》と爲《な》り氣《き》血《けつ》背《そむ》き違《たが》ひて不《ふ》順《じゆん》を爲《な》し終《つる》には半《はん》身《しん》不《ふ》遂《すゐ》の症《しやう》と爲《な》るに至《いた》る故《ゆゑ》に治《ち》方《はう》は先《ま》づ睽《けい》の九四坎《かん》毒《どく》の主《しゆ》爻《かう》を取《と》り去《さ》るときは上《じやう》焦《せう》と中《ちう》焦《せう》との離《り》の熱《ねつ》も共《とも》に消《せう》し本《ほん》卦《くわ》損《そん》の體《たい》に復《ふく》すべし然《しか》る後《のち》多《おほ》く降《かう》氣《き》の藥《くすり》を服《ふく》せしめ上爻《かう》艮《ごん》の主《しゆ》たる所《ところ》の積《しやく》氣《き》を徐《じよ》々《く》と鎭《ちん》墜《つゐ》せしむるときは終《つる》に泰《たい》の卦《くわ》の健《けん》全《ぜん》に復《ふく》するを得《う》べしと云《い》ふなり

䷩ 風《ふう》雷《らい》益《えき》

巽宮三世　春凶　夏平
秋凶　冬平

此《この》卦《くわ》を得《う》る人《ひと》は天《てん》禀《ひん》多《た》疾《しつ》にして外《ぐわい》見《けん》は壯《さう》健《けん》なるが如《ごと》しと雖《いへど》も其《その》中《うち》は柔《にう》弱《じやく》にして肝《かん》氣《き》亢《たか》ぶり脾《ひ》土《ど》を勞《らう》せしめ胃《ゐ》中《ちう》に熱《ねつ》を包《つゝ》むの象《しやう》とす外《ぐわい》熱《ねつ》内《ない》冷《れい》の象《しやう》あり氣《き》逆上衝《ぎやくじやうしよう》頭痛《づつう》惡心《しん》心《しん》下《か》痞《ひ》硬《かう》煩《はん》悶《もん》不《ふ》食《しよく》等《とう》の象《しやう》あり元《げん》氣《き》虚《きよ》損《そん》し病《べう》毒《どく》益《ます》盛《さか》んなるの象《しやう》あり蓋《けだ》し震《しん》と巽《そん》との二肝《かん》木《ぼく》を以《もつ》て坤《こん》の脾《ひ》土《ど》を尅《こく》するが故《ゆゑ》に口《こう》中《ちう》等《とう》常《つね》に腫《しゆ》痛《つう》するものあり此《か》くの如《ごと》きは脾《ひ》胃《ゐ》の濕《しつ》熱《ねつ》を消《せう》除《ぢよ》することを務《つと》むべきなり但《たゞ》婦《ふ》人《じん》は經《けい》行《かう》に關《くわん》し産《さん》後《ご》の難《なや》みあるべし○初爻《かう》の變《へん》　觀《くわん》　脾《ひ》胃《ゐ》の氣《き》和《くわ》せずして逆上《ぎやくじやう》頭《づ》痛《つう》眩《けん》暈《うん》等《とう》あり或は腹《ふく》痛《つう》痢《り》病《べう》寒《かん》熱《ねつ》往《わう》來《らい》して一身《しん》悉《ことごと》く痛《いた》み呼《こ》吸《きふ》促《そく》迫《はく》するの症《しやう》速《すみやか》に治《ち》を施《ほどこ》さゞれば危《あやふ》し○二爻の變《へん》　中《ちう》孚《ふ》　濕《しつ》氣《き》を夾《はさ》み痰《たん》咳《がい》ありて咽《いん》喉《こう》急《きう》迫《はく》或《あるひ》は發《はつ》熱《ねつ》足《そく》痛《つう》浮《ふ》腫《しゆ》の患《うれ》ひあり地《ち》を易《か》へて治《ち》するものあり婦《ふ》人《じん》は概《おほむ》ね懷《くわい》胎《たい》とす○三爻の變《へん》　家《か》人《じん》　熱《ねつ》強《つよ》くして飲《いん》食《しよく》進《すゝ》まず煩《はん》燥《さう》苦《く》悶《もん》して危《あやふ》きに至《いた》るの兆《てう》あり婦《ふ》人《じん》は姙《にん》娠《しん》の兆《てう》とす○四爻の變《へん》　无《む》妄《まう》　脾《ひ》虚《きよ》して肌《き》肉《にく》滿《み》たず大《たい》風《ふう》苛《か》毒虚《そくきよ》に乘《じやう》じて入《い》る驚《きやう》怖《ふ》熱《ねつ》亂《らん》痛《つう》腫《しゆ》支《し》體《たい》困《こん》倦《けん》し心《しん》志《し》欝《うつ》塞《そく》するの症《しやう》藥《やく》力《りよく》及《およ》ばず自《おのづか》ら愈《い》ゆるの時《とき》を

待《ま》つべし〇五爻の變《へん》　頤《い》　臟《ざう》氣《き》漸《やうや》く和《くわ》し飮《いん》食《しよく》少《すこ》しく進《すゝ》むと雖《いへど》も腹《ふく》中《ちう》力《ちから》なく又胸《け》背《はい》手《しゆ》足《そく》に難《なや》みあり危《あやふ》しと雖《いへど》も治《ち》すべし〇上爻の變《へん》　屯《ちゆん》　濕《しつ》毒《どく》水《する》腫《しゆ》或《あるひ》は頭《かしら》重《おも》く又は頭《づ》痛《つう》陰《いん》陽《やう》の氣《き》侵《しん》奪《だつ》して寒《かん》熱《ねつ》往《わう》來《らい》し耳《じ》目《もく》昏《こん》冐《ぼう》して心《しん》氣《き》陷《かん》溺《でき》せんとす或《あるひ》は瀉《しや》痢《り》便《べん》閉《へい》の類《るゐ》不《ふ》治《ち》の症《しやう》に陷《おちい》るものあり戒《かい》愼《しん》を要《えう》す〇此《この》卦《くわ》は頤《い》の體《たい》中《ちう》へ九五の一陽《やう》爻《かう》入《い》り來《きた》りて種《しゆ》々《じゆ》の變《へん》症《しやう》を爲《な》せることを知《し》るべし而《しか》して震《しん》巽《そん》の二肝《かん》木《もく》を以《もつ》て脾《ひ》土《ど》を尅《こく》するが故《ゆゑ》に病《やまひ》を生《しやう》ずるなれば務《つと》めて脾《ひ》胃《ゐ》の熱《ねつ》を除《のぞ》き去《さ》るべきなり又病《べう》筮《ぜい》に家《か》人《じん》の卦《くわ》を得《え》たるとき其《その》病《べう》症《しやう》を審《つまびら》にし或《あるひ》は此《この》益《えき》より來《きた》るものあるを知《し》るときは益《えき》の病《べう》因《いん》治《ち》方《はう》をも併《あは》せ考《かんが》へて斷《だん》ずべきなり此《この》卦《くわ》又天《てん》地《ち》否《ひ》より來《きた》るものにして否《ひ》の時《とき》初六往《ゆ》きて四に居《ゐ》り九四來《きた》りて初に居《ゐ》るの象《しやう》即《すなは》ち上《かみ》を損《そん》して下《しも》に益《ま》すものなり而《しか》して泰《たい》は無《む》病《べう》壯《さう》健《けん》の象《しやう》なるに否《ひ》は泰《たい》に反《はん》すれば病《べう》筮《ぜい》に此《この》卦《くわ》を得《う》るときは其《その》人《ひと》初《はじ》めより健《けん》全《ぜん》ならず或《あるひ》は多《た》病《べう》の人《ひと》なることを知《し》るべし又婦《ふ》人《じん》の病《やまひ》を占《うらな》ひ此《この》卦《くわ》の二爻《かう》を得《う》るが如《ごと》き震《しん》變《へん》じて兌《だ》と爲《な》る產《さん》後《ご》の餘《よ》殃《わう》と見《み》ることあり再《さい》發《はつ》して支《し》體《たい》衰《すゐ》弱《じやく》し危《あやふ》きが如《ごと》しと雖《いへど》も中《ちう》孚《ふ》は孚《ふ》信《しん》の卦《くわ》なれば至《し》誠《せい》を以《もつ》て神《しん》助《じよ》を求《もと》め且《かつ》本《ほん》卦《くわ》益《えき》は遷《せん》改《かい》に宜《よろし》きの象《しやう》なれば醫《い》を易《か》へ居《きよ》を轉《てん》ぜしめて治《ぢ》せしことあるなり

䷪ 澤《たく》天《てん》夬《くわい》

坤宮五世 春平 夏吉
秋福德 冬吉

此卦《このくわ》を得《う》る人《ひと》は肝欝《かんうつ》の積氣《しやくき》強《つよ》く肺《はい》の位《くらゐ》を攻《せ》め衝《つ》くが故《ゆゑ》に腐敗液《ふはいえき》上《かみ》に溢《あふ》れて胸鬲《けうかく》苦滿《くまん》し心下《しんか》痞硬《ひかう》頭痛《づつう》眩暈《けんうん》煩悶《はんもん》惡心《をしん》肩背《けんはい》強攣《きやうれん》等《とう》の症《しやう》多《おほ》かるべし又脚氣《かつけ》衝心《しようしん》の象《しやう》あり亂心《らんしん》發《はつ》狂《きやう》の象《しやう》あり老人《らうじん》及《およ》び重《おも》き病人《びやうにん》には凶兆《けうてう》こす病《やまひ》輕《かろ》きに似《に》て終《つゐ》に危篤《きとく》に至《いた》るもの多《おほ》し又臨産《りんざん》に此卦《このくわ》を得《う》れば障《さは》りなしと雖《いへど》も産後《さんご》を愼《つゝし》むことを要《えう》す○初爻《しよかう》の變《へん》 大過《たいくわ》 爲《な》すべからざるの事《こと》を強《し》ひて爲《な》し之《これ》が爲《た》めに生《しやう》ずる所《ところ》の病《やまひ》なるべし氣積欝悶《きしやくうつもつ》或《あるひ》は打撲損《だぼくそん》傷瘡腫《しやうさうしゆ》の潰決《くわいけつ》等《とう》大患《たいくわん》に至《いた》るものあり又死《し》せずと雖《いへど》も不具《ふぐ》の破敗《はい》あり○二爻の變《へん》 革《かく》 發熱《はつねつ》上衝《じやうしよう》して二便《べん》閉息《へいそく》し頭痛《づつう》甚《はなは》だしく或《あるひ》は瘧疾《ぎやくしつ》等《とう》危篤《きとく》の兆《てう》とす又血症《けつしやう》の患《うれ》ひを防《ふせ》ぐべし○三爻の變《へん》 兌《だ》 中風《ちうふう》口角《こうかく》邪曲《じやきよく》手足《しゆそく》拘攣《こうれん》言語《げんご》不明《ふめい》の類《るゐ》又は瘡腫《さうしゆ》決膿《けつのう》傷食中毒《しやうしよくちうどく》の類《るゐ》長《なが》きに亘《わた》るべし○四爻の變《へん》 需《じゆ》 冷濕《れいしつ》に感《かん》じ腹痛《ふくつう》ずるの象《しやう》あり又大人《たいじん》は氣欝《きうつ》又下部《かぶ》の疾《やまひ》小兒《せうに》は蟲症《ちうしやう》とす速《すみやか》に治《ち》せざれば凶兆《けうてう》○五爻の變《へん》 大壯《たいさう》 欝氣《うつき》積聚《しやくじゆ》胸背《けうはい》逆痛《ぎやくつう》急《きふ》に治《ち》せんと欲《ほつ》すれば必《かなら》ず不虞《ふぐ》の變《へん》あるべし思慮《しりよ》を省《はぶ》き靜養《せいやう》するに宜《よろ》し○上爻の變《へん》

乾《けん》　病症《べうしやう》の如何《いかん》を問《と》はず必死《ひつし》の兆《てう》とす○上爻《かう》を得《え》て必死《ひつし》と爲《な》すものは夬《くわい》は決《けつ》なり乾《けん》は无《む》なり今病人《いまべうにん》決定《けつてい》して无《む》なれば死《し》と斷《だん》ずるなり又姙娠《にんしん》の實否《じつぴ》及《およ》び胎兒《たいじ》の男女《なんによ》を占《うらな》ひ此卦《このくわ》の三爻《かう》を得《う》るが如《ごと》き夬《くわい》は決定《けつてい》の義《ぎ》なるを以《もつ》て姙娠《にんしん》に決《けつ》ずるものとし之卦《しくわ》の象《しやう》よりして女子《ぢよし》なりとし夬《くわい》は三月の卦《くわ》なれば出產《しゆつさん》は三月にして安產《あんざん》なるべしと云《い》ふ安產《あんざん》とは兌《だ》の悅《よろこ》びより言《い》ふなり又病因《べういん》及《およ》び治方《ちはう》を占《うらな》ひ此卦《このくわ》の五爻《かう》を得《う》るが如《ごと》き患者《くわんじや》平生壯健《へいせいさうけん》にして年齡《ねんれい》も亦壯《またさう》なるものなれども大食暴飮《たいしよくばういん》を好《この》むより病《やまひ》を生《しやう》ぜしものと判《はん》するに其症《そのしやう》は痰涎《たんせん》ふさがり氣息喘急《きそくせんきう》すと云《い》ひ卦象《くわしやう》と符合《ふがふ》するを以《もつ》て吐劑《とざい》を服《ふく》して膠痰《かうたん》を吐《は》かしめ其後《そのゝち》は降氣劑《かうきざい》及《およ》び調胃劑《てうゐざい》を服《ふく》すべきことを敎《をし》へて治《ち》せしものあり但《たゞ》し夬《くわい》の卦《くわ》は普通《ふつう》の患者《くわんじや》に忌《い》むものなれども此患者《このくわんじや》は病勢《べうせい》盛《さか》んなると共《とも》に其年《そのとし》も元氣《げんき》も同《おな》く壯《さか》んなれば先《ま》づ吐方《とはう》を以《もつ》て痰涎《たんせん》を除《のぞ》き之卦《しくわ》の大壯《たいさう》に至《いた》らしめず漸々《ぜん〴〵》に調理《てうり》し終《つひ》には九四の爻《かう》を鎭《しづ》めて泰《たい》の健全《けんぜん》に復《ふく》せしむるの術《じゆつ》なり然《しか》れども各人《かくじん》皆此《みなか》くの如《ごと》きことを得《え》ず小兒《せうに》の病《やまひ》を占《うらな》ひ同《おな》く此卦《このくわ》の五爻《かう》を得《う》るが如《ごと》きは食傷或《しよくしやうあるひ》は時候《じこう》より來《きた》るの症痰喘壅盛《しやうたんせんようせい》して死《し》に至《いた》るもの多《おほ》し是《こ》れ亦知《またし》らざるべからず卦爻《くわかう》一を執《と》りて論《ろん》ずべからざるなり

䷫

天《てん》風《ふう》姤《こう》

乾宮一世　春不吉　夏疾病
秋吉　冬半吉

此《この》卦《くわ》を得《う》る人《ひと》は肝《かん》欝《うつ》の積《しやく》氣《き》上《かみ》に亢《たか》ぶり肩《けん》背《はい》強《きやう》痛《つう》頭《づ》痛《つう》眩《けん》暈《うん》惡《お》心《しん》煩《はん》悶《もん》不《ふ》食《しよく》等《とう》の象《しやう》あり風《ふう》邪《じや》の初《はじ》めて犯《おか》せる象《しやう》あり積《しやく》氣《き》の始《はじ》めて發《はつ》せる象《しやう》あり圖《はか》らずして病《やまひ》を發《はつ》せる象《しやう》あり總《す》べて上《じやう》實《じつ》下《か》虚《きよ》の症《しやう》とし婦《ふ》人《にん》は血《けつ》虚《きよ》産《さん》後《ご》の患《うれひ》あり男《なん》女《によ》共《とも》に年《とし》わかき人《ひと》は氣《き》勞《らう》の症《しやう》こす又脚《きやく》膝《しつ》麻《ま》痺《ひ》して力《ちから》なく身《み》痛《いた》み眞《しん》氣《き》不《ふ》足《そく》にして病《べう》勢《せい》甚《はなは》だ烈《はげ》しく濕《しつ》熱《ねつ》熾《さか》んに肺《はい》金《きん》將《まさ》に憊《つか》れんとするものあり或《あるひ》は濕《しつ》毒《どく》内《うち》に伏《ふく》して脱《だつ》肛《こう》痔《じ》疾《しつ》又は陰《いん》痿《い》或《あるひ》は婦《ふ》人《じん》子《し》宮《きう》虚《きよ》冷《れい》にして種《しゆ》子《し》なき等《とう》のものあり○初《しよ》爻《かう》の變《へん》　乾《けん》　病《べう》症《しやう》定《さだ》らず或《あるひ》は妖《えう》氣《き》靈《れい》祟《そう》又は奇《き》病《べう》等《とう》否《しからざ》れば女《をんな》色《しよく》禍《わざはひ》を爲《な》すもの兩《りやう》便《べん》利《り》せず或《あるひ》は浮《ふ》腫《しゆ》終《つゐ》に危《き》篤《とく》に至《いた》るものあり○二爻の變《へん》　漸《ぜん》　燥《さう》熱《ねつ》して下《げ》利《り》し支《し》體《たい》倦《けん》怠《たい》或《あるひ》は浮《う》きたるが如《ごと》くにして足《あし》地《ち》に著《つ》かず又胸《けう》背《はい》の難《なや》み手《しゆ》足《そく》痿《ひ》痺《ひ》することあり治《ち》療《りやう》を怠《おこた》れば急《きう》變《へん》あるべし○三爻の變《へん》　訟《しよう》　傷《しやう》食《しよく》時《じ》疫《えき》瀉《しや》痢《り》小《せう》腹《ふく》力《ちから》なく疝《せん》痛《つう》の類《るゐ》久《ひさ》しくして治《ち》せず又下《げ》疳《かん》便《べん》毒《どく》吐《と》血《けつ》等《とう》の象《しやう》あり○四爻の變《へん》　巽《そん》　身《しん》體《たい》倦《けん》怠《たい》腹《ふく》痛《つう》あり病《べう》態《たい》進《すゝ》むが如《ごと》く又退《しりぞ》くが如《ごと》し急《きう》に藥《やく》効《かう》を得《え》がたし○五爻の變《へん》　鼎《てい》　脾《ひ》胃《ゐ》

虚損《きよそん》積聚《しやくじゆ》便閉《べんへい》浮腫《ふしゆ》寒熱《かんねつ》往來《わうらい》又頭痛《づつう》眩暈《けんうん》するとあるべし凶兆《けうてう》なりと雖《いへど》も能《よ》く加養《かやう》すれば久《ひさ》しくして後《のち》に治《ち》すべし○上爻の變《へん》　大過《たいくわ》　痰咳《たんがい》頭痛《づつう》醫藥《いやく》効《かう》を奏《そう》せず治《ち》を怠《おこた》れば危《あや》ふきに至《いた》るべし○此卦《このくわ》は事《こと》の善惡《ぜんあく》を問《と》はず卒然《そつぜん》として思《おも》ひよらず相遇《あひあ》ふの卦《くわ》なれば病《やまひ》に於《お》けるも都《す》べて此意《このい》を以《もつ》て斷《だん》ずべし例《たと》へば病因《びやういん》及《およ》び治方《ちはう》を占《うらな》ひ此卦《このくわ》の四爻《かう》を得《う》るが如《ごと》き斷《だん》して曰《いは》く其初《そのはじ》め風邪感冒《ふうじやかんぼう》たりしが其邪氣《そのじやき》を早《はや》く發散《はつさん》せざりしより今《いま》や裏面《りめん》に入《い》りて熱《ねつ》を發《はつ》せるものとす之卦《しくわ》の重巽《ちやうそん》に父母《ふぼ》の遺毒《いどく》ある象《しやう》あり其遺毒《そのいどく》又邪熱《じやねつ》の爲《た》めに動《うご》かされ腹中《ふくちう》に蟲《むし》を生《しやう》じたるの象《しやう》なり且本卦《かつほんくわ》の姤《こう》も之卦《しくわ》の巽《そん》も共《とも》に二五の應《おう》を見《み》ざれば從來《じうらい》の藥《くすり》は凡《すべ》て皆應《みなおう》ぜざれば其醫藥《そのいやく》の効《かう》なきこと知《し》るべし故《ゆゑ》に宜《よろし》く醫《い》を易《か》へ方《はう》を改《あらた》めて治《ち》すべし且蟲《かつむし》を除《のぞ》き毒《どく》を解《かい》することを忘《わす》るべからずと云《い》ひしに果《はた》して此《か》くの如《ごと》くなりき又婦人《ふじん》の疾《やまひ》を占《うらな》ひ初爻《しよかう》を得《う》るが如《ごと》き巽《そん》の乾《けん》と爲《な》るを見《み》れば破《やぶ》れを補《おぎな》ふものたるを以《もつ》て産後《さんご》の病惡露《やまひおろ》盡《つ》きすして一身微腫《しんびしゆ》する等良醫《とうりやうい》の治《ち》を請《こ》へば治《ち》するものとす又同《おな》じく婦人《ふじん》の病《やまひ》にして三爻《かう》を得《う》るが如《ごと》き過淫《くわいん》或《あるひ》は産後《さんご》血亂《けつらん》天水《てんすゐ》相背《あひそむ》き男子《だんし》に離《はな》るゝ女《をんな》の類《るゐ》久《ひさ》しくして治《ち》し難《がた》く死《し》に至《いた》るものあり其人《そのひと》に依《よ》りて活斷《くわつだん》すべきなり

䷬

澤《た》地《ち》萃《すゐ》

兌宮二世 春吉 夏口舌
秋平 冬平

此卦《このくわ》を得《う》る人《ひと》は元來《ぐわんらい》脾胃《ひゐ》虚弱《きよじやく》にして水穀《すゐこく》の分利《ぶんり》宜《よろ》しきを得《え》ず腐敗《ふはい》せる留飲《りういん》胸鬲《けうかく》に盈《み》ち溢《あふ》れて悪《あ》心《しん》煩悶《はんもん》頭痛《づつう》項強《こうきやう》痰涎《たんせん》湧盛《ようせい》等《とう》の諸症《しよしやう》を見《あら》はすべし又積氣《しやくき》の萃《あつま》る象《しやう》あり時々《じゞ》下利《げり》する象《しやう》あり小兒《せうに》は脾虚《ひきよ》して疳證《かんしやう》を發《はつ》し病態《べうたい》長《なが》きに至《いた》らん或は悪瘡《あくさう》濕瘡《しつさう》の類《るゐ》發膿《はつのう》して治《ぢ》すべし此卦《このくわ》の大旨《たいし》祖先《そせん》を祭《まつ》り神靈《しんれい》を享《きやう》するに在《あ》り故《ゆゑ》に神《しん》を祈《いの》りて福《さいはひ》を求《もと》むるに宜《よろ》し〇初爻《しよかう》の變《へん》 隨《ずゐ》 性質《せいしつ》虚弱《きよじやく》なるを顧《かへり》みず嗜欲《しよく》心《こゝろ》に任《まか》せ爲《た》めに脾胃《ひゐ》を損《そん》せし象《しやう》あり故《ゆゑ》に肝氣《かんき》亢《たか》ぶり或《あるひ》は怒《いか》り或《あるひ》は恐《おそ》れ足《あし》の拘攣《こうれん》する症《しやう》あるべし口腹《こうふく》の欲《よく》を省《はぶ》き靜養《せいやう》するに宜《よろ》し〇二爻の變《へん》 困《こん》 患《うれ》ふる所《ところ》一ならず腎氣《じんき》薄《うす》くして根氣《こんき》なく腰痛《えうつう》或《あるひ》は下部《かぶ》冷痛《れいつう》し陰嚢《いんのう》拘攣《こうれん》又は傷食《しやうしよく》腹痛《ふくつう》二便《べん》の患《うれ》ひ婦人《ふじん》は産後《さんご》の難《なや》み大患《たいくわん》と爲《な》るものあり然《しか》れども生路《せいろ》なきに非《あら》ざれば良醫《りやうい》を得《え》て治《ぢ》すべし〇三爻の變《へん》 咸《かん》 腐敗《ふはい》の留飲《りういん》胸《むね》に上《のぼ》り萃《あつま》り逼《せま》る象《しやう》あり變《へん》じて咸《かん》となれば平愈《へいゆ》の兆《てう》あるが如《ごと》くなれども少《すこ》しく快《こゝろよ》ければ禁戒《きんかい》を守《まも》らず飲食《いんしよく》を愼《つゝし》むこと能《あた》はずして妄食《ばうしよく》するが故《ゆゑ》に疾《やまひ》増長《ぞうちやう》して危篤《きとく》と爲《な》るものとす

何《いか》んとなれば坤《こん》の脾胃《ひゐ》の上《うへ》に一陽《やう》の食毒《しよくどく》塞《ふさが》り止《とゞま》りたる象《しやう》あるを以《もつ》て其病《そのやまひ》は原《もと》に返《かへ》りて壯勢《さうせい》と爲《な》り元氣《げんき》は次第《しだい》に衰《おとろ》ふるの象凶兆《しやうけうてう》とす又色情《しきじやう》より生《しやう》ずる疾《やまひ》もあるべし○四爻《かう》の變《へん》　比《ひ》　腹中和《ふくちうくわ》せずして心下《しんか》痞硬《ひかう》し或《あるひ》は瘡腫疼痛《さうしゆとうつう》の苦《くるし》み又血《けつ》虛水《きよすゐ》腫《しゆ》の類《るゐ》婦人《ふじん》は半產敗胎等《はんさんはいたいとう》とす地上《ちじやう》に横臥《わうくわ》するの象《しやう》あるを以《もつ》て病勢《べうせい》強《つよ》く治方《ちはう》を得《え》がたし○五爻の變《へん》　豫《よ》　肝氣《かんき》盛《さか》んにして脾胃《ひゐ》衰《おとろ》へ氣《き》剛《がう》にして體《たい》弱《よは》く肩背強痛等《けんはいきやうつうとう》の症《しやう》あるべし是《こ》れ危篤《きとく》の兆《てう》とす此卦《このくわ》二陽外卦《やうぐわいくわ》に萃《あつま》り內卦《ないくわ》は坤《こん》の空虛《くうきよ》と爲《な》る所謂《いはゆ》る上實下虛《じやうじつかきよ》の象今《しやういま》變《へん》じて豫《よ》と爲《な》るときは九五の君主《くんしゆ》たる陽爻《やうかう》消《せう》し元氣《げんき》は天《てん》に升《のぼ》り歸《かへ》らんとするの意《い》あれば死亡《しばう》を免《まぬか》れざるの兆《てう》とす○上爻の變《へん》　否《ひ》　風氣《ふうき》頭痛《づつう》飮食《いんしよく》進《すゝ》まず胸下《けうか》痞《ひ》するの象危險《しやうきけん》の意《い》あれども急《きう》に死《し》せず却《かへつ》て日《ひ》を永《なが》くすれば平愈《へいゆ》の期《き》あるべし○胎兒《たいじ》の男女《なんによ》と臨產《りんさん》の安《あん》否《ひ》と產期《さんき》とを占《うらな》ひ此卦《このくわ》の二爻《かう》を得《う》るが如《ごと》き斷《だん》じて曰《いは》く胎兒《たいじ》は男子《だんし》にして午前《ごぜん》六時《じ》うまるべきも必《かなら》ず死《し》すべし其故《そのゆゑ》は坎《かん》は夜陰《やいん》の象其數《しやうそのすう》は六なれば午前《ごぜん》六時《じ》なりとす然《しか》るに萃《すゐ》變《へん》じて困《こん》と爲《な》れば坎《かん》の子《こ》兌《だ》の西方《せいはう》の陰位《いんゐ》へ行《ゆ》くの意《い》あり又中卦《ちうくわ》離《り》の日《ひ》兌《だ》の澤中《たくちう》に入《い》るの意《い》あり故《ゆゑ》に子《こ》の必《かなら》ず死《し》することを知《し》るなり是《こ》れ等《ら》時《とき》に臨《のぞ》み本卦《ほんくわ》と之卦《しくわ》とに依《よ》りて活斷《くわつだん》するなり

䷭

地《ち》風《ふう》升《しよう》

震宮四世　春吉　夏吉
秋平　冬平

此卦《このくわ》を得《う》る人《ひと》は性来《せいらい》元氣《げんき》薄弱《はくじやく》にして震巽《しんそん》の肝積《かんしやく》亢《たか》ぶり脾土《ひど》を尅《こく》するが故《ゆゑ》に水穀《すゐこく》の消《せう》化惡《くわを》しく遂《つゐ》に胃中《ゐちう》に熱毒《ねつどく》を生《しやう》じ氣逆《きぎやく》上衝《じやうしよう》肩背《けんはい》攣《れん》痛《つう》頭痛《づつう》惡心《をしん》胸脇《けうけう》苦《く》滿《まん》煩悶《はんもん》して夜《よ》る睡《ねふ》ること能《あた》はず飢飽《きはう》不節《ふせつ》等《とう》種々《しゆ〳〵》の徵候《ちやうこう》を呈《てい》すべし又疝毒《せんどく》の症《しやう》あり發狂《はつきやう》の象《しやう》あり腐敗《ふはい》の留飮《りういん》甚《はなは》だしきの象《しやう》あり總《すべ》て輕《かろ》きに似《に》て漸々《ぜん〳〵》危《あやふ》きに至《いた》るの時《とき》とす○初爻《しよかう》の變《へん》　泰《たい》　上焦《じやうせう》頭痛《づつう》嘔吐《あうと》又大便《だいべん》閉結《へいけつ》して四支《し》厥冷《けつれい》し足痛《そくつう》浮腫《ふしゆ》し非常《ひじやう》の困《くるし》みあるべし然《しか》れども陰陽《いんやう》未《いま》だ缺《か》けざれば急《きう》に死《し》することなし但《たゞ》病《やまひ》輕《かろ》きに非《あら》ざれば戒愼《かいしん》を要《えう》す○二爻の變《へん》　謙《けん》　積塊《しやくくわい》心下《しんか》に上《のぼ》り攻《せ》め脚氣《かつけ》なれば衝心《しようしん》の兆《てう》又腰脚《えうきやく》疼《とう》痛《つう》身體《しんたい》痿痺《いひ》の症《しやう》あるべし危《き》篤《とく》の時《とき》とす○三爻の變《へん》　師《し》　發熱《はつねつ》上焦《じやうせう》傷寒《しやうかん》傷食《しやうしよく》或《あるひ》は痞積《ひしやく》嘔吐《あうと》の類《るゐ》又痔疾《じしつ》脱肛《だつかう》下血《げけつ》等《とう》の症《しやう》あるべし病勢《びやうせい》劇甚《げきじん》にして吉凶《きつけう》兩岐《りやうき》の時《とき》とす但《たゞ》急《きう》に死《し》せず又此象《このしやう》に在《あ》りては病《やまひ》なくして病《やまひ》ありと稱《しよう》し詐《いつは》るものあり○四爻の變《へん》　恒《こう》　肝鬱《かんうつ》の積氣《しやくき》強《つよ》く腹脹《はらは》り痛《いた》み或《あるひ》は雷鳴《らいめい》すべし坤《こん》を勞役《らうえき》とし物思《ものおもひ》ひとし巽《そん》を氣《き》とし肝積《かんしやく》とす心《こゝろ》に思《おも》ふことありて其氣《そのき》伸

ぶることを得《え》ざりしより生《しやう》ずる所《ところ》の疾《やまひ》今《いよ》變《へん》じて恒《こう》と爲《な》れば常恒《じやうこう》の疾《やまひ》と爲《な》りたるものなり故《ゆゑ》に思慮《しりよ》を省《はぶ》き升提《しやうてい》の劑《ざい》を服《ふく》するに宜《よろ》し又急變《きうへん》を戒《いまし》むべし○五爻の變《へん》井《せい》　留《りう》飲《いん》肩《けん》滿《まん》胸《けう》痛《つう》又は耳《じ》目《もく》の疾等《やまひとう》とす一旦快方《たんくわいはう》に赴《おもむ》き再發《さいはつ》する意《い》あり或《あるひ》は高《たか》きより墜《お》ちて魂《たましひ》を喪《うしな》ひ或《あるひ》は恃《たの》む所《ところ》を失《うしな》ひて憂悶疾《いうもんやまひ》を發《はつ》するものあり長《なが》きに渉《わた》りて危《あやふ》し○上爻の變《へん》

蠱《こ》　癇症《かんしやう》の如《ごと》くにして氣《き》亢《たか》ぶり躁《さわが》しかるべし巽《そん》を肝積《かんしやく》とし氣《き》ごし艮《ごん》を胸《むね》とし止《とゞま》るとす是《こ》れ肝積《かんしやく》の亢《たか》ぶりて脾《ひ》土《ど》を尅《こく》し尚《なほ》進《すゝ》みて胸鬲《けうかく》に衝《つ》き上《あが》り心肺《しんはい》の位《くらゐ》を攻《せ》むるが故《ゆゑ》なり又慾心《よくしん》萠《きざ》して遂《と》げず欝症《うつしやう》を爲《な》すものあり肩背凝結《けんはいぎやうけつ》するものとす多《おほ》くは凶兆《けうてう》○此《この》卦《くわ》を得《う》るときは性急《せいきう》にして心《こゝろ》を勞《らう》する意《い》あり是《こ》れ長病《ちやうびやう》にして醫藥《いやく》にあきたるなり又眼病《げんべう》にかゝるものあり此卦《このくわ》三爻を得《う》るが如《ごと》き眼病《がんべう》にして心下《しんか》に積聚《しやくじゆ》あり頭痛《づつう》嘔噫《おうえつ》時《とき》ありてむなさわぎするものなり眼病《がんべう》ありといふものは下卦《かくわ》に伏離《ふくり》ありて上卦《じやうくわ》に坤《こん》あればなり蓋《けだ》し坤土《こんど》を以《もつ》て離《り》の目《め》を掩《おほ》ふを謂《い》ふ又小兒《せうに》の疾《やまひ》を占《うらな》ひ此卦《このくわ》の上爻《かう》を得《う》るが如《ごと》き尤《もつと》も凶兆《けうてう》と爲《な》すべし第《だい》一本《ほん》卦升《くわしやう》の象巽木地《しやうそんぼくち》下《か》に在《あ》るを以《もつ》て容易《ようい》に發《はし》し難《がた》きの意《い》あり變《へん》じて蠱《こ》と爲《な》れば破敗《ははい》の象《しやう》にして危篤《きとく》の兆《てう》本之《ほんし》兩卦《りやうくわ》の內卦《ないくわ》木《き》なれば甲乙《かふおつ》の日《ひ》を危《あやふ》しとするなり

䷮ 澤《たく》水《する》困《こん》

兌宮一世　春吉　夏凶
秋平　冬凶

此《この》卦《くわ》を得《う》る人《ひと》は生來《せいらい》腎腑《じんふ》の力弱《ちからよわ》く膀胱《ばうくわう》の維持《ゐじ》堅《かた》からざるより腎水《じんする》枯《か》れ易《やす》くして脾胃《ひゐ》土《ど》は水《みづ》の滋潤《じじゆん》する助《たす》けを失《うしな》ひ爲《た》めに水穀《するこく》の消化《せうくわ》宜《よろ》しきを失《うしな》ひ腐敗《ふはい》の留飲《りういん》を生《しやう》じ虚火《きよくわ》脾腎《ひじん》の間《あひだ》に起《おこ》り此《この》留飲《りういん》に伴《ともな》ひて胸鬲《けうかく》に攻《せ》め上《のぼ》り頭痛《づつう》眩暈《けんうん》惡心《をしん》煩悶《はんもん》胸脇《けうかく》苦滿《くまん》心下《しんか》痞硬《ひかう》小腹《せうふく》急痛《きうつう》五心《しん》反熱《はんねつ》夜臥《やぐわ》安《やす》からず肩背《けんはい》攣急《れんきう》等《とう》の諸症《しよしやう》を發《はつ》すべし又精氣《せいき》大《おほい》に虚損《きよそん》せし象《しやう》あり痢疾《りしつ》の象《しやう》あり婦人《ふじん》は經行《けいかう》の不順産後《じゆんさんご》血虚《けつきよ》四支《し》麻痺《まひ》し夜《よ》る寝《い》ねられず飲食《いんしよく》進《すゝ》まずして病長《やまひなが》きに亘《わた》るべし又患難《くわんなん》困窮《こんきう》の辛苦《しんく》より發《はつ》する病《やまひ》もあり〇初爻《しよかう》の變《へん》　兌《だ》　舊來《きうらい》の宿痾《しゆくあ》再發《さいはつ》するもの痰咳《たんがい》嘔吐《おうど》或《あるひ》は痔疾《ぢしつ》下血《げけつ》及《およ》び骨節《こつせつ》の痛《いた》み婦人《ふじん》は赤白帶下《せきはくたいげ》崩漏《ほうろう》等《とう》困苦《こんく》甚《はなは》だしきの兆《てう》〇二爻の變《へん》　萃《する》　酒毒《しゆどく》の傷《いた》み或《あるひ》は傷食《しやうしよく》又は口中《こうちう》腫痛《しゆつう》眼目《がんもく》昏盲《こんまう》等《とう》輕《かろ》きに似《に》て危《あやふ》し又多食《たしよく》して饑《う》ゆる象《しやう》あり婦人《ふじん》は妊娠《にんしん》惡阻《おそ》の兆《てう》〇三爻の變《へん》　大過《たいくわ》　大便閉《だいべんへい》塞《そく》腹部《ふくぶ》又は足《あし》に浮腫《ふしゆ》あり或《あるひ》は眼耳《がんじ》の患《うれ》ひあり風邪《ふうじや》を兼《か》ぬるものとす速《すみやか》に治《ち》せざれば危《あやふ》し〇四爻の變《へん》　坎《かん》　心病《しんべう》狂亂《きやうらん》或《あるひ》は鬼祟《きそう》の類《るゐ》永久《えいきう》の困《くるし》みあるべし又水腫《するしゆ》毒瘡《どくさう》膿血《のうけつ》等《とう》

多《おほ》くは不治《ふぢ》の症《しやう》ごす○五爻の變《へん》　解《かい》　腎虚《じんきよ》の象《しやう》痰《たん》喘《ぜん》又は肝積等《かんしやくとう》ごす困《こん》は兌澤《だたく》の水滲《みづさん》漏《ろう》し乾枯《かんこ》するの象之卦《しやうしくわ》の解《かい》は雷水下降《らいすゐかかう》の象《しやう》なれば治方《ちはう》を得《う》れば治《ぢ》すべし○上爻の變《へん》　訟《しよう》　鬱氣亂心婦人《うつきらんしんふじん》は産後《さんご》の難《なや》み等《とう》とす多《おほ》くは困乏《こんばう》の致《いた》す所然《ところしか》れども困窮《こんきはま》りて通《つう》ずる意《い》あれば治《ぢ》すべし但速《たゞすみやか》に治《ぢ》せんことを求《もと》むべからず元氣《げんき》を助《たす》け靜養《せいやう》するに宜《よろ》し○九歳《さい》の女子《ぢよし》の疾《やまひ》を占《うらな》ひ此卦《このくわ》の五爻を得《え》蓋《けだ》し少女《せうぢよ》は父《ちゝ》を喪《うしな》ひ悲嘆《ひたん》の餘《あま》り瘦《や》せ疲《つか》れて食欲《しよくよく》を廢《はい》するに至《いた》りしなり斷《だん》じて曰《いはく》本卦《ほんくわ》の困《こん》は兌澤《だたく》の水《みづ》の漏下《ろうか》して澤中《たくちう》に水《みづ》なきの象之卦《しやうしくわ》の解《かい》は雷水下降《らいすゐかかう》の象《しやう》なれば腎虚《じんきよ》の象《しやう》なりとす九歳《さい》の女子《ぢよし》にして腎虚《じんきよ》と云《い》ふこと疑惑《ぎわく》する者《もの》あるべきも此女子《このぢよし》天禀《てんぴん》の賦受腎氣《ふじゆじんき》弱《よわ》くして膀胱《ばうくわう》の維持《ゐじ》固《かた》からず小《せう》便頻數《べんひんさく》なるが故《ゆゑ》に其小便《そのせうべん》に連《つらな》り精液流下《せいえきりうか》せしこと卦爻《くわかう》に顯然《けんぜん》たり即《すなは》ち困《こん》は腎水涸《じんすゐか》るゝの義《ぎ》解《かい》は膀胱《ばうくわう》の維持解緩《ゐじかいくわん》したるの象《しやう》なればなり然《しか》れども治力《ちはう》を得《う》れば快愈《くわいゆ》すべしと云《い》ひ其後適當《そのゝちてきたう》の藥《くすり》を服《ふく》すること三十日許《にちばかり》にして肌肉肥滿《きにくひまん》し皮膚《ひふ》光澤《くわうたく》を生《しやう》じ堅固《けんご》の體《たい》と爲《な》れり又胎兒《たいじ》の産期及《さんきおよ》び男女《なんによ》を占《うらな》ひて五爻《かう》を得《う》るが如《ごと》き解《かい》の卦《くわ》は離《り》の女子《ぢよし》を孕《はら》むの象《しやう》筮《ぜい》せし月《つき》は一月にして五爻《かう》を得《え》たるなれば五月《ごぐわつ》に至《いた》り女子《ぢよし》を得《う》べしと斷《だん》ぜしなり

䷯

水《する》風《ふう》井《せい》

震宮五世　春凶　夏災
秋吉　冬凶

此卦《このくわ》を得《う》る人《ひと》は肝鬱《かんうつ》の積氣《しやくき》強《つよ》くして脾《ひ》土《と》勞《つか》れたるが故《ゆゑ》に水穀《するこく》の消化《せうくわ》惡《あし》く胃中《ゐちう》に食毒《しよくどく》を生《しやう》じ熱氣《ねつき》に伴《ともな》ひ其《その》毒《どく》胸鬲《けうかく》に攻《せ》め衝《つ》くの象《しやう》たり頭痛《づつう》惡寒《をかん》發熱《はつねつ》眩暈《けんうん》惡心《をしん》煩悶《はんもん》肩背《けんはい》拘急《こうきう》腰足《えうそく》攣痛《れんつう》心下《しんか》痞硬《ひかう》等《とう》の症《しやう》あるべし又下利《げり》の象《しやう》あり腐敗《ふはい》留飲《りういん》の象《しやう》あり脾胃《ひゐ》に濕熱《しつねつ》あるの象《しやう》あり腫物《しゆもつ》瘡毒《さうどく》の象《しやう》あり無益《むえき》の事《こと》に心《こゝろ》を勞《らう》し憂苦《いうく》して病《やまひ》を得《う》るの象《しやう》あり〇初爻《しよかう》の變《へん》　需《じゆ》　心《しん》病《べう》鬱氣《うつき》頼《たの》む所《ところ》を失《うしな》ふ等《とう》より生《しやう》ずるの疾或《やまひあるひ》は風邪《ふうじや》寒熱《かんねつ》四支《し》沈重《ちんちやう》上焦《じやうせう》傷食《しやうしよく》嘔《あう》吐《と》口《こう》痛《つう》眼《がん》昏《こん》等《とう》の類《るゐ》危《あやふ》きに至《いた》るここあれども需《じゆ》は飲食《いんしよく》保命《はうめい》の道《みち》なれば良醫《りやうい》を得《え》て治《ち》すべし但《たゞ》破敗《はばい》を得《う》ること水《みづ》にあれば愼《つゝし》むべし〇二爻の變《へん》　蹇《けん》　巽《そん》を氣《き》こし坎《かん》を水《みづ》とし毒《どく》こし痛《いた》むとし曳《ひ》くとす腰《こし》の攣痛《れんつう》して起居《ききよ》不自由《ふじいう》なるの症《しやう》あるべし今《いま》蹇《けん》に變《へん》ずるを見《み》れば治《ち》するも長《なが》し速《すみやか》に脾胃《ひゐ》の濕毒《しつどく》を除《のぞ》くことを務《つと》むべきなり〇三爻の變《へん》　坎《かん》　陰《いん》病《べう》痼《こ》疾《しつ》夜《よ》に入《い》りて快《こゝろよ》からず或《あるひ》ば凶夢《けうむ》を見《み》ること多《おほ》く又腫物《しゆもつ》を發《はつ》することあり多《おほ》くは酒毒《しゆどく》より來《きた》るのもとす婦人《ふじん》は產後《さんご》の瘀《お》血《けつ》浮《ふ》腫《しゆ》便閉《べんぺい》疼痛《そうつう》腰間《えうかん》に在《あ》り或《あるひ》は毒瘡《どくさう》血膿《けつのう》の災《わざはひ》

死《し》せざるも長《なが》し〇四爻の變《へん》　大過《たいくわ》　痰喘急迫《たんせんきうはく》して腹脹浮腫《ふくちやうふしゆ》或《あるひ》は吐瀉《としや》止まず婦人《ふじん》は妊《にん》娠《しん》又血症《けつしやう》男女《だんぢよ》ともに治《ち》し難《がた》し今《いま》變《へん》じて大過《たいくわ》と爲《な》るなれば大過《たいくわ》と爲《な》らざるやう早《はや》きに及《およ》びて之《これ》を救《すく》はゞ或《あるひ》は治《ち》することあるべし〇五爻の變《へん》　升《しやう》　病根《べうこん》下に在《あ》りて其氣《そのき》升《のぼ》り衝《つ》き頭痛嘔吐《づつうあうと》飲食下《いんしよくくだ》らず座臥安《ざぐわやす》からず時《とき》に亂走《らんそう》するの類危篤《るゐきとく》に至《いた》るべし〇上爻の變《へん》　巽《そん》　頭痛發熱身體倦怠風濕邪熱《づつうはつねつしんたいけんたいふうしつじやねつ》の症病輕《しやうやまひかろ》からざれども治《ち》すべし〇男子《だんし》の病《やまひ》を占《うらな》ひ此卦《このくわ》の二爻《かう》を得《う》るが如《ごと》き斷《だん》じて曰《いは》く此患者《このくわんじや》食《しよく》を受《う》げざるの意《い》あり是《こ》れ艮《ごん》を以《もつ》て坎《かん》の食《しよく》を止《とゞ》むるの義《ぎ》又風邪内《ふうじやうち》に止《とゞま》まりて外《はか》に發《はつ》せざるの意《い》あり巽風《そんふう》變《へん》じて艮《ごん》と爲《な》り之《これ》を止《とゞ》むればなり又醫藥《いやく》の應《おう》ぜざる象《しやう》なり二五の應《おう》なきが故《ゆゑ》なり又後《のち》には行歩《かうほ》必《かなら》ず不《ふ》自由《じいう》となるべし其故《そのゆゑ》は本卦井《ほんくわせい》は養《やしな》ふの卦之卦蹇《くわしくわけん》はいざりの象井變《しやうせいへん》じて蹇《けん》となるは是《こ》れ養《やしな》ひ足《た》らずしていざりと爲《な》るの義《ぎ》なり又婦人《ふじん》の病《やまひ》を占《うらな》ひ四爻《かう》を得《う》るが如《ごと》き斷《だん》じて曰《いは》く此患者《このくわんじや》は幼年《えうねん》の頃《ころ》より枉《ま》げ抑《おさ》へられ氣血鬱滞《きけつうつたい》して不順《ふじゆん》なるより生《しやう》じたる病《やまひ》にして骨節疼痛《こつせつとうつう》することあるべし猶井《なほゐ》の水《みづ》を汲《く》まずして水《みづ》の腐敗《ふはい》したるが如《ごと》き意《い》あり今《いま》變《へん》じて大過《たいくわ》と爲《な》れば坎《かん》に坎《かん》を重《かさ》ねたる意《い》にして全卦《ぜんくわ》大坎《たいかん》と爲《な》りたれば速《すみやか》に治療《ちりやう》せざれば危《あやふ》きなり

䷰ 澤《たく》火《くわ》革《かく》

坎宮四世　春凶　夏平　秋凶　冬吉

此卦《このくわ》を得《う》る人《ひと》は天稟《てんぴん》の賦受《ふじゆ》薄弱《はくじやく》にして氣血《きけつ》共《とも》に不足《ふそく》し柔軟《じうなん》なるものとす病狀《べうじやう》定《さだま》らず其症《そのしやう》は身體《しんたい》枯瘦《こそう》して神采《しんさい》を失《うしな》ひ咳嗽《がいそう》甚《はなは》だしく顴骨《くわんこつ》に微紅色《びこうしよく》を見《あら》はし盜汗《とうかん》多《おほ》く或《あるひ》は寒《かん》熱《ねつ》して口渇《くちかつ》し飲食《いんしよく》進《すゝ》まず大小便《だいせうべん》秘澁《ひじふ》し吐血《とけつ》下血《げけつ》等《とう》の難《なや》みあり婦人《ふじん》は血虚《けつきよ》男子《だんし》は氣虚《ききよ》を兼《か》ぬるが故《ゆゑ》に漸々《ぜん〳〵》危篤《きとく》に陷《おちい》るものとす初發《しよはつ》に在《あ》りては救《すく》ひ得《う》ることあれども長《なが》きに至《いた》れば概《おほむ》ね不治《ふぢ》の症《しやう》とす○初爻《しよかう》の變《へん》　咸《かん》　腫瘡《しゆさう》血膿《けつのう》の災《わざはひ》又伏邪《ふくじや》發動《はつどう》して瘟疫《うんえき》瘧疾《ぎやくしつ》と爲《な》り或《あるひ》は濕熱《しつねつ》脾胃《ひゐ》に入《い》りて黃疸《わうだん》と爲《な》るの象《しやう》あり治《ち》するも長《なが》し○二爻の變《へん》　夬《くわい》　心《しん》熱盛《ねつさか》んなるの象《しやう》危篤《きとく》の兆《てう》とす乾《けん》を骨《ほね》とし離《り》を心《しん》とす離《り》の熱乾《ねつけん》の骨《ほね》を焚《や》くの意《い》あり又兌《だ》を肺《はい》と爲《な》す離火《りくわ》を以《もつ》て肺金《はいきん》を灼《しやく》するの意《い》あり又兌《だ》を澤《たく》とし水《みづ》とす水《みづ》は血《ち》なり火《ひ》を以《もつ》て血《ち》を乾《かは》かすの意《い》あり今變《いまへん》じて夬《くわい》と爲《な》る是《こ》れ澤水《たくすゐ》を決《けつ》して離火《りくわ》を消《け》すの象《しやう》水《する》火《か》互《たがひ》に相尅《あひこく》し離《り》の心火《しんくわ》を失《うしな》ふ必死《ひつし》の凶兆《けうてう》とす○三爻の變《へん》　隨《ずゐ》　革《かく》の卦元《くわもと》より大病《たいべう》の象《しやう》にして隨《ずゐ》も亦《また》不祥《ふしやう》の兆《てう》咽喉《いんこう》傷食《しやうしよく》腰痛《えうつう》又は眼目《がんもく》昏蒙《こんもう》等《とう》の症《しやう》あるべし良醫《りやうい》の治《ぢ》を請《こ》はゞ治《ち》

すべし〇四爻の變《へん》　既濟《きせい》　腹痛《ふくつう》又は咽喉《いんこう》の痛《いた》み或《あるひ》は膿血《のうけつ》の患《うれ》ひ色情《しきじやう》より虚症《きよしやう》と爲《な》るものとす凶兆《けうてう》〇五爻の變《へん》　豐《ほう》　豐盈怠慢《ほうえいたいまん》女色《ぢよしよく》の害《がい》より虚損《きよそん》するの象元氣《しやうげんき》衰弱《すゐじやく》し頭痛《づつう》發熱終《はつねつつる》に大患《たいくわん》に至《いた》るべし〇上爻の變《へん》　離《り》　欝火發熱頭痛《うつくわはつねつづつう》あり凶兆《けうてう》或《あるひ》は熱盛《ねつさか》んにして傳染《でんせん》するものあるべし〇三十餘歳《よさい》の女子《ぢよし》の疾《やまひ》を占《うらな》び此卦《このくわ》の初爻《しよかう》を得《う》斷《だん》じて曰《いは》く是《こ》れ姙娠《にんしん》にして飲食味《いんしよくあぢはひ》なく四支倦怠《しけんたい》し時《じ》々《ゝ》嘔吐《あうと》の意《い》あるべしと其人《そのひと》曰《いは》く三十餘年《よねん》未懷孕《いまだくわいよう》せしことあらざれば姙娠《にんしん》せしこと如何《いか》んと曰《いは》く此卦舊《このくわふる》きを革《あらた》め新《あた》たなるに從《したが》ふ之卦《しくわ》咸《かん》に男女精《なんによせい》を搆《あつ》ふの象《しやう》あれば懷孕疑《くわいようたが》ひなきなりと後果《のちはた》して然《しか》り〇此卦困《このくわこん》より來《きた》る時《とき》窮《きう》し世困《よくるし》み幸《さいはひ》にして困《こん》を出《い》でゝ井《せい》に入《い》る井《せい》は養《やしな》ふなり必《かなら》ず先《ま》づ其《そ》の元氣《げんき》を養《やしな》ひ既《すで》に成《な》りて後《のち》に改革《かいかく》に從《したが》ふべし故《ゆゑ》に井《せい》の卦革《くわかく》の前《まへ》に在《あ》り革《かく》は故《ふる》きを去《さ》るなり鼎《てい》は新《あた》たなるを取《と》るなり新《あらた》たなるを取《と》るは必《かなら》ず先《ま》づ故《ふる》きを去《さ》る故《ゆゑ》に鼎《てい》は革《かく》に後《おく》る革《かく》の下《か》卦《くわ》三爻《かう》は文明《ぶんめい》にして革《あらた》め革事《かくじ》己《すで》に成《な》る上卦《くわ》三爻《かう》は革《あらた》めて悦《よろこ》びを成《な》す革《かく》の事唯其當《ことたゞそのたう》を求《もと》むるのみ而《しか》して革《あらた》むる所以《ゆゑん》のもの夫時《かのとき》を得《う》るを貴《たつと》ぶ天地《てんち》未《いま》だ春《はる》ならずして夏《なつ》を革《あらた》め未《いま》だ秋《あき》ならずして冬《ふゆ》を革《あらた》むること能《あた》はず四時《じ》の革《あらた》まる皆《みな》夫《か》の時《とき》に應《おう》ずるなり

䷱

火《くわ》風《ふう》鼎《てい》

離宮二世　春口舌　夏吉　秋凶　冬吉

此《この》卦《くわ》を得《う》る人《ひと》は飲食《いんしよく》節《せつ》なく或《あるひ》は色欲《しきよく》過度《くわど》等《とう》の爲《た》めに氣《き》血《けつ》衰《すゐ》敗《はい》して病根《べうこん》と成《な》り心火《しんくわ》盛《さか》んにして眞氣《しんき》疲《つか》れ腎水《じんすゐ》枯渴《こかつ》し或《あるひ》は鬱々《うつく》として喜《き》怒《ど》悲《ひ》愁《しう》し常《つね》に動悸《どうき》強《つよ》く腹裏《ふくり》快《こゝろよ》からず腰脚《えうきやく》痛《いた》み或《あるひ》は變《へん》じて中風《ちうふう》と爲《な》り又性質《せいしつ》懶惰《らんだ》と爲《な》り行歩《かうほ》收《をさま》らず壯年《さうねん》にして廢人《はいじん》と爲《な》るものあり但《たゞ》一時《じ》の輕症《けいしやう》に在《あつ》ては風邪《ふうじや》感冒《かんばう》時疫《じえき》等《とう》の象《しやう》あり○初爻《しよかう》の變《へん》　大有《たいいう》　吐瀉《としや》腹《ふく》痛《つう》積聚《しやくじゆ》脹滿《ちやうまん》上焦《じやうせう》齒痛《しつう》又兩便《りやうべん》秘澁《ひじふ》酒《しゆ》損《そん》食傷《しよくしやう》の類《るゐ》病《や》む所《ところ》一ならす難治《なんち》の者《もの》多《おほ》し但《たゞ》孕婦《ようふ》の如《ごと》きは吉《きつ》○二爻の變《へん》　旅《りよ》　嘔逆《おうぎやく》脹滿《ちやうまん》兩便《りやうべん》不利《ふり》手足《しゆそく》痿痺《いひ》等《とう》心痺《しんひ》の虛《きよ》より生《しやう》ずる所《ところ》危篤《きとく》に至《いた》るべし○三爻の變《へん》　未濟《びせい》　脫血《せつけつ》脹腫《ちやうしゆ》或《あるひ》は中風《ちうふう》便閉《べんへい》の類《るゐ》未濟《びせい》は憂喜《いうき》相《あひ》半《なかば》するを以《もつ》て危篤《きとく》なりと雖《いへど》も少《すこ》く日數《につすう》を經《ふ》れば吉《きつ》を得《う》ることあるべし○四爻の變《へん》　蠱《こ》　腹痛《ふくつう》或《あるひ》は痿痺《いひ》或《あるひ》は腫物《しゆもつ》瘡毒《さうどく》又は蚘蟲《くわいちう》等《とう》の症《しやう》反掌《はんしやう》の間《あひだ》に不言《ふげん》の恐《おそ》れあり戒愼《かいしん》を要《えう》す○五爻の變《へん》　姤《こう》　痰飲《たんいん》胸膈《けうかく》に迫《せま》り或《あるひ》は腹痛《ふくつう》便結《べんけつ》頭《かしら》重《おも》くして惡寒《をかん》あり速《すみや》かに治《ち》せざれば危《あやふ》し又死《し》せざるも永久《えいきう》の難《なや》みと爲《な》るべし○上爻の變《へん》　恒《こう》　頭痛《づつう》上逆《じやうぎやく》肝鬱《かんうつ》の症《しやう》治《ち》すれども久《ひさ》し

きに亘《わた》るべし○病筮《べうぜい》に此卦《このくわ》の上爻《かう》を得《え》斷《だん》じて曰《いは》く肝積《かんしやく》の氣《き》強《つよ》く胸《むね》に熱《ねつ》多《おほ》くして逆上《ぎやくじやう》すべし目《め》にも患《うれ》ひあるの象然《しやうしか》れども鼎《てい》は新《あら》たなるを取《と》るの象恒《しやうこう》は常《つね》なれば醫《い》藥《やく》を易《か》へて常《つね》に復《ふく》すべしと云《い》ふ又女子《ぢよし》の疾《やまひ》を占《うらな》ひ三爻《かう》を得《う》斷《だん》じて曰《いは》く虚弱《きよじやく》の質《しつ》腹《ふく》痛《つう》の意《い》あり是《こ》れ醫《い》藥《やく》の適《てき》せざるなるべし本《ほん》卦《くわ》鼎《てい》は故《ふる》きを去《さ》り新《あら》たなるを取《と》るの象《しやう》なれば醫《い》藥《やく》を改《あらた》むるに宜《よろし》く又之卦《しくわ》未濟《びせい》の互卦《ごくわ》は既濟《きせい》なり陰陽合體《いんやうがつたい》して鼎《てい》に實《じつ》あるの象《しやう》なれば必《かなら》ず姙娠《にんしん》なるべし故《ゆゑ》に姙娠《にんしん》の手當《てあて》を爲《な》すべしと云《い》ひしに果《はた》して然《しか》り又孕婦《ようふ》を占《うらなは》ひ此卦《このくわ》の初爻《しよかう》を得《う》斷《だん》じて曰《いは》く鼎《てい》は寶器《ほうき》なり是《こ》れ必《かなら》ず貴族《きぞく》の正室《せいしつ》大有《たいいう》の富貴《ふうき》を極《きは》むる人《ひと》にして生子《せいし》も亦家《またいへ》を繼《つ》ぎ祿《ろく》を有《いう》するの男子《だんし》なるべし火風《くわふう》相助《あひたす》けて調和《てうくわ》烹熟するが故《ゆゑ》に大《だい》體吉《たいきつ》なれども鼎《てい》は溢《あふ》れ易《やす》きを以《もつ》て愼重《しんちやう》なるを要《えう》すと果《はた》して此《か》くの如《ごと》くなりき○此卦《このくわ》の初爻《しよかう》は鼎《てい》を倒《さかし》まにして否穢《ひくわい》を去《さ》り潔《いさぎよ》きを致《いた》すものなり二爻《かう》は初爻《しよかう》の後《のち》を承《う》け徐《しづ》かに物《もの》を其中《そのうち》に實《み》て五味《み》を和《くわ》するものなり三爻《かう》は内卦《ないくわ》の木《き》と外卦《ぐわいくわ》の火《ひ》と兩《りやう》皆中《みなちう》を過《す》ぎ木《もく》火迅烈《くわじんれつ》にして鼎中《ていちう》沸騰《ふつとう》し激烈《げきれつ》に過《す》ぐるものなり四爻《かう》は鼎中《ていちう》の實《じつ》多《おほ》きに過《す》ぎ鼎《てい》の足《あし》折《を》れて凶《けう》なるものなり五爻《かう》は鼎《てい》の主《しゆ》にして吉《きつ》上爻《かう》は鼎德《ていとく》の終《をは》り大吉《だいきつ》にして利《よろ》しからざることなきものなり

☳☳

震《しん》爲《ゐ》雷《らい》

震宮八純　春旺夏平
秋平　冬半吉

此卦《このくわ》を得《う》る人《ひと》は大肝積《だいかんしやく》の象《しやう》なるを以《もつ》て疼痛危急《とうつうききう》の徴候《ちやうこう》あるべし又劇《はげ》しきときは發狂《はつきやう》の如《ごと》く迫《せま》るときは氣《き》を失《うしな》ふことあり心下《しんか》常《つね》に痞硬《ひかう》し脾肺《ひはい》も爲《た》めに犯《をか》され勞《つか》るべし一身《しん》の筋膜拘攣《きんまくこうれん》して種々《しゆ〳〵》の癖症《へきしやう》を併發《へいはつ》すべし又飲食《いんしよく》の嗜好《しかう》も一方《はう》に偏《へん》し平日《へいじつ》の動作《どうさ》も偏癖《へんへき》あるものなり物《もの》に觸《ふ》れて或《あるひ》は怒《いか》り或《あるひ》は悲《かな》しみ或《あるひ》は駭《おどろ》くの類《るゐ》なり　婦人《ふじん》は乳病經水《にふびやうけいすゐ》適來適斷《てきらいてきだん》等《とう》外症《くわいしやう》重《おも》しと雖《いへど》も調養《てうやう》宜《よろ》しきを得《う》れば治《ち》すべし○初爻《しよかう》の變《へん》　豫《よ》　足《あし》よりして腹《はら》に拒《こば》み氣《き》壯《さう》なりと雖《いへど》も體《たい》は自然《しぜん》に衰《おとろ》ふべし又脚氣衝心《かつけしようしん》の兆《てう》あり治方《ちはう》を怠《おこた》るべからず○二爻《かう》の變《へん》　歸妹《きまい》　熱氣《ねつき》甚《はなは》だしく痰咳胸痛《たんがいけうつう》或《あるひ》は吐瀉《としや》あるべし多《おほ》くは色情《しきじやう》の想思《さうし》遂《と》げず鬱氣《うつき》發動《はつどう》するものとす急《きう》に治《ち》しがたし○三爻《かう》の變《へん》　豐《ほう》　熱盛《ねつさか》んにして大便利《だいべんり》せず或《あるひ》は狂走高歌《きやうそうかうか》する等《とう》危險《きけん》の候《こう》あれども良醫《りやうい》を得《う》れば治《ち》すべし○四爻《かう》の變《へん》　復《ふく》　時疫《じえき》瘧疾《ぎやくしつ》或《あるひ》は腹痛《ふくつう》の類《るゐ》又再發《さいはつ》の疾《やまひ》輕《かる》きものは快復《くわいふく》すべし○五爻《かう》の變《へん》　隨《ずゐ》　痰喘壅盛《たんせんようせい》危《あやふ》しと雖《いへど》も治《ち》すべし○上爻《かう》の變《へん》　噬嗑《ぜいかふ》　熱亂上焦《ねつらんじやうせう》或《あるひ》は咽喉《いんこう》の疾《やまひ》齒痛《つう》の類《るゐ》傷食酒損婦《しやうしよくしゆそんふ》

人《にん》は産後《さんご》血亂《けうらん》中風《ちうふう》腫瘡《しゆさう》等《とう》とす危急《きゝう》の兆《てう》あれども良醫《りやうい》を得《う》れば治《ぢ》すべし○病因《べういん》及《およ》び治《ち》方《はう》を占《うらな》ひ此卦《このくわ》の二爻《かう》を得《う》斷《だん》じて曰《いは》く本卦《ほんくわ》震《しん》に怱忙《そうばう》の理《り》あり俗事《ぞくじ》の爲《た》めに心氣《しんき》を勞《らう》し氣《き》欝《うつ》肝積《かんしやく》と爲《な》り又時氣《じき》感冒《かんばう》の象《しやう》あり之卦《しくわ》の歸妹《きまい》も亦《また》輕症《けいしやう》に非《あら》ざるなり然《しか》れども震《しん》の兊《だ》と爲《な》るのみなれば生氣《せいき》を失《うしな》はず故《ゆゑ》に死症《ししやう》に非《あら》ず能《よ》く調攝《てうせつ》するときは漸々《ぜん〳〵》平《へい》愈《ゆ》すべしと云《い》へり○此卦《このくわ》上下《しやうげ》皆《みな》雷聲《らいこゑ》ありて形《かたち》なく其來《そのきた》るや急速《きうそく》にして觸《ふ》るゝ處《ところ》摧破《さいは》せざるなし故《ゆゑ》に恐懼《きやうく》の象《しやう》あり病《やまひ》に於《お》けるも先《さ》きに危《あやふ》くして後《のち》に吉《きつ》なるもの多《おほ》し六爻《かう》の義《ぎ》各《おの〳〵》其時《そのとき》に應《おう》ず初爻《しよかう》は震《しん》の主《しゆ》能《よ》く事《こと》に臨《のぞ》みて懼《おそ》れ事《こと》に後《おく》れて樂《たのし》み恐《おそ》れて福《さいはひ》を致《いた》すものなり二爻《かう》は初爻《しよかう》の剛《がう》に乘《の》るを以《もつ》て厲《あやふ》きことあるものなり三爻《かう》は内外《ないぐわい》の交《かう》に居《お》り内卦《ないくわ》の震《しん》未《いま》だ止《や》まずして外卦《ぐわいくわ》の震《しん》又來《きた》り畏懼《ゐく》して安《やす》からざるも僅《わづか》に災《わざはひ》を免《まぬか》るゝものなり四爻《かう》は震《しん》の陽威《やうゐ》已《すで》に盡《つ》き泥中《でいちう》に陷《おちゐ》りて自《みづか》ら拔《ぬ》くこと能《あた》はざるものなり五爻《かう》は外卦《ぐわいくわ》の中に居《お》り内震《ないしん》乍《たちま》ち往《ゆ》き外震《ぐわいしん》又來《またきた》り往來《わうらい》厲《あやふ》しと雖《いへど》も尊位《そんゐ》に居《お》り其執《そのと》る所《ところ》の事《こと》を失《うしな》はざるものなり上爻《かう》は震《しん》の極《きよく》恐懼《きやうく》修省《しうせい》して咎《とが》なきを得《う》るものなり四は初《しよ》に如《し》かず二は貝《ばい》を喪《うしな》ひ五は事《こと》あり二は五に如《し》かず上の征《ゆ》きて凶《けう》なるは三の行《ゆ》きて眚《わざはひ》なきに如《し》かざるなり

䷳ 艮《こん》爲《ゐ》山《さん》

艮宮八純 春吉 夏凶 秋吉 冬病

此卦《このくわ》を得《う》る人《ひと》は卒中風《そつちうふう》の象《しやう》あり瘍腫《やうしゆ》の象《しやう》あり婦人《ふじん》は經行不順《けいかうふじゆん》の象《しやう》あり熱血膣《ねつけつちつ》に入《い》るの象《しやう》あり大概不治《たいがいふち》の兆《てう》とす蓋《けだ》し起居節《ききよせつ》なく酒色《しゆしよく》に溺《おぼ》れ或《あるひ》は心《こゝろ》を勞《らう》し力《ちから》を盡《つく》して元氣《げんき》勞《つか》れ脾胃《ひゐ》衰《おとろ》へ穀氣《こくき》和《くわ》せず遂《つゐ》に病根《べうこん》を生《しやう》ずるものにして常《つね》に人《ひと》に對《たい》することを厭《いと》ひ欝《うつ》々として樂《たのし》まず精神昏々《せいしんこん》として陽氣《やうき》退《しりぞ》き止《や》むの時《とき》とす○初爻《しよかう》の變《へん》 賁《ひ》 發熱逆上大《はつねつぎやくじやうだい》便通《べんつう》じ難《がた》く小水秘澁《せうすいひじふ》し又吐血下血等《とけつげけつとう》の象《しやう》あり醫師《いし》亦治《またち》を誤《あやま》るの恐《おそ》れあり或《あるひ》は身體浮《しんたいふ》腫《しゆ》し危《あやふ》きに至《いた》るの象《しやう》あり又壯健《さうけん》にして病《やまひ》ありと僞《いつは》るものあり○二爻の變《へん》 蠱《こ》 風濕《ふうしつ》を兼《か》ね脚氣瘡毒腫物痛風等總《かつけさうどくしゆもつつうふうとうすべ》て危篤《きとく》の症《しやう》とす但小兒《たゞせうに》の蟲症《ちうしやう》は治療《ちれう》に由《よ》り治《ち》すべし○三爻の變《へん》 剝《はく》 腰痛筋縮氣血欝滯《ようつうきんしゆくきけつうつたい》或《あるひ》は病症變《べうしやうへん》して始《はじめ》と同《おな》じからず身體手足《しんたいしゆそく》共《とも》に痿痺《いひ》するものあり上逆下虚速《じやうぎやくかきよすみやか》に治《ち》せざれば危《あやふ》し○四爻の變《へん》 旅《りよ》 憂苦《いうく》ありて氣虚上衝《ききよじやうしよう》し或《あるひ》は卒中風《そつちうふう》と爲《な》るの症艮《しやうこん》の身《み》は消《き》へ離《り》の魂《こん》は外《ほか》に出《い》で、旅行《りよかう》するの象《しやう》なれば必死《ひつし》の兆《てう》とす○五爻の變《へん》 漸《ぜん》 肩背四支拘痛《けんはいしこうつう》して胸滿《むねみ》ち氣促《きせま》るの象急《しやうきう》に治《ち》せず○上爻の變《へん》

謙《けん》　長病《ちやうびやう》ご爲《な》り痿《い》躄《へき》の患《うれ》ひと爲《な》るべし○病《べう》筮《ぜい》に此《この》卦《くわ》の四爻《かう》を得《う》るが如《ごと》き卒《そつ》中《ちう》風《ふう》にして不《ふ》治《ち》の論《ろん》なく必《ひつ》死《し》と斷《だん》ぜしことあり是《こ》れ艮《ごん》の身《み》は消《き》へ離《り》の魂《こん》は外《ほか》へ出《い》で旅《りよ》行《かう》するの義《ぎ》なればなり又他《た》の患《くわん》者《じや》を占《うらな》ひ同《おな》じく四《し》爻《かう》を得《う》斷《だん》じて腫《しゆ》物《もつ》ご爲《な》し同《おな》く死《し》病《べう》と爲《な》せしことあり其《その》故《ゆゑ》は中《ちう》卦《くわ》の震《しん》を氣《き》ごし艮《ごん》を止《や》むとす今《いま》本《ほん》卦《くわ》の重《ちやう》艮《ごん》は止《とゞ》められて止《とゞま》るものなり變《へん》じて離《り》火《くわ》と爲《な》り熱《ねつ》を生《しやう》ず是《こ》れ腫《しゆ》物《もつ》を生《しやう》ずるの象《しやう》凡《およ》そ人《じん》身《しん》は氣《き》血《けつ》順《じゆん》行《かう》するとは健《けん》全《ぜん》無《む》病《べう》なれども若し氣《き》欝《うつ》し血《ち》止《とゞま》るときは必《かなら》ず毒《どく》と爲《な》りて熱《ねつ》を生《しやう》じ熱《ねつ》生《しやう》ずるときは必《かなら》ず熟《じゆく》して腫《しゆ》物《もつ》ご爲《な》る例《たと》へば夏《か》日《じつ》水《みづ》を止《とゞ》むれば腐《くさ》りて蟲《むし》を生《しやう》ずるが如《ごと》く而《しか》して其《その》腫《は》れたる處《ところ》は左《ひだり》の脇《わき》腹《はら》腋《えき》下《か》なるべし上《じやう》艮《ごん》を手《て》とし下《か》艮《ごん》を腰《こし》とし四《し》爻《かう》は左《ひだり》の脇《けう》下《か》に當《あた》るが故《ゆゑ》なり卦《くわ》象《しやう》を按《あん》ずるに施《ほどこ》すべきの治《ち》術《じゆつ》なく亦《また》治《ち》すべきの藥《くすり》なし是《こ》れ必《ひつ》死《し》の症《しやう》なりご云《い》ひしに果《はた》して此《か》くの如《ごと》くなりき又老《らう》人《じん》の病《やまひ》を占《うらな》ひ此《この》卦《くわ》の三爻《かう》を得《う》之《し》卦《くわ》剝《はく》なれば多《おほ》くは凶《けう》と斷《だん》ずるものなれども是《こ》れ大《おほ》に然《しか》らず蓋《けだ》し氣《き》血《けつ》欝《うつ》滯《たい》して腹《ふく》心《しん》に塊《くわい》を生《しやう》ぜしも今《いま》や一山《さん》己《すで》に平《たい》らぐ攻《こう》撃《げき》に利《り》あるの兆《てう》剝《はく》は故《ふる》きを去《さ》りて新《あた》らしきを生《しやう》ずる意《い》あり醫《い》藥《やく》を易《か》へて必《かなら》ず全《ぜん》功《こう》を奏《そう》すべしと云《い》ひ此《この》言《こと》の如《ごと》くして治《ち》愈《ゆ》したり是《こ》れ皆《みな》活《くわつ》斷《だん》なり

䷴ 風《ふう》山《さん》漸《ぜん》

艮宮歸魂　春吉　夏吉
秋吉　冬不利

此卦《このくわ》を得《う》る人《ひと》は肝鬱《かんうつ》の積氣《しやくき》強《つよ》く亢《たかぶ》りて脾土《ひど》を尅《こく》し尚《なほ》進《すゝ》みて胸鬲《けうかく》に迫《せま》り衝《つ》くが故《ゆゑ》に頭痛《づつう》眩暈《けんうん》氣《き》逆上《ぎやくじやう》衝《しやう》肩背《けんはい》攣痛《れんつう》等《とう》の症《しやう》あるべし又脾土《ひど》尅《こく》せられて水穀《するこく》消化《せつくわ》の幾《き》を失《うしな》ひ食《しよく》毒《どく》脾胃《ひい》の中《うち》に生《しやう》じて離熱《りねつ》を釀《かも》せり爲《ため》に悪心《おしん》煩悶《はんもん》心下《しんか》痞硬《ひかう》小腹《せうふく》攣痛《れんつう》夜臥《やぐわ》不安《ふあん》等《とう》の諸症《しよしやう》を發《はつ》するものあり此卦《このくわ》漸《ぜん》にして漸々《ぜんく》に進《すゝ》むの象《しやう》なれば病勢《びやうせい》もいつとなく進《すゝ》むの意《い》あり早《はや》きに及《およ》びて治《ち》せざれば救《すく》ふ可《べか》らざるに至《いた》らんとす○初爻《しよかう》の變《へん》　家人《かじん》　發熱《はつねつ》頭痛《づつう》口渇《こうかつ》便秘《べんひ》等《とう》の症《しやう》あるべし親屬《しんぞく》の中《うち》和《くわ》せざるが爲《た》めに憂鬱《いううつ》して病《やまひ》を爲《な》す支體《したい》漸々《ぜんく》羸痩《るいそう》して危《あやふ》きに至《いた》るの兆《てう》とす○二爻の變《へん》　巽《そん》　風邪《ふうじや》又飲食過度《いんしよくくわど》より胸鬲《けうかく》脹痛《ちやうつう》燥熱《さうねつ》或《あるひ》は皮《ひ》膚《ふ》腫痛《しゆつう》する等《とう》輕症《けいしやう》に似《に》て輕《かる》からず早《はや》く治《ぢ》を施《ほどこ》すべし○三爻の變《へん》　觀《くわん》　欲《よく》を縦《ほしいまゝ》にして精《せい》を損《そん》し行歩《かうほ》に足弱《あしよわ》く或《あるひ》は盗汗《とうかん》等《とう》ありて心氣《しんき》怠惰《たいだ》し又眩暈《けんうん》頭痛《づつう》腰痛《えうつう》等《とう》輕《かる》きものは治《ぢ》すれども重《おも》きものは死《し》すべし○四爻の變《へん》　遯《とん》　腹脹《ふくちやう》或《あるひ》は臍下《せいか》に痛《いた》みあり危《あやふ》き意《い》あれども治候《ちこう》を失《うしな》はざれば治《ぢ》すべし○五爻の變《へん》　艮《こん》　胸間《けうかん》痞塞《ひそく》小兒《せうに》は脾《ひ》虚《きよ》老人《らうじん》は痿痺《いひ》し

て中風《ちうふう》の如《ごと》く長病《ちやうべう》にして危《あやふ》し但《たゞ》婦《ふ》人《じん》は經閉《けいへい》なるべし○上爻の變《へん》　蹇《けん》　肩背《けんはい》強急《こうきう》腰脚《えうきやく》濕痺《しつぴ》結毒《けつどく》等《とう》都《す》べて長病《ちやうべう》の兆《てう》良醫《りやうい》を得《う》れば治《ち》すべし○一婦人《ふじん》の背痛《はいつう》甚《はなは》だしきを占《うらな》ひ此《この》卦《くわ》の上爻《かう》を得《う》斷《だん》じて曰《いは》く漸《ぜん》は山上《さんじやう》に木《き》を植《う》えたるの象《しやう》にして漸次《ぜんじ》に長《ちやう》ずるの義《ぎ》あり又之《し》卦《くわ》蹇《けん》は山上《さんじやう》に水《みづ》あるの象《しやう》其《その》水《みづ》艮《ごん》に止《とゞ》められて腐《くさ》るの意《い》あり故《ゆゑ》に植《う》えたる木《き》が腐《ふ》水《する》に浸《ひた》されて止《とゞ》めらるゝの義《ぎ》之《これ》を人身《じんしん》に見《み》るときは艮《ごん》を腰《こし》とす是《こ》れ腰《こし》より上《かみ》の病《やまひ》坎《かん》を水《みづ》とし血《ち》とす腐《くさ》る所《ところ》の血《ち》は必《かなら》ず腫物《しゆもつ》と爲《な》る其發《そのはつ》する處《ところ》は必《かなら》ず風門《ふうもん》の邊《へん》なるべし早《はや》く外科《げくわ》の治《ち》を請《と》ふべしと示《しめ》したり又少年《せうねん》の病《やまひ》を筮《ぜい》して三爻《かう》を得《う》るが如《ごと》き輕症《けいしやう》なれども金錢《きんせん》に窮《きう》し病《やまひ》に托《たく》して父兄《ふけい》を驚《おどろ》かし憐《あはれ》みを乞《こ》ふの意《い》なるべしと斷《だん》じ的中《てきちう》せしことあり漸《ぜん》は由《よ》りて來《きた》る所《ところ》あるの義《ぎ》觀《くわん》は游觀《いうくわん》の義《ぎ》あり是等《これら》に考《かんが》へて活斷《くわつだん》せしものなり○此《この》卦《くわ》病《べう》筮《ぜい》には好《この》まざる卦《くわ》なり其故《そのゆゑ》は歸魂《きこん》にして又漸進《ぜんしん》するの義《ぎ》將《まさ》に死《し》せんとするを大漸《だいせん》と曰《い》ふ故《ゆゑ》に凶多《けうおほ》し而《しか》して初爻《しよかう》の安《やす》んずる所《ところ》を得《え》ざるは應《おう》なくして進《すゝ》むこと能《あた》はざるなり三の安《やす》んずる所《ところ》を得《え》ざるは徳《とく》なくして進《すゝ》むこと能《あた》はざるなり四は剛《がう》に乘《じやう》じて徳《とく》あり安《やす》んずべし上は高《たか》きに過《す》ぎ其徳《そのとく》猶則《なほのつと》るべし二五中正《ちうせい》を以《もつ》て相應《あひおう》ず故《ゆゑ》に獨《ひと》り吉《きつ》なり

䷵ 雷《らい》澤歸《き》妹《まい》

兌宮歸魂　春凶　夏吉
秋凶　冬吉

此《この》卦《くわ》を得《う》る人《ひと》は貪《どん》欲《よく》頓《とん》急《きう》の義《ぎ》あるを以《もつ》て必《かなら》ず房《ばう》欲《よく》度《ど》を過《す》ぎ妄《ばう》食《しよく》節《せつ》に超《こ》へたるより脾《ひ》腎《じん》の二臟《ざう》先《ま》づ虚《きよ》損《そん》せるなり又肝《かん》臟《ざう》は腎《じん》水《する》の滋《じ》潤《じゆん》と脾《ひ》土《ど》の肥《ひ》養《やう》とを失《うしな》ひしより大《おほい》に亢《たか》ぶりて胸《けう》鬲《かく》に侵《をか》し逼《せま》る故《ゆゑ》に下《か》部《ぶ》には腐《ふ》敗《はい》の水《する》毒《どく》あり中《ちう》焦《せう》には離《り》熱《ねつ》と坎《かん》毒《どく》と互《たがひ》に侵《をか》し凌《しの》ぎ上《じやう》體《たい》には震《しん》の肝《かん》積《しやく》横《よこ》たはるの象《しやう》あり黴《ばい》毒《どく》の象《しやう》あり宿《しゆく》水《する》濕《しつ》熱《ねつ》を釀《かも》すの象《しやう》あり婦《ふ》人《じん》は產《さん》後《ご》又は小《せう》產《さん》等《とう》の後《のち》經《けい》行《かう》滯《とゞこほ》りて終《つゐ》に發《はつ》狂《きやう》するものあり百治《ち》即《そく》効《かう》を見《み》がたきの時《とき》とす○初《しよ》爻《かう》の變《へん》　解《かい》　多《た》淫《いん》妄《ばう》食《しよく》暴《ばう》飲《いん》等《とう》より瘡《さう》毒《どく》或《あるひ》は腰《えう》痛《つう》脚《きやく》弱《じやく》等《とう》を發《はつ》するの象《しやう》歸《き》妹《まい》は泰《たい》より來《きた》るの卦《くわ》なり泰《たい》は陰《いん》陽《やう》相《あひ》交《まじは》るの象《しやう》其《その》陰《いん》陽《やう》の交《まじは》り度《ど》に過《す》ぎたるより乾《けん》の氣《き》は缺《か》けて兌《だ》の毀《き》折《せつ》と爲《な》り坤《こん》の血《ち》は破《やぶ》れて震《しん》の肝《かん》積《しやく》と爲《な》り即《すなは》ち歸《き》妹《まい》の象《しやう》を呈《てい》す今《いま》變《へん》じて解《かい》と爲《な》れば腎《じん》水《する》漏《ろう》洩《えい》して枯《こ》渇《かつ》し肝《かん》木《ぼく》を養《やしな》ふこと能《あた》はず故《ゆゑ》に肝《かん》氣《き》亢《たか》ぶり筋《きん》骨《こつ》の維《ゐ》持《ぢ》解《げ》脱《だつ》するの象《しやう》とす溫《をん》補《ほ》の藥《くすり》を服《ふく》し房《ばう》事《じ》並《ならび》に飲《いん》食《しよく》を愼《つゝし》み戒《いまし》むべし否《しから》ざれば終《つゐ》に治《ち》すべからざるに至《いた》る○二爻の變《へん》　震《しん》　咽《いん》喉《こう》の痛《いた》み痰《たん》喘《せん》氣《き》血《けつ》欲《よく》欝《うつ》或《あるひ》は眇《べう》目《もく》蹇《けん》足《そく》等《とう》ありて大《たい》患《くわん》の上《うへ》

に小疵《せうし》を加《くは》ふるの兆《てう》其勢《そのせい》甚《はなは》だしと雖《いへど》も亦《また》久《ひさ》しからずして治《ぢ》するものあり又傷食嘔吐《しやうしよくあうと》
中毒《ちうどく》の意《い》あり○三爻の變《へん》　大壯《たいさう》　腰脚《えうきやく》の難《なや》みありて水腫《するしゆ》の兆《てう》肺肝《はいかん》妄動《まうどう》して邪氣《じやき》上騰《じやうとう》
し病長《やまひなが》くして急《きう》に治《ち》し難《がた》し○四爻の變《へん》　臨《りん》　咽喉《いんこう》の痛《いた》み又は乳癌《にうがん》瘡腫《さうしゆ》の類《るゐ》土《つち》を以《もつ》て
口《くち》を塞《ふさ》ぐの象《しやう》なれば大概《たいがい》凶兆《けうてう》とす○五爻の變《へん》　兌《だ》　胸中《けうちう》及《およ》び咽喉《いんこう》を塞《ふさ》ぎ痰咳《たんがい》等《とう》の難《なや》
みあり輕《かろ》きに似《に》て危《あやふ》し○上爻の變《へん》　睽《けい》　肺火《はいくわ》盛《さか》んにして頭痛《つつう》するの症治《しようち》しがたし○
地天泰《ちてんたい》は無病《むべう》壯健《さうけん》の象此卦泰《しやうこのくわたい》より來《きた》り泰《たい》と異《こと》なるものは三四二爻《かう》の相易《あひかは》るのみ然《しか》れ
ば病筮《べうぜい》に此卦《このくわ》を得《う》るときは三四二爻《かう》の易《かは》りて病《やまひ》を生《しやう》ぜし原因《げんいん》を求《もと》め三四二爻《かう》をして
元《もと》の地位《ちゐ》に復《ふく》し泰《たい》たらしむるの方針《はうしん》を取《と》るべきなり此《この》三四二爻《かう》の相易《あひかは》るものは泰《たい》は
陰陽相交《いんやうあひまじは》るの象《しやう》なれば房欲過多《ばうよくくわた》にして震《しん》の長男兌《ちやうだんだ》の少女《せうぢよ》と交《まじは》り是《こ》れよりして許多《きよた》の
疾《やまひ》を生《しやう》ぜしものなるべし又水毒下部《するどくかぶ》に集《あつま》り肝經《かんけい》に伴《ともな》ひつくときは必《かなら》ず寒疝《かんせん》の症《しやう》を爲《な》
し腰脚疼痛《えうきやくとうつう》して行歩《かうは》に艱《なや》むべし之卦《しくわ》に依《よ》りて多少《たせう》の異同《いどう》あれども先《ま》づ本卦《ほんくわ》に對《たい》して
は患者《くわんじや》をして滋養物《じやうぶつ》を食《しよく》し溫補《をんほ》の藥《くすり》を用《もち》ひ嚴《げん》に房事《ばうじ》を禁《きん》じ妄食《ばうしよく》を戒《いまし》め其症《そのしよう》に由《よ》り或《あるひ》
は半年《はんねん》一年《ねん》乃至《ないし》二年《ねん》の後《のち》始《はじ》めて泰《たい》の健全《けんぜん》に復《ふく》すべし此義《このぎ》知《し》らざるべからず

䷶ 雷《らい》火《くわ》豊《ほう》　坎宮五世　春吉　夏平　秋凶　冬平

此卦《このくわ》を得《う》る人《ひと》は肝欝《かんうつ》の積氣《しやくき》強《つよ》く亢《たか》ぶりて脾土《ひど》を尅《こく》し尚進《なほすゝ》み上《のぼ》りて胸鬲《けうかく》を攻《せ》め塞《ふさ》げり故《ゆゑ》に氣《き》逆上衝《ぎやくじやうしよう》強《つよ》くして肩背《けんはい》強痛《きやうつう》し頭痛《づつう》目眩《もくげん》悪心《おしん》煩悶《はんもん》心下《しんか》痞硬《ひかう》し四支《し》攣痛《れんつう》等《とう》の象《しやう》あり且《かつ》脾土《ひど》は尅傷《こくしやう》せられたるが故《ゆゑ》に又腎《じん》を尅《こく》し腎水《じんする》枯渇《こかつ》して下焦《かせう》に熱《ねつ》を生《しやう》ぜり因て又淋《りん》疾《しつ》或《あるひ》は下疳《げかん》瘡《さう》と為《な》るものあり又瘀血《おけつ》の象《しやう》あり失心《しつしん》の象《しやう》あり老人《らうじん》は健忘《けんばう》婦人《ふじん》は血虚《けつきよ》多《おほ》くは難治《なんち》の症《しやう》とす○初爻《しよかう》の變《へん》　小過《せうくわ》　老病《らうべう》或《あるひ》は小兒《せうに》水虚《するきよ》氣欝《きうつ》壯者《さうじや》は毒瘡《どくさう》の餘殃《よわう》食飲《しよくいん》過多《くわた》より自《おのづか》ら招《まね》くの疾《やまひ》手足《しゆそく》痺痛《ひつう》の象《しやう》あり良醫《りやうい》を得《う》れば治《ち》することあれども概《おほむ》ね凶兆《けうてう》とす○二爻の變《へん》　大壯《たいさう》　逆上《ぎやくじやう》痰飲《たんいん》の患《うれ》ひ脚《あし》に浮腫《ふしゆ》あるべし神氣《しんき》昏《くら》くして眩暈《げんうん》するものあり凶兆《けうてう》とす○三爻の變《へん》　震《しん》　飽滿《はうまん》傷食《しやうしよく》肚痛《とつう》酒損《しゆそん》熱亂《ねつらん》邪氣《じやき》に蔽《おほ》はれ昏《こん》々默《もく》々として危篤《きとく》の兆《てう》或《あるひ》は怪我《けが》の類《るゐ》急性《きうせい》のものは治《ち》することも亦速《またすみやか》なるべし○四爻の變《へん》　明夷《めいい》　瘡毒《さうどく》の難《なや》み身《み》に斑點《はんてん》を發《はつ》する等《とう》の症《しやう》又脾胃《ひい》疲《つか》れ心氣《しんき》難《なや》むと雖《いへど》も少《すこ》しく日《ひ》を經《ふ》れば幸《さいはひ》に治《ち》することあるべし○五爻の變《へん》　革《かく》　非常《ひじやう》の胃病《いべう》不慮《ふりよ》の變《へん》あるべし胸鬲《けうかく》を塞《ふさ》き

痰《たん》咳《がい》等《とう》あるものは輕《かろ》きに似《に》て危《あやふ》し○上爻の變《へん》　離《り》　肺《はい》火《くわ》盛《さか》んにして頭《づ》痛《つう》あるの症《しやう》凶《けう》兆《てう》とす○病《びやう》因《いん》及《およ》び治《ち》方《はう》を占《うらな》ひ此《この》卦《くわ》の五爻《かう》を得《う》るが如《ごと》き斷《だん》じて曰《いは》く豐《ほう》は日《ひ》の東《とう》方《はう》より出《い》づる象《しやう》なれば生《せい》機《き》を得《え》たるが如《ごと》し然《しか》るに變《へん》じて革《かく》に之《ゆ》くを見《み》れば革《かく》の卦《くわ》たる離《り》の日《ひ》西《せい》方《はう》兌《だ》澤《たく》の下《し》に沒《ぼつ》入《にふ》するの象《しやう》なるを以《もつ》て治《ち》方《はう》あることなし遠《とほ》からずして死《し》すべしと判《はん》し果《はた》して此《か》くの如《ごと》くなりき又姙《にん》娠《しん》の有《いう》無《む》と胎《たい》兒《じ》の男《なん》女《によ》とを占《うらな》ひ此《この》卦《くわ》の二爻《かう》を得《う》るが如《ごと》き斷《だん》じて曰《いは》く豐《ほう》は大《だい》なり之《し》卦《くわ》大《たい》壯《さう》は大《おほい》に盛《さか》んなるなり是《こ》れ離《り》の腹《ふく》中《ちう》に一陽《やう》爻《かう》入《い》り來《きた》りて乾《けん》の實《じつ》と爲《な》りたるなれば姙《にん》娠《しん》せしこと疑《うたが》ひなく且《かつ》男《だん》子《し》なりと爲《な》せしに果《はた》して然《しか》り又重《おも》き淋《りん》疾《しつ》の患《くわん》者《じや》を占《うらな》ひ此《この》卦《くわ》の初《しよ》爻《かう》を得《う》るが如《ごと》き斷《だん》じて曰《いは》く本《ほん》卦《くわ》豐《ほう》は本《もと》小《せう》過《くわ》より來《きた》りしものにして小《せう》過《くわ》は即《すなは》ち大《だい》坎《かん》の象《しやう》坎《かん》を水《みづ》とし血《ち》とし毒《どく》とす離《り》變《へん》じて艮《ごん》と爲《な》る下《か》部《ぶ》離《り》火《くわ》の熱《ねつ》を艮《ごん》山《ざん》にて止《とゞ》め其《その》勢《せい》固《こ》結《けつ》して瘀《お》血《けつ》を生《しやう》じ血《けつ》淋《りん》と爲《な》りたるものなれば大《だい》解《げ》毒《どく》劑《ざい》と利《り》水《すゐ》劑《ざい》とを用《もち》ふべしと致《をし》へ全《ぜん》治《ち》せしめたり又小《せう》兒《に》の病《やまひ》を占《うらな》ひ同《おなじ》く此《この》卦《くわ》の初《しよ》爻《かう》を得《う》斷《だん》じて曰《いは》く豐《ほう》は豐《ほう》滿《まん》の理《り》腫《しゆ》瘡《さう》の象《しやう》あり發《はつ》熱《ねつ》甚《はなは》だしと云《い》へば是《こ》れ痘《とう》瘡《さう》の初《しよ》熱《ねつ》なるべし然《しか》るに之《し》卦《くわ》は大《だい》坎《かん》の象《しやう》孔《こう》穴《けつ》を生《しやう》ずる意《い》あれば保《ほ》護《ご》に心《こゝろ》を用《もち》ふべしと示《しめ》し缺《けつ》陷《かん》を生《しやう》ぜしめざりき

䷷

火《くわ》山《さん》旅《りよ》

離宮一世　春半吉　夏失財
秋凶　冬不利

此卦《このくわ》を得《う》る人《ひと》は病《やまひ》に對《たい》して第《だい》一に卦名不祥《くわめいふしやう》の兆《てう》ごす故《ゆゑ》に重病大患《ぢうびやうたいくわん》の人《ひと》或《あるひ》は老衰《らうすゐ》の人《ひと》危篤《きとく》の人《ひと》には凶兆《けうてう》と爲《な》す蓋《けだ》し過《け》ぎて思慮《しりよ》を勞《らう》するか或《あるひ》は勞力過度《らうりよくくわど》旅行《りよかう》の勞《つか》れ等《とう》より生《しやう》ずる病《やまひ》にして大肝積《だいかんしやく》の象《しやう》あり脾胃《ひゐ》虛《きよ》して下利《げり》する象《しやう》あり腐敗《ふはい》の留飲《りういん》胸膈《けうかく》に沸溢《ふついつ》し壯熱《さうねつ》の象《しやう》あり瘍腫《やうしゆ》の象《しやう》あり中風《ちうふう》の象《しやう》あり婦人《ふじん》は經水《けいすゐ》の滯《とゞこほ》り或《あるひ》は產後《さんご》血虛《けつきよ》の象《しやう》あり〇初爻《しよかう》の變《へん》　離《り》　火熱《くわねつ》盛《さか》んにして乾《かは》き小便《せうべん》赤《あか》く澁《しぶ》り大便《だいべん》熱燥《ねつさう》して秘結《ひけつ》し或《あるひ》は惡寒戰慄《をかんせんりつ》又脚痛等《きやくつうとう》危篤《きとく》に至《いた》るべし〇二爻の變《へん》　鼎《てい》　風邪《ふうじや》を兼《か》ね胸腹《けうふく》又は左脛《さけい》に痛《いた》みあり凶兆《けうてう》早《はや》く良醫《りやうい》を求《もと》むべし〇三爻の變《へん》　晋《しん》　水虛《すゐきよ》或《あるひ》は衄血《ぢくけつ》俄《にはか》に發《はつ》し或《あるひ》は疳積眩暈《かんしやくげんうん》進退《しんたい》常《つね》なく又瘡毒《さうどく》を發《はつ》するものあり婦人《ふじん》は經行不順嫉妬《けいかうふじゆんしつと》疾《やまひ》を爲《な》すの類《るゐ》永久《えいきう》に至《いた》るものは凶兆《けうてう》〇四爻の變《へん》　艮《ごん》　脾胃《ひゐ》に滯《とゞこほ》りありて和《くわ》せず胸背《けうはい》及《およ》び一身《しん》に痺弱《ひじやく》あり治療《ちりやう》を懈《おこた》るときは大患《たいくわん》に至《いた》るべし〇五爻の變《へん》　遯《とん》　氣血《きけつ》兩虛《りやうきよ》發熱《はつねつ》痰咳《たんがい》眼目《がんもく》昏矇《こんもう》危篤《きそく》の兆《てう》あれども良《りやう》醫《い》を得《う》れば治《ぢ》すべし〇上爻の變《へん》　小過《せうくわ》　肝氣《かんき》亢《たか》ぶりて逆上《ぎやくじやう》するの象《しやう》養生《やうじやう》を怠《おこた》るとき

は大患に至《いた》る早《はや》きに及《およ》びて治《ち》を施《ほどこ》すべし○病筮《びやうぜい》に此卦《このくわ》を得《う》るもの多《おほ》く凶《けう》其故《そのゆゑ》は病人《びやうにん》にして旅行《りよかう》する義《ぎ》なく其旅行《そのりよかう》するは必《かなら》ず凶《けう》なればなり故《ゆゑ》に病筮《びやうぜい》に此卦《このくわ》の二爻《かう》を得《う》るが如《ごと》き斷《だん》じて曰《いは》く危篤《きとく》の病人《びやうにん》にして旅行《りよかう》するの義《ぎ》なし又之卦《しくわ》鼎《てい》は改《あらた》まりかはるの義《ぎ》なれば是《こ》れ生存《せいそん》する人《ひと》の改《あらた》まるものにして死亡《しばう》の義《ぎ》なり又旅《りよ》の鼎《てい》に之《ゆ》くは離火《りくわ》を以《もつ》て艮山《ごんざん》を燒《や》き巽《そん》の木《き》をも併《あは》せて燒《や》き盡《つく》し終《つる》には離火《りくわ》も消《き》へて皆土《みなつち》に歸《き》するの象《しやう》とす故《ゆゑ》に旅《りよ》は死出《しで》の旅《たび》にして甲乙《かふおつ》の日《ひ》を過《す》き必《かなら》ず死《し》すべしと云《い》ひしに果《はた》して此《か》くの如《ごと》くなりき甲乙《かふおつ》は巽木《そんもく》を以《もつ》て言《い》ふなり又小兒《せうに》の病《やまひ》を占《うらな》ひ此卦《このくわ》の五爻《かう》を得《う》るが如《ごと》き斷《だん》じて曰《いは》く天稟《てんぴん》虛弱《きよじやく》の質《しつ》時候《じこう》に感《かん》じ邪熱《じやねつ》を生《しやう》ず土生金《どしやうきん》の山《やま》ありご雖《いへど》も心火《しんくわ》の爲《た》めに尅《こく》せられ病勢日《びやうせいひゞ》に盛《さか》んにして眞陽《しんやう》耗散《かうさん》す是《こ》れ遯《とん》なり旅《りよ》にして遯《とん》必《かなら》ず死《し》すべしと云《い》ひしに四日《じつ》の後《のち》死亡《しばう》せり○凡《およ》そ卦名《くわめい》の義《ぎ》を以《もつ》て不吉《ふきつ》を見《み》るもの火山旅《くわさんりよ》天山遯《てんざんとん》地火明夷《ちくわめいい》山風蠱《さんぷうこ》風水渙《ふうすゐくわん》雷水解《らいすゐかい》澤天夬《たくてんくわい》澤火革《たくくわかく》火風鼎《くわふうてい》以上《いじやう》十卦《じうくわ》は疾病《しつぺい》の占《うらな》に祥瑞《しやうずゐ》ならざるを以《もつ》て重病《ぢうびやう》に此《こ》れ等《ら》の卦《くわ》を得《う》るときは概《おほむ》ね凶《けう》と見《み》るべし又塚墓《てうぼ》の卦《くわ》と稱《しよう》するもの澤地萃《たくちすゐ》地水師《ちすゐし》天地否《てんちひ》雷地豫《らいちよ》地山謙《ちさんけん》雷山小過《らいざんせうくわ》の六卦《くわ》にして以上《いじやう》の卦《くわ》を得《う》る者《もの》大病《たいびやう》には先《ま》づ救《すく》ひ難《かた》しとするなり賁《ひ》大過《たいくわ》も亦《また》同《おな》じ

☴☴ 巽《そん》爲《ゐ》風《ふう》

巽宮八純　春平　夏吉
秋凶　冬吉

此卦《このくわ》を得《う》る人《ひと》は天禀《てんひん》賦性《ふせい》薄弱《はくじやく》にして陽氣《やうき》不足《ふそく》し常《つね》に肝鬱《かんうつ》の積氣《しやくき》強《つよ》かるべし加之《しかのみならず》父母《ふぼ》の遺毒《いどく》を受《う》け來《きた》れるが故《ゆゑ》に小兒《せうに》の時《とき》より成人《せいじん》に至《いた》るまで常《つね》に多病《たべう》なりとす脾胃《ひゐ》の二臟《ざう》疲勞《ひらう》せるを以《もつ》て稍《やゝ》もすれば下利《げり》し易《やす》く心下《しんか》痞硬《ひかう》強《つよ》く心煩《しんはん》苦悶《くもん》し頭痛《づつう》眩暈《げんうん》惡心《をしん》不食《ふしよく》肩背《けんはい》強痛《きやうつう》四肢《しし》攣急《れんきう》等《とう》の症候《しやうこう》多《おほ》かるべし劇《はげ》しきは肝鬱《かんうつ》勞瘵《らうさい》の症《しやう》と爲《な》り或《あるひ》は失心《しつしん》發狂《はつきやう》するものあるべし乾《けん》の氣《き》不足《ふそく》して皮膚《ひふ》の護衛《ごえい》に間隙《かんげき》あるが故《ゆゑ》に風邪《ふうじや》犯《おか》し易《やす》く犯《おか》せば必《かなら》ず裏《うら》に入《い》り易《やす》し中風《ちうふう》不遂《ふずゐ》の象《しやう》あり又室女《しつぢよ》の類《るゐ》所欲《しよよく》を遂《と》げざるの鬱情《うつじやう》より氣虚《ききよ》して肥滿《ひまん》の如《ごと》く腫《は》れ血液《けつえき》循環《じゆんくわん》せず病《やまひ》を生《しやう》ずるの意《い》あり○初爻《しよかう》の變《へん》　小畜《せうちく》　脚氣《かつけ》或《あるひ》は腰脚《えうきやく》疼痛《とうつう》進退《しんたい》自由《じいう》ならず浮腫《ふしゆ》あれば凶兆《けうてう》又一時《じ》快復《くわいふく》するが如《ごと》きも再發《さいはつ》して死《し》に至《いた》るものあり○二爻の變《へん》　漸《ぜん》　四支《し》重《おも》くして痠痛《しゆんつう》し邪氣《じやき》漸々《ぜん〳〵》に進《すゝ》むの時《とき》危《あやふ》きに至《いた》る少《すこ》し快《こゝろよ》きも安心《あんしん》すべからず速《すみやか》に治《ち》を施《ほどこ》すべし○三爻の變《へん》　渙《くわん》　病根《べうこん》を探《さぐ》りて治《ち》を施《ほどこ》さゞれば治を誤《あやま》ることあり往々《わう〳〵》離別《りべつ》の憂《うれ》ひより來《きた》るものあり水虚《すゐきよ》腰痛《えうつう》の類《るゐ》或《あるひ》は風邪《ふうじや》を兼《か》ぬ治方《ちはう》

を得《う》れば渙散《くわんさん》じて愈《い》ゆべし〇四爻の變《へん》　姤《こう》　腹皮《ふくひ》拘急《こうきう》し腹《はら》微滿《びまん》して時々《じじ》痛《いた》みあり又は浮腫《ふしゆ》あるべし速《すみやか》に治《ち》せざれば危《あやふ》きに至《いた》るべし〇五爻の變《へん》　蠱《こ》　飲食過度蠱壞《いんしよくくわどこくわい》の致《いた》す所《ところ》或《あるひ》は蚘虫《くわいちう》或《あるひ》は瘡毒《さうどく》等《とう》大抵《たいてい》治《ち》しがたし長《なが》きに渉《わた》るの症《しやう》とす〇上爻の變《へん》　井《せい》　頭面《とうめん》耳目《じもく》の患《うれひ》又勞役《らうえき》して常《つね》に風《かぜ》を惡《にく》み自汗《じかん》盜汗《とうかん》あり治《ち》を怠《おこた》るときは危《あやふ》し〇壯年病者《さうねんびやうしや》の病《びやう》因治方《いんちはう》を占《うらな》ひ此卦《このくわ》の三爻《かう》を得《う》蓋《けだ》し患者《くわんじや》は疝痛《せんつう》に難《なや》むこと一年餘《ねんよ》なり因《よつ》て斷《だん》じて曰《いは》く是《こ》れ危篤《きとく》の兆《てう》とす本卦《ほんくわ》の重巽《ちやうそん》に禀賦《ひんふ》の薄弱《はくじやく》と病毒《びやうどく》とを具《そな》へたり此人《このひと》必《かたら》ず十五六歳《さい》の頃《ころ》鬱勞《うつらう》の症《しやう》を起《おこ》せしことあらんと問《と》ひしに果《はた》して然《しか》りと云《い》ふ然《しか》れども此人《このひと》成人《せいじん》の後《のち》情欲《じやうよく》開《ひら》けてより房事《ばうじ》度《ど》に過《す》ぎたるより腎《じん》に損《そん》する處《ところ》ありて之卦《しくわ》渙《くわん》の象《しやう》と爲《な》れるなり渙《くわん》は巽《そん》の風《かぜ》を以《もつ》て坎《かん》の水《みづ》を吹《ふ》き散《さん》ずるの義《ぎ》なれば治方《ちはう》あることなし十日《じつ》を出《い》でずして死《し》すべしと云《い》ひしに六日《じつ》にして死《し》せり又患者《くわんじや》を占《うらな》ひ此卦《このくわ》の五爻《かう》を得《う》るが如《ごと》き斷《だん》じて曰《いは》く風《かぜ》は物《もつ》に入《い》るものなり風《かぜ》の字《じ》蟲《むし》に從《したが》ふ氣中《きちう》に蟲《むし》あるの義《ぎ》今《いま》變《へん》じて蠱《こ》と爲《な》る是《こ》れ蠱毒《こどく》に惱《なや》まさるゝの象《しやう》妖物《えうぶつ》の外《ほか》より入《い》り侵《おか》すに非《あら》ざれば必《かなら》ず風濕《ふうしつ》の蟲《むし》を生《しやう》ぜしなるべし上《かみ》塞《ふさが》りて頭《かしら》重《おも》く熱氣《ねつき》往來《わうらい》して水氣《すゐき》離散《りさん》するの症《しやう》なるべしと云《い》ひしに果《はた》して此《か》くの如《ごと》き難症《なんしやう》なりき

䷹ 兌《だ》爲《ゐ》澤《たく》

兌宮八純　春吉　夏凶
秋吉　冬疾病

此卦《このくわ》を得《う》る人は肝欝《かんうつ》の積氣《しやくき》強《つよ》く胸鬲《けうかく》に亢《たか》ぶり衝《つ》きて肺《はい》に迫《せま》るの象《しやう》あり故《ゆゑ》に腐敗《ふはい》の留飲盈《いんみ》ち溢《あふ》れて頭痛《づつう》眩暈《けんうん》惡心《おしん》煩悶《はんもん》肩背《けんはい》攣急《れんきう》心下《しんか》痞硬《ひかう》し飢飽《きはう》節《せつ》なき等種々《とうしゆく》の症候《しやうこう》を呈《てい》すべし又中焦《ちうせう》に熱《ねつ》ありて痛《いた》みを爲《な》すの象《しやう》あり瘀血《おけつ》の象《しやう》あり蓋《けだ》し禀受《ひんじゆ》の厚薄《こうはく》を省《かへり》みず意《い》氣鋭進《きえいしん》して妄行《もうかう》失過《しつくわ》自業《じごう》自得《じとく》の病《やまひ》とす但危篤《たゞきとく》の候《こう》あるも食物《しよくもつ》を愼《つゝし》み養生《やうじやう》すれば治愈《ちゆ》すべし○初交《しよかう》の變《へん》　困《こん》　心痛《しんつう》或《あるひ》は泄瀉《せつしや》内冷《ないれい》の氣《き》を受《う》くるの象《しやう》又咽喉《いんこう》或《あるひ》は下部《かぶ》に痛《いた》みあるものあり飲食《いんしよく》を節《せつ》し色欲《しきよく》を愼《つゝし》み私念《しねん》の係累《けいるゐ》を絶《た》ちて療養《りやうやう》すべし○二交の變《へん》　隨《ずゐ》　亂心《らんしん》狂走《きやうそう》或《あるひ》は足部《そくぶ》攣急《れんきう》小腹《せうふく》脹痛《ちやうつう》等《とう》の症《しやう》あるべし卒病《そつべう》急死《きうし》の象《しやう》あれば戒愼《かいしん》を要《えう》す○三爻の變《へん》　夬《くわい》　痰喘《たんせん》壅盛《ようせい》して兩便《りやうべん》快利《くわいり》せず病勢《べうせい》日《ひゞ》に進《すゝ》みて危《あやふ》きに至《いた》る多《おほ》くは酒毒《しゆどく》房《ばう》勞等《らうとう》より生《しやう》ずるの症浮腫《しやうふしゆ》あれば危《あやふ》し○四爻の變《へん》　節《せつ》　酒食《しゆしよく》過度《くわど》の致《いた》す所《ところ》或《あるひ》は骨節《こつせつ》の痛《いた》み又嘔吐《おうと》あるべし治方《ちはう》を得《う》れば長《なが》しと雖《いへど》も治《ち》すべし○五爻の變《へん》　歸妹《きまい》　心胸《しんけう》或《あるひ》は足部《そくぶ》の痛《いた》み邪氣《じやき》盛《さか》んに攻《せ》むるの症女色《しやうぢよしよく》を遠《とほ》ざけ戒愼《かいしん》せざれば大患《たいくわん》に陷《おち》るべし○上爻

の變《へん》履《り》　水虛食傷《すゐきょしょくしやう》或《あるひ》は瘡毒腰下《さうどくえうか》の痛《いたみ》或《あるひ》は夫妻離別《ふさいりべつ》の憂悶《いうもん》より發《はつ》する病治方《やまひちはう》を得《う》れば長《なが》しと雖《いへど》も治《ち》すべし○病因《べういん》及《およ》び治方《ちはう》を占《うらな》ひ此卦《このくわ》の四爻《かう》を得《う》斷《だん》じて曰《いは》く是《こ》れ脾胃虛《ひゐきょ》の象《しやう》たり本卦《ほんくわ》の兌《だ》は內卦《ないくわ》の兌《だ》を肺《はい》とし外卦《くわいくわ》の兌《だ》を腐敗《ふはい》の留飲《りうゐん》とす其本《そのもと》は肝欝《かんうつ》の積氣《しやくき》亢《たか》ぶりて脾土《ひど》克傷《こくしやう》を受《う》けたるより水穀《すゐこく》の消化《せうくわ》あしく留飲中《りういんうち》に生《しやう》じて胸鬲肺《けうかくはい》の位《くらゐ》に逼《せま》れり故《ゆゑ》に食味《しよくみ》常《つね》に變《へん》じて必《かなら》ず鹹味《かんみ》を好《この》み且大食《かつたいしよく》なるべし皆脾胃虛《みなひゐきょ》の兆留飲《てうりうゐん》の所爲《しよゐ》なり而《しか》して之卦《しくわ》に節《せつ》を示《しめ》したるは飲食《いんしよく》を調節《てうせつ》すべしとの教戒《けうかい》なり故《ゆゑ》に留飲《りういん》を除《のぞ》くの治《ち》を施《ほどこ》し飲食《いんしよく》を節《せつ》すべしと教《をし》へ患者《くわんじや》も此占《このせん》に從《したが》ひ久《ひさし》くして平愈《へいゆ》せり又姙娠《にんしん》の實否《じつひ》を占《うらな》ひ同《おなじ》く四爻《かう》を得《う》斷《だん》じて曰《いは》く本卦《ほんくわ》の兌《だ》は悅樂和順《えつらくくわじゆん》の象《しやう》なれば悅《よろこ》びの義《ぎ》とす之卦《しくわ》の節《せつ》は兌澤《だたく》の上《かみ》に坎水《かんすゐ》の止《とゞま》れる象《しやう》なれば姙娠《にんしん》たること疑《うたが》ひなしと云《い》ひしに果《はた》して姙娠なりき又他《た》の孕婦《ようふ》の產期《さんき》と胎兒《たいじ》の男女《なんによ》とを占《うらな》ひ此卦《このくわ》の二爻《かう》を得《う》斷《だん》じて曰《いは》く兌《だ》を小女《せうぢよ》とし震《しん》を長男《ちやうだん》とす今兌《いまだ》變《へん》じて震《しん》と爲《な》るを見《み》れば普通《ふつう》の占例《せんれい》震《しん》の男子《だんし》といふこと當然《たうぜん》なれども是《こ》れ產期《さんき》を問《と》ふを以《もつ》て主《しゆ》としたれば震《しん》の動《うご》き生《うま》るゝ期《き》は卯《う》の刻《こく》にして其子《そのこ》は兌《だ》の女子《ぢよし》なるべしと云《い》ひしに果《はた》して適中《てきちう》せり是等《これら》著情《きじやう》を知《し》りて判《はん》することを要《えう》するなり

風《ふう》水《すゐ》渙《くわん》

離宮五世　春平　夏吉
秋不利　冬吉此

此《この》卦《くわ》を得《う》る人《ひと》は肝《かん》欝《うつ》の積《しやく》氣《き》強《つよ》く脾《ひ》胃《ゐ》虚《きよ》して食《しよく》毒《どく》水《すゐ》毒《どく》を生《しやう》じたる象《しやう》あり腎《じん》水《すゐ》虚《きよ》耗《かう》腰《えう》痛《つう》脚《きやく》弱《じやく》の象《しやう》あり痢《り》疾《しつ》の象《しやう》あり重《ぢう》病《べう》危《き》篤《とく》の人《ひと》及《およ》び老《らう》衰《すゐ》の人《ひと》に在《あ》りては卦《くわ》名《めい》よりして己《すで》に不《ふ》祥《しやう》の兆《てう》とす多《おほ》くは寒《かん》熱《ねつ》ありて頭《とう》項《こう》疼《とう》痛《つう》肩《けん》背《はい》強《こう》急《きう》することあるべし長《ちやう》病《べう》にして治《ぢ》し難《かた》き症《しやう》こす又婦《ふ》人《じん》は産《さん》後《ご》の患《うれひ》或《あろひ》は流《りう》産《ざん》の兆《てう》あり○初《しよ》爻《かう》の變《へん》　中孚《ちうふ》　寒《わん》熱《ねつ》往《わう》來《らい》すれども邪《じや》氣《き》未《いま》だ深《ふか》からず痰《たん》咳《がい》大《だい》小《せう》便《べん》不《ふ》利《り》等《とう》の症《しやう》早《はや》く治《ち》を施《ほどこ》すに宜《よろ》し○二爻の變《へん》　觀《くわん》　脾《ひ》腎《じん》の虚《きよ》する象《しやう》逆《ぎやく》上《じやう》足《そく》痛《つう》眩《げん》暈《うん》等《とう》大《たい》患《くわん》に至《いた》るの兆《てう》あり○三爻の變《へん》　巽《そん》　風《ふう》濕《しつ》に因《よ》り筋《きん》骨《こつ》疼《とう》痛《つう》又脚《かつ》氣《け》の兆《てう》あり長《なが》きに亘《わた》り治《ち》効《かう》を得《え》がたし○四爻の變《へん》　訟《しよう》　腹《ふく》滿《まん》浮《ふ》腫《しゆ》頭《とう》面《めん》重《おも》く手《しゆ》足《そく》冷《れい》痺《ひ》又憂《いう》悶《もん》して欝《うつ》症《しやう》を呈《てい》すべし治《ち》方《はう》を得《う》れば治《ち》すべし○五爻の變《へん》　蒙《もう》　眼《がん》目《もく》昏《くら》く胸《けう》背《はい》に痛《いた》みあり又瘡《さう》毒《どく》上《じやう》部《ぶ》に結《むす》び禍《わざはひ》を爲《な》すの類《るゐ》とす誤《ご》治《ち》の患《うれひ》を防《ふせ》ぐべし○上爻の變《へん》　坎《かん》　血《けつ》脈《みやく》流《りう》通《つう》せずして欝《うつ》結《けつ》凝《ぎやう》集《しう》し永《えい》久《きう》に亘《わた》りて治《ち》しがたし○病《べう》因《いん》及《およ》び治《ち》方《はう》を占《うらな》ひ此《この》卦《くわ》の二爻《かう》を得《う》るが如《ごと》き斷《だん》じて曰《いは》く是《こ》れ疝《せん》積《しやく》なり巽《そん》を氣《き》とし肝《かん》とし又積《しやく》氣《き》とし筋《ご》

こす坎《かん》を水《みづ》とし寒《かん》とし曳《ひく》とし之卦《しくわ》の觀《くわん》を大艮《たいこん》とす艮《こん》を腰《こし》とし止《とゞま》るとす即《すな》ち巽《そん》の氣《き》坎《かん》の寒氣《かんき》に遇《あ》ひて凝《こ》り閉《と》ぢられ爲《た》めに筋《きん》を曳《ひ》く故《ゆゑ》に大艮《たいこん》の腰伸《こしの》び難《がた》かるべし然《しか》れば寒《かん》毒《どく》の凝《こ》りを解散《かいさん》するの方《はう》を用《もち》ひて治《ち》すべしと敎《をし》へ幾《い》くばくならずして全治《ぜんち》せり又大《たい》病人《べうにん》の治《ち》すべきや否《いなや》を占《うらな》ひ同《おなじ》く二爻《かう》を得《う》斷《だん》じて曰《いは》く是《こ》れ危篤《きとく》の兆《てう》なり其故《そのゆゑ》は外卦《ぐわいくわ》の巽風《そんふう》を以《もつ》て内卦《ないくわ》の坎《かん》の主爻《しゆかう》を散《さん》するの象《しやう》なればなり又問《と》ふて曰《いは》く此患者《このくわんじや》國《くに》に歸《かへ》るに三日《じつ》を費《ついや》す歸《かへ》り得《う》べきや否《いなや》こ曰《いは》く之卦《しくわ》の觀《くわん》は大艮《たいこん》の象《しやう》にして艮《こん》は塚墓《てうぼ》の象《しやう》且《かつ》止《とゞま》りて動《うご》かざるの義《ぎ》あれば本國《ほんごく》に歸《かへ》るの餘日《よじつ》なかるべしこ云《い》ひしに果《はた》して翌日《よくじつ》を以《もつ》て死《し》せり又病因《べういん》及《およ》び治方《ちはう》を占《うらな》ひ同《おなじ》く二爻《かう》を得《う》斷《だん》じて曰《いは》く是《こ》れ寒疝《かんせん》腰痛《えうつう》の象《しやう》坎《かん》を水《みづ》こし寒《かん》とし毒《どく》とし痛《いたみ》とし巽《そん》を氣《き》とし肝《かん》とし積氣《しやくき》とし筋《きん》とす本卦《ほんくわ》の渙《くわん》は積氣《しやくき》に水毒《すいどく》を兼《か》ねて痛《いた》みを發《はつ》するの象之卦《しやうしくわ》の觀《くわん》は大艮《たいこん》の腰《こし》に寒疝《かんせん》の止《とゞま》りたる症《しやう》とす然《しか》れば水毒を去《さ》り寒氣《かんき》を溫《あたゝ》むるの藥《くすり》を用《もち》ふべしと示《しめ》し此言《このこと》に從《したが》ひて全治《ぜんち》せり以上《いじやう》の三題《だい》皆渙《みなくわん》の二爻《かう》なれども外卦巽風《ぐわいくわそんふう》を以《もつ》て内卦《ないくわ》の主爻《しゆかう》を吹《ふ》き散すが故《ゆゑ》に必死《ひつし》こ爲《な》すものあり又内卦坎《ないくわかん》を以《もつ》て毒《どく》とし之《これ》を去《さ》りて治《ち》に向《むか》ふものこすることあり患者《くわんじや》の輕重《けいぢう》に依《よ》りて判《はん》ぜざるべからざるなり

䷻ 水《する》澤《てく》節《せつ》

坎宮一世　春吉　夏吉
秋凶　冬凶

此卦《このくわ》を得《う》る人《ひと》は肝欝《かんうつ》の積氣《しやくき》甚《はなは》だしくして脾土《ひど》を尅傷《こくしやう》し脾土《ひと》尅《こく》せられて水穀《するこく》の制《せい》を失《うしな》ひ妄食《ばうしよく》せしが故《ゆゑ》に食毒上下《しよくどくしやうか》に盈滿《えいまん》するの象《しやう》あり惡心《おしん》煩悶《はんもん》肩背《けんはい》攣急《れんきう》頭痛《づつう》眩暈《げんうん》小腹《せうふく》攣痛《れんつう》心下《しんか》痞硬《ひかう》等《とう》の症《しやう》あるべし總《す》べて上部《じやうぶ》に毒《どく》あり胸鬲《けうかく》に腐敗《ふはい》液《えき》甚《はなは》だしきの象《しやう》あり瘀血《おけつ》あるの象《しやう》あり又壯年《さうねん》の者《もの》は色欲過多《しきよくくわた》の爲《た》めに腎虚《じんきよ》し老人《らうじん》は半身不遂《はんしんふする》等《とう》のものあり○初《しよ》爻《かう》の變《へん》　坎《かん》　吐瀉《としや》して四支冷痛《ししれいつう》し又は膿血《のうけつ》の患《うれ》ひ漸次《ぜんじ》危險《きけん》に陥《おちい》らんとす速《すみやか》に治《ち》を施《はどこ》すべし○二爻の變《へん》　屯《ちゆん》　腰脚攣痛《えうきやくれんつう》又口中《こうちう》の患《うれ》ひあるべし藥《くすり》を改《あらた》むるに利《とろ》し○三爻の變《へん》　需《にゆ》　腰脚冷痛《えうきやくれいつう》又は浮腫《ふしゆ》等《とう》難治《なんち》の症《しやう》戒愼《かいしん》せざれば危《あやふ》し○四爻の變《へん》　兌《た》　痰飲胸鬲《たんいんけうかく》に在《あ》りて微腫《びしゆ》す或《あるひ》は咳嗽《がいそう》あり速《すみやか》に治《ち》せざれば機《き》を失《うしな》ひ長病《ちやうびやう》に至《いた》るべし○五爻の變《へん》　臨《りん》　氣血不順飲食化《きけつふじゆんいんしよくくわ》せず思慮《しりよ》定《さだま》らざるの象《しやう》然《しか》れども治《ち》を怠《おこた》らざれば危《あやふ》きを遁《のが》れ漸《やうや》く快氣《くわいき》に趣《おもむ》くの時《とき》とす○上爻の變《へん》　中孚《ちうふ》　氣欝頭痛困苦《きうつづつうこんく》甚《はなは》だしきの時《とき》とす治方《ちはう》を得《え》ざれば危《あやふ》し○出産《しゆつさん》の安否《あんぴ》と胎子《たいし》の男女《なんによ》を占《うらな》ひ此卦《このくわ》の二爻《かう》を得《う》斷《だん》じて曰《いは》く出産《しゆつさん》は安《やす》くし

て胎兒《たいじ》は男子《なんし》なるべし其故《そのゆゑ》は此卦《このくわ》兌澤《だたく》の上《うへ》に坎水《かんする》あり乃《すなは》ち胎兒《たいじ》の象《しやう》之卦《しくわ》屯《ちゆん》は兌澤《だたく》の堤防《ていばう》も除《のぞ》かれ坎水《かんする》隨意《ずるい》に流出《りうしゆつ》するの意《い》なり且《かつ》兌《だ》變《へん》じて震《しん》と爲《な》る亦《また》男子《なんし》の象《しやう》なりと云《い》ひしに果《はて》して然《しか》り又病因《びやういん》及《およ》び治方《ちはう》を占《うらな》ひ此卦《このくわ》の四爻《かう》を得《う》斷《だん》じて曰《いは》く腐敗《ふはい》の留飮《りういん》強《つよ》く胸鬲《けうかく》に塞《ふさが》りて大《おほい》に苦《くるし》むべし其本《そのもと》は臨《りん》より來《きた》れる卦象《くわしやう》たり臨《りん》の卦《くわ》に一陽《やう》の毒《どく》生《しやう》じ進《すゝ》みて九五の位《くらゐ》に居《お》り坎險《かんけん》の主爻《しゆかう》と爲《な》る故《ゆゑ》に其險《そのけん》は容易《ようい》に治《ち》すべしと雖《いへど》も其病因《そのびやういん》腐敗《ふはい》せる留飮《りういん》は除《のぞ》き難《がた》かるべしと云《い》ふ蓋《けだ》し此《こ》の症《しやう》往々《わう〳〵》ある所《ところ》にして甚《はなは》だしきは中風《ちうふう》の如《ごと》く半身《はんしん》不遂《ふずゐ》行歩《かうほ》に難《かた》く痰涎《たんせん》ふさがり惡心《おしん》煩悶《はんもん》し小便《せうべん》頻數《ひんさく》等《とう》の候《こう》あるなり而《しか》して病根《びやうこん》の留飮《りういん》を除《のぞ》き去《さ》るには治方《ちはう》なきに非《あら》されども患者《くわんじや》にして調攝《てうせつ》を怠《おこた》り或《あるひ》は適當《てきたう》の藥《くすり》を永《えい》服《ふく》すること能《あた》はざればなり又同上《どうじやう》の占《せん》にて此卦《このくわ》の三爻《かう》を得《う》斷《だん》じて曰《いは》く此患者《このくわんじや》は梅毒《ばいどく》なるべし變《へん》じて需《じゆ》と爲《な》るを見《み》れば梅毒《ばいどく》の頭面《とうめん》に上《のぼ》りて發張《はつちやう》することあるべし發張《はつちやう》するときは乃《すなは》ち治《ち》すべしと云《い》ひしに果《はた》して梅毒《ばいどく》鼻《はな》に見《あら》はれて治《ぢ》することを得《え》たり之《これ》を梅毒《ばいどく》と知《し》りたるは之卦《しくわ》の需《じゆ》を見《み》て本卦《ほんくわ》節《せつ》は泰《たい》より來《きた》ることを知《し》り泰《たい》を知《し》りたるが故《ゆゑ》に病因《びやういん》の梅毒《ばいどく》たるを知《し》り且《かつ》之卦《しくわ》の需《じゆ》なるを以《もつ》て其毒《そのどく》の發《はつ》して治《ち》すべきことを知《し》りたるなり

䷼

風《ふう》澤《たく》中《ちう》孚《ふ》

艮宮游魂　春平　夏平
秋吉　冬吉

此卦《このくわ》を得《う》る人《ひと》は天《てん》禀《ひん》の質《しつ》陽《やう》氣《き》薄弱《はくじやく》なるが上《うへ》に遺《ゐ》毒《どく》を受《う》け來《きた》るの體《たい》たるを以《もつ》て肝《かん》鬱《うつ》の氣《き》常《つね》に亢《たか》ぶり脾《ひ》土《ど》を尅傷《こくしやう》し脾《ひ》腎《じん》の氣《き》虚《きよ》弊《へい》して内《うち》には常《つね》に虚《きよ》熱《ねつ》を蓄《たくは》ふるなり又《また》腐《ふ》敗《はい》の畜《ちく》水《する》は上下《じやうか》に旁《はう》行《かう》して種々《しゆ〳〵》の症候《しやうこう》を生《しやう》ずるなり一身《しん》に大《たい》熱《ねつ》あるの象《しやう》あり積氣《しやくき》胸《けう》鬲《かく》を攻《せ》め塞《ふさ》ぐの象《しやう》あり惡《お》心《しん》煩《はん》悶《もん》飢《き》飽《はう》節《せつ》なく夜《や》臥《ぐわ》安《やす》からず心《しん》下《か》痞《ひ》硬《かう》等《とう》の症《しやう》あるべし肺《はい》氣《き》を清《きよ》め肝《かん》氣《き》を鎭《しづ》め脾《ひ》胃《ゐ》を健《すこや》かにし中《ちう》焦《せう》の熱《ねつ》を解《かい》せば快《くわい》愈《ゆ》すべきなり○初《しよ》爻《かう》の變《へん》　渙《くわん》　自《じ》汗《かん》盗《そう》汗《かん》或《あるひ》は泄《せつ》瀉《しや》等《とう》の症《しやう》治《ち》療《りやう》速《すみや》かなるに宜《よろ》し遲《おそ》ければ大《たい》患《くわん》に至《いた》る○二爻の變《へん》　益《えき》　病《べう》勢《せい》日《ひ》に進《すゝ》むの兆《てう》積氣《しやくき》ありて氣《き》鬱《うつ》し身《しん》體《たい》四《し》支に拘《こう》急《きう》あり良《りやう》醫《い》を求《もと》めて治《ち》すべし○三爻の變《へん》　小畜《せうちく》　腰下《えうか》冷《れい》痛《つう》大《だい》便《べん》硬《かた》く又浮《ふ》腫《しゆ》あり哀《あい》樂《らく》常《つね》なく心《しん》氣《き》鬱《うつ》塞《そく》し危《き》篤《とく》の兆《てう》とす○四爻の變《へん》　履《り》　心《しん》氣《き》鬱《うつ》結《けつ》し積聚《しやくじゆ》腹《ふく》滿《まん》長《ちやう》病《びやう》にして危《き》篤《とく》に近《ちか》し良《りやう》醫《い》の助《たす》けを得《え》ば或《あるひ》は困《くるし》みを脱《だつ》することあるべし○五爻の變《へん》　損《そん》　内傷《ないしやう》氣《き》虚《きよ》胸《きよう》背《はい》に痛《いた》みあり小兒《せうに》は脾《ひ》胃《ゐ》の虚《きよ》するに因《よ》る凶《けう》兆《てう》○上爻の變《へん》　節《せつ》　骨《こつ》節《せつ》疼《とう》痛《つう》惡《を》寒《かん》咳《がい》嗽《そう》又は痼《こ》疾《しつ》瘡《さう》毒《どく》等《とう》の象《しやう》あり急《きう》に死《し》

せざれども治《ち》を怠《おこた》れば危《あやう》きに至《いた》るべし○瘡毒《さうどく》内攻《ないこう》の兆《てう》ある患者《くわんじや》を占《うらな》ひ此卦《このくわ》の二爻《かう》を得《う》るが如《ごと》き斷《だん》じて曰《いは》く是《こ》れ内《うち》に大熱毒《だいねつどく》を含《ふく》み居《を》るも其快《そのこゝろよ》く外《はか》に發散《はつさん》せざるを以《もつ》て却《かへつ》て内《うち》の元氣《げんき》を攻《せ》め伐《う》つものなり故《ゆゑ》に元氣《げんき》甚《はなは》だ衰弱《すゐじやく》せり是《これ》中孚《ちうふ》の象《しやう》とす今《いま》變《へん》じて益《えき》に之《ゆ》けば則《すなは》ち震巽《しんそん》の肝木《かんもく》亢《たか》ぶり病毒《びやうどく》其時《そのとき》を得《え》て益進《ますくすゝ》むの義《ぎ》なれば大凶兆《だいけうてう》なりといひしに果《はた》して死《し》せり又病因《びやういん》及《およ》び治方《ちはう》を占《うらな》ひ此卦《このくわ》の上爻《じやうかう》を得《う》斷《だん》じて曰《いは》く是《こ》れ肝氣《かんき》の鬱症《うつしやう》たり内《うち》に熱《ねつ》を包《つゝ》みたれば咳嗽《がいそう》も多《おほ》く痰《たん》をも吐出《としゆつ》すべし然《しか》るに變《へん》じて節《せつ》と爲《な》れば自然《しぜん》に穩《おだや》かなるべく今後《こんご》寒毒《かんどく》を去《さ》るの藥《くすり》を服《ふく》して治《ち》すべしと示《しめ》せり又患者《くわんじや》を占《うらな》ひ同《おなじ》く上爻《しやう》を得《え》たりし時《とき》斷《だん》じて曰《いは》く此人《このひと》地澤臨《ちたくりん》の性質《せいしつ》にして虛弱《きよじやく》なるに上爻と五爻とに疾《やまひ》を生《しやう》じ大《おほい》に壯熱《さうねつ》を包《つゝ》みて大留飮《だいりういん》の症《しよう》と爲《な》りたるなれば先《ま》づ上《かみ》に在《あ》る處《ところ》の毒《どく》を取《と》り除《のぞ》くべし夫《そ》れ臨《りん》は泰《たい》に比《ひ》すれば一陽爻《やうかう》の不足《ふそく》するを以《もつ》て元氣《げんき》弱《よわ》き者《もの》とし其人《そのひと》にして中孚《ちうふ》の病《やまひ》を得《う》今後《こんご》節《せつ》と爲《な》るべく節《せつ》の時《とき》は病勢《びやうせい》少《すこし》く減《げん》ずべく而《しか》して能《よ》く治療《ちれう》を施《ほどこ》すとさは臨《りん》に復《かへ》るべしとの告《つ》げたり故《ゆゑ》に中孚《ちうふ》の時《とき》は中孚《ちうふ》の治術《ちじゆつ》を施《ほどこ》し節《せつ》と爲《な》りたる時《とき》は又節《せつ》の治術《ちじゆつ》を施《ほどこ》すべし是《こ》れ神易《しんえき》の妙用《めうよう》なりと敎《をし》へ示《しめ》し三旬《じゆん》を出《い》でずして快復《くわいふく》せしめたり

䷽

雷《らい》山《ざん》小《せう》過《くわ》

兌宮游魂　春吉　夏吉
秋凶　冬平

此《この》卦《くわ》を得《う》る人《ひと》は天《てん》禀《ひん》の賦《ふ》性《せい》陰《いん》肉《にく》偏《へん》に勝《わ》ちて氣《き》を掩《おほ》ひ包《つゝ》みたるが故《ゆゑ》に中《ちう》風《ふう》不《ふ》遂《すい》の症《しやう》多《おほ》かるべし肝《かん》氣《き》亢《たか》ぶりて脾《ひ》土《ど》を尅《こく》し倘《なほ》進《すゝ》みて胸《けふ》鬲《かく》に迫《せま》る故《ゆゑ》に留《りう》飲《いん》盈《み》ち溢《あふ》れて種《しゆ》々《く》の苦《く》症《しやう》を見《あらは》すべし又《また》裏《り》熱《ねつ》盛《さか》んにして四肢《し》は反《かへり》て厥《けつ》冷《れい》する象《しやう》あり下《げ》利《り》の象《しやう》あり此《この》卦《くわ》塚《ちよう》墓《ぼ》の象《しやう》あるを以《もつ》て疾《しつ》病《へい》には凶《けう》兆《てう》とするなり○初《しよ》爻《かう》の變《へん》　豐《ほう》　發《はつ》熱《ねつ》して飲《いん》食《しよく》味《あぢはひ》なく小《せう》便《べん》赤《あか》く大《だい》便《べん》硬《かた》く漸《ぜん》次《じ》悪《あく》症《しやう》に陷《おちい》らんとするの兆《てう》あり急《きう》に治《ち》を施《ほどこ》さゞれば危《あやふ》し○二爻の變《へん》　恒《こう》　風《ふう》邪《じや》より他《た》症《べう》を引《ひ》き起《おこ》し足《そく》痛《つう》等《とう》あるの兆《てう》急《きう》に治《ち》せざれば長《ちやう》病《べう》と爲《な》るべし○三爻の變《へん》　豫《よ》　積《しやく》氣《き》心《しん》下《か》に攻《せめ》上《のぼ》り腹《ふく》中《ちう》力《ちから》なく輕《かろ》きに似《に》て輕《かろ》からず戒《かい》愼《しん》せざれば變《へん》あらんとす○四爻の變《へん》　謙《けん》　心《しん》下《か》に痛《いた》みあり氣《き》血《けつ》循《じゆん》環《くわん》せずして四支《し》痿《い》痺《ひ》し病《べう》勢《せい》漸《やうや》く將《まさ》に進《すゝ》まんとす輕《けい》症《しやう》に非《あら》ざれば戒《かい》愼《しん》して治《ち》を怠《おこた》るべからず○五爻の變《へん》　咸《かん》　邪《じや》氣《き》上騰《じやうとう》して痰《たん》咳《がい》あり晝《ひる》安《やす》くして夜《よる》安《やす》からず危《き》險《けん》の時《とき》とす脾《ひ》胃《い》を實《じつ》するを要《えう》す○上爻の變《へん》　旅《りよ》　逆《ぎやく》上《じやう》頭《づ》痛《つう》眼《がん》中《ちう》赤《せき》脈《みやく》を帶《お》び常《つね》に痛《つう》痒《しやう》あるべし既《すで》に治《ち》期《き》を失《うしな》ひ餘《よ》病《べう》を併《へい》發《はつ》し危《き》篤《とく》の兆《てう》と

す〇一男子《だんし》の疾《やまひ》を占《うらな》ひ此卦《このくわ》の五爻《かう》を得《う》斷《だん》じて曰《いは》く此卦《このくわ》小過《せうくわ》にして陰《いん》の過《す》ぐるなり胸《けふ》鬲煩悶《かくはんもん》し飲食《いんしよく》通《つう》ぜず感《かん》ずる所口《ところくち》に在《あ》り是《こ》れ反胃《はんい》の症《しやう》なるべし其口《そのくち》と云《い》ふものは變《へん》じて兌《た》と爲《な》ればなり又氣《き》血欝滯《つけうつたい》し面目《めんもく》に浮腫《ふしゆ》あるべし此卦大坎《このくわだいかん》の象《しやう》あればなり之卦《しくわ》咸《かん》は遺言《ゆいごん》人《ひと》を感《かん》ずるの意《い》小過《せうくわ》は飛鳥《ひてう》の象《しやう》にして魂魄《こんはく》已《すで》に飛《と》び去《さ》るの象《しやう》なれば必《かなら》ず死《し》すべしと云《い》ひしに數日《すうじつ》を出《い》でずして死《し》せり又患者《くわんじや》を占《うらな》ひ此卦《このくわ》の三爻《かう》を得《う》斷《だん》じして曰《いは》く此卦《このくわ》肉《にく》の有餘《いうよ》を以《もつ》て氣《き》を包《つゝ》みたるの象固《しやうもと》より肉《にく》多《おほ》き人《ひと》は陽氣《やうき》必《かなら》ず少《すくな》き者《もの》なれば氣《き》血《つけ》の循環宜《じゆんくわんよろし》きを得《え》ずして中風癱瘓《ちうふうなんくわん》の症《しやう》と爲《な》りし者《もの》なるべし枯瘦《こそう》せる人《ひと》にて中風《ちうふう》の如《ごと》き症《しやう》あるものは多《おほ》く肝欝《かんうつ》の亢《たかぶ》りにして一身拘攣《しんこうれん》し中風《ちうふう》の如《ごと》くに見《み》ゆるものなれども此《か》くの如《ごと》きは陽氣《やうき》偏《へん》に勝《か》ちて陰肉《いんにく》を剋《こく》するが故《ゆゑ》なり然《しか》れども是《こ》れを類風中《るゐちうふう》と謂《い》ひ平愈《へいゆ》するもの多《おほ》し又陰肉有餘《いんにくいうよ》にして陽氣《やうき》を掩《おほ》ひ包《つゝ》みたる中風《ちうふう》は治《ぢ》し難《かた》きものなり此卦及《このくわおよ》び巽《そん》爲《ゐ》風《ふう》兌《だ》爲《ゐ》澤《たく》水山蹇《すいざんけん》風水渙《ふうすいくわん》等是《とうこ》れなり艮《ごん》爲《ゐ》山《さん》の如《ごと》きは眞《しん》の卒中風《そつちうふう》にして必死《ひつし》と爲《な》す今此患者《いまこのくわんじや》は陽肉《いんにく》偏《へん》に勝《か》ちて陽氣《やうき》を掩《おほ》ひ包《つゝ》める症即《じやうすなは》ち中風《ちうふう》なり其裏熱《そのりねつ》強《つよ》きが故《ゆゑ》に反《かへり》て外表《くわいへう》は寒冷《かんれい》の象《しやう》あり變《へん》じて豫《よ》と爲《な》れば陽氣愈脫《やうきいよくだつ》し去《さ》るを以《もつ》て全快《ぜんくわい》す可《べか》らすと云《い》ひしに果《はた》して死《し》せり

䷾ 水《すゐ》火《くわ》既《き》濟《せい》

坎宮三世　春平　夏凶
秋平　冬吉

此卦《このくわ》を得《う》る人《ひと》は下焦《かせう》に熱《ねつ》あり毒《どく》あり中焦《ちうせう》上焦《じやうせう》も亦同《またおな》じ一身中熱《しんちうねつ》ご毒《どく》と錯綜《さくそう》せし象《しやう》なれば容易《ようい》ならざる症《しやう》たることを會得《えとく》すべし故《ゆゑ》に氣血《きけつ》共《とも》に結《むす》ぼれ虧《か》けたる象《しやう》あり梅毒《ばいどく》の象《しやう》あり又強《つよ》く攻《せ》むる病勢《べうせい》なしと雖《いへど》も元氣《げんき》は自然《しぜん》に竭《つ》くる意《い》あり多《おほ》くは色欲過度《しきよくくわど》より發《はつ》するものごす婦人《ふじん》は經行不順《けいかうふじゆん》にして陰陽兩虚《いんやうりやうきよ》の症或《しやうあるひ》は姙娠《にんしん》又流産《またりうざん》の兆《てう》輕《かろ》きに似《に》て輕《かろ》からざるなり○初爻《しよかう》の變《へん》　蹇《けん》　脾腎《ひじん》の虚《きよ》に濕氣《しつき》を兼《か》ね腰脚痺痛《えうきやくひつう》し藥効《やくかう》なきの時《とき》とす蓋《けだ》し酒色《しゆしよく》の害《がい》より生《しやう》ずるもの多《おほ》し○二爻の變《へん》　需《じゆ》　痰咳或《たんがいあるひ》は浮腫《ふしゆ》腎水《じんすゐ》将《まさ》に涸《か》れんごす大便秘《だいべんひ》して小便利《せうべんり》せざるものは危《あやふ》し○三爻の變《へん》　屯《ちゆん》　腰脚拘攣疼痛《えうきやくこうれんとうつう》病勢日《べうせいひゞ》に進《すゝ》むの兆長《てうなが》きに亘《わた》りて危《あやふ》きに至《いた》るべし○四爻の變《へん》　革《かく》　痰咳腹滿病勢急《たんがいふくまんべうせいきふ》に迫《せま》るの兆《てう》あり終日戒愼《しうじつかいしん》し醫藥《いやく》を易《か》ふるに宜《よろ》し○五爻の變《へん》　明夷《めいい》　脾腎《ひじん》の虚《きよ》に濕氣《しつき》を兼《か》ね瘡腫《さうしゆ》結毒《けつどく》の類不治《るゐふぢ》の症《しやう》に陷《おちい》るもの多《おほ》し○上爻の變《へん》　家人《かじん》　邪氣凝結《じやききやうけつ》して頭痛強《づつうつよ》く心火動《しんくわうご》き危《あやふ》きに至《いた》らんごす然《しか》れども治方《ちはう》を得《う》れば活路《くわつろ》を得《う》ることあるべし○一患者《くわんじや》齦齶《こんがく》よ

り血《ち》を出《いだ》すこと久《ひさし》きを占《うらな》ひ此卦《このくわ》の四爻《かう》を得《え》たり斷《だん》じて曰《いは》く既濟《きせい》の卦《くわ》たる泰《たい》より來《きた》るものとすれば順卦泰《じゆんくわたい》の時《とき》は無病健全《むべうけんせん》なりしも今其病《いまそのやまひ》を得《う》るは必《かなら》ず梅毒《ばいどく》を患《うれ》ひたることあるべし既濟《きせい》の卦《くわ》には離《り》の熱《ねつ》二《ふた》つ坎《かん》の毒《どく》二《ふた》つあり梅毒《ばいどく》の象《しやう》今《いま》坎毒《かんどく》の血《ち》を齶《がく》より出《い》だすは即《すなは》ち其毒《そのどく》の流出《りうしゆつ》するなり然《しか》るに變《へん》じて革《かく》と爲《な》るは坎水《かんすゐ》の流《なが》れ止《とゞ》まりて兌澤《だたく》と爲《な》るの象《しやう》なれば出血《しゆつけつ》は自《おのづか》ら止《とゞま》るべし然《しか》れども病勢《べうせい》は革《あらたま》りて別症《べつしやう》と爲《な》り次第《しだい》に重患《ぢうくわん》と爲《な》るべし殊《こと》に革《かく》は骨蒸勞瘵《こつじようらうさい》の症《しやう》を備《そな》へたるものとす故《ゆゑ》に此患者《このくわんじや》は終《つゐ》に梅毒《ばいどく》と爲《な》り果《は》つべし坎水《かんすゐ》變《へん》じて兌澤《だたく》と爲《な》る是《こ》れ流水《りうすゐ》の止《とゞま》る義《ぎ》にして二《ふた》つの火《ひ》は攻《せ》め上《のぼ》るの勢益壯《せいますくさう》なり且上《かつかみ》に一陽《やう》の塞《ふさが》りあるが故《ゆゑ》に肺金《はいきん》は二火《くわ》の灼爍《しやくれき》を被《かふむ》り其鬱飲下降《そのうついんかかう》すること能《あた》はず咳嗽《がいそう》盛《さか》んに起《おこ》るべし是《こ》れ自然《しせん》の勢《せい》にして已《や》む可《べか》らざれば終《つゐ》に梅毒《ばいどく》に死《し》すべしと云《い》ひしに果《はた》して此《こ》の斷《だん》の如《ごと》くなりき又一老人《らうじん》の病《やまひ》を占《うらな》ひ此《こ》の卦《くわ》の五爻《かう》を得《う》斷《だん》じて曰《いは》く是《こ》れ氣血《けつ》兩虛《りやうきよ》し陰陽《いんやう》共《とも》に衰《おとろ》へたるの象《しやう》小便淋瀝《せうべんりんれき》し手背《しゆはい》より足跗《そくふ》に引《ひ》きて腫氣《しゆき》あるべし心氣《しんき》濛然暗中《もうぜんあんちう》に入《い》るが如《ごと》し思《おも》ふに前年火災《ぜんねんくわさい》に遇《あ》ひ損失《そんしつ》に依《よ》りて心氣《しんき》を勞《らう》し此病《このやまひ》を生《しやう》ぜしなるべし卦象《くわしやう》離火《りくわ》坤土《こんど》に伏《ふく》して坎水《かんすゐ》を得《え》ず遂《つゐ》に消滅《せうめつ》す死症《ししやう》なりと云《い》ひしに久《ひさ》しからずして死《し》せり

火《くわ》水《すゐ》未《び》濟《せい》

離宮三世　春平　夏平
秋吉　冬吉

此卦《このくわ》を得《う》る人《ひと》は氣《き》血《けつ》不《ふ》順《じゆん》にして坎《かん》の水《すゐ》毒《どく》は下《しも》に陥《おちい》り離《り》の火《くわ》熱《ねつ》は上《かみ》に衝《つ》き升《のぼ》り胸《けう》腹《ふく》の間《あひだ》には熱《ねつ》と毒《どく》と相《あひ》戰《たゝか》ひ相《あひ》攻《せ》む最《もつと》も危《き》急《きう》の卦《くわ》なり氣《き》逆《ぎやく》上《じやう》衝《しやう》手《しゆ》足《そく》厥《けつ》冷《れい》し耳《じ》鳴《めい》目《もく》眩《げん》頭《づ》痛《つう》惡《を》心《しん》煩《はん》悶《もん》心《しん》下《か》痞《ひ》硬《かう》小《せう》腹《ふく》急《きう》痛《つう》等《とう》種々《しゆく》の症《しやう》候《こう》あるべし又梅《ばい》毒《どく》の象《しやう》あり鶴《かく》膝《しつ》風《ふう》の象《しやう》あり重《ぢう》患《くわん》の人《ひと》には凶《けう》兆《てう》とす○初《しよ》爻《かう》の變《へん》　睽《けい》　痰《たん》咳《がい》ありて咽《いん》喉《こう》利《り》せず足《そく》部《ぶ》冷《れい》痛《つう》又嘔《おう》吐《と》あり病《べう》勢《せい》進《すゝ》むが如《ごと》くなれども治《ち》すべし○二爻の變《へん》　晉《しん》　壯《さう》熱《ねつ》ありて上《じやう》衝《しやう》し時《じ》疫《えき》夏《か》時《じ》は霍《かく》亂《らん》或《あるひ》は手《しゆ》足《そく》痿《い》痺《ひ》等《とう》の症危《しやうき》險《けん》に至《いた》るの恐《おそ》れあり速《すみやか》に治《ち》を施《ほどこ》すべし○三爻の變《へん》　鼎《てい》　風《ふう》濕《しつ》の氣《き》を含《ふく》み又酒《しゆ》色《しよく》の害《がい》あり身《しん》體《たい》懈《かい》惰《だ》し股《もゝ》及《およ》び膝《ひざ》等《とう》攣《れん》急《きう》して痛《いた》みあるべし或《あるひ》は急《きう》變《へん》あるの時《とき》とす醫《い》藥《やく》を易《か》ふるに吉《きつ》○四爻の變《へん》　蒙《もう》　眼《がん》目《もく》昏《くら》く耳《じ》鳴《めい》又瘡《さう》毒《どく》の症《しやう》長《なが》しと雖《いへど》も治《ち》すべし○五爻の變《へん》　訟《しよう》　痰《たん》喘《ぜん》ありて胸《けう》中《ちう》痞《ひ》塞《そく》の意《い》ありと雖《いへど》も邪《じや》氣《き》漸《やうや》く消《せう》して眞《しん》氣《き》充《じう》塞《そく》するの兆《てう》あれば治《ち》方《はう》を得《え》て戒《かい》愼《しん》するときは長《なが》しと雖《いへど》も治《ち》すべし○上爻の變《へん》　解《かい》　身《しん》體《たい》懈《かい》惰《だ》四支《し》骨《こつ》節《せつ》掣《せい》痛《つう》し又頭《づ》痛《つう》を兼《か》ね病《やまひ》輕《かろ》きに似《に》て輕《かろ》からず速《すみやか》に治《ち》を施《ほどこ》さゞれば終《つる》

に危篤《きとく》に陥《おちい》るべし○一婦人《ふじん》の病《やまひ》を占《うらな》ひ此卦《このくわ》の二爻《かう》を得《え》たり斷《だん》じて曰《いは》く此人《このひと》夫《おつと》の短氣《たんき》なるが爲《た》めに心《こゝろ》を痛《いた》め病《やまひ》を得《う》るは是《こ》れ未濟《びせい》の象《しやう》なり且産後《かつさんご》の餘病血亂《よびやうけつらん》の症《しやう》あるは是《こ》れ坎《かん》の象《しやう》なり又持病《ぢびやう》の積氣《しやくき》心下《しんか》に衝《つ》き氣悶煩熱《きもんはんねつ》すべし未濟《びせい》の卦陰陽相對《くわいんやうあひたい》す急《きう》に死《し》せずと雖《いへど》も累年《るゐねん》の疾《やまひ》と爲《な》り藥石効《やくせきかう》なくして漸々《ぜん〳〵》衰弱《すゐじやく》し遂《つひ》に坤地《こんち》に歸《き》すべしと云《い》ひしに果《はた》して此占《このせん》に應《おう》ぜり又一婦人《ふじん》の爲《た》めに産期《さんき》と胎兒《たいじ》の男女如何《なんによいかん》を占《うらな》ひ此卦《このくわ》の上爻《じやうかう》を得《う》斷《だん》じて曰《いは》く本卦未濟《ほんくわびせい》は離火上《りくわかみ》に升《のぼ》り坎水下《かんすゐしも》に降《くだ》るの象是《しやうこ》れ物《もの》の解散《かいさん》して分別《ふんべつ》するの義之卦《ぎしくわ》の解《かい》も亦分別《またふんべつ》の義《ぎ》にして震《しん》の男子外《なんしほか》に進《すゝ》み出《い》づるの義《ぎ》なれば必《かなら》ず安産《あんざん》にして男子《なんし》なるべしと云《い》ひしに果《はた》して此《か》くの如《ごと》くなりき又一患者《くわんじや》を占《うらな》ひ此卦《このくわ》の四爻《かう》を得《う》患《くわん》者《じや》は長病《ちやうびやう》なりと云《い》ふを以《もつ》て斷《だん》じて曰《いは》く日淺《ひあさ》きものは速《すみやか》に治《ち》すべしと雖《いへど》も日《ひ》を重《かさ》ねし者《もの》は之《これ》に反《はん》し終身《しうしん》の疾《やまひ》と爲《な》ることあり一日《じつ》は快《こゝろよ》く一日《じつ》は苦《くるし》み心下《しんか》苦悶《くもん》し藥力及《やくりよくおよ》ばず是《こ》れ未濟《びせい》にして陰陽《いんやう》の氣交《きまじは》らず氣血順行《きけつじゆんかう》せざるに由《よ》る變《へん》じて蒙《もう》と爲《な》れば蒙昧《もうまい》にして病因《びやういん》の何《なん》たるを知《し》る能《あた》はず醫師《いし》も亦治《またち》を誤《あやま》るの意《い》あり然《しか》れども蒙《もう》の時《とき》は賢師良友《けんしりやういう》の助《たす》けを得《え》て蒙昧《もうまい》を啓發《けいはつ》するの義《ぎ》あるを以《もつ》て醫師《いし》を改《あらた》め或《あるひ》は老成《らうせい》の人《ひと》の言《こと》に順《したが》ふを可《か》とすと示《しめ》せり

醫道活斷周易占病秘傳 終

明治四十三年十二月十日印刷
同　　　　十二月十五日發行
大正元年十二月二十日再版
大正三年十一月十五日三版
大正五年十二月十五日四版
大正七年三月一日五版

定價金七拾錢
郵稅金六錢

著作權所有

著作者　柄澤照覺
東京市本郷區湯島四丁目五番地

發行者　柄澤正義
東京市本郷區湯島四丁目五番地

印刷者　高橋一郎
東京市神田區雉子町三十四番地

印刷所　成章堂
東京市神田區雉子町三十四番地

發賣所　神誠館
東京市本郷區湯島四丁目五番地

占病軌範序

生我者父母也令生我者天地也故曰乾稱乎父坤稱乎母由此觀之人之生也稟氣於乾坤成形於父母人之死也魂歸於乾魄幽於

重泉終始不外大易之理也然感
不正之氣罹非常之疾則妄附盧
醫屬託巫祝束手待死實可痛也
切齒井上和卿氏有見於此曾作
占病軌範是書也就爻象寓病候

適切穩當其言簡而其用廣可以詳病源而定治術豈可不謂解蒙之龜鏡哉然錄以國字俚語者欲至于窮鄉寒村為子弟者急于父兄之病而莫委庸醫託巫祝束手

待死之歲冝是亦先生一片之婆
心耳

文化壬申陽月吉

加賀　關重秀序

序

正義曰易者變化之總號代換之殊稱乃陰陽二氣生生不息之理也是以占筮之法不以潔齊正心則不能得其中是占筮者之第一義也夫

執蓍筮至誠則躬心與天地一也與天地一則心通神明通神明則筮占無所不中是以筮占者整正嚴肅以占吉凶悔吝然吉乃一而凶悔吝三者乃戒慎人之情慾恐懼

其後來賓神聖之明教也從
吉者當慎變而之凶泰否剝
復巡還無常乃天地之性也
吾上世少彥名命成不成之
語與周易一其旨豈謂神聖
道異也哉令吾眞人斯篇成

焉余書其言以附卷首以示
同志之子弟云
文化十三丙子夏六月吉旦
門人 石見 佐和世魚識

占病軌範自序

病候占書行世頗多然皆以臆度其病症或託寃家咒咀鬼神祟祭或稱妖魅蠱毒或誤示乞醫之方是

以大誤易道之旨失爻象之理所謂利口之覆邦家者非耶終使病家患人無乎愈及占筮家陷乎誤人之罪於是庸醫信其妄誕

淺學尚其妖言不論病分
之當居而背爻象之確言
以授方劑誤治殆促命
期者寔繁有徒余不忍其
如此乃著此書欲一洗凡

庸之素習而斷占者之疑
網使醫家無誤治之悔病
者無保護之失占者無差
考之過雖然疾病之占人
命死生所關繫實爲至重

之上也非口授面命則不能盡其蘊奧此書姑畧記其彷彿以便同志且夫乞醫方位吉凶則別有口傳故不論於茲云

文化十有三年丙子夷則日

加賀井上主殿教親識

占病軌範凡例

一近《キン》世《セ》察《サツ》病《ビヤウ》易《エキ》占《セン》ノ書頻多《スコブルオホシ》蓋《ケダシ》其書ヲ閲《ケミ》スルニ卦《クワ》爻《カウ》ノ象法《ハフ》ヲ失《シツ》シ或ハ死《シ》靈《レイ》生《セイ》怨《ヲン》ノ災《サイ》害《ガイ》ヲ告《ツケ》或ハ妖《ヤウ》魅《ミ》ノ蠱《コ》毒《ドク》ニ託《タク》シ或ハ山《サン》谷《コク》墳《フン》墓《ボ》ノ障《シヤウ》碍《ゲ》或ハ神佛ノ祟《ソウ》咎《キウ》ト稱《シヤウ》シ終《ツヰ》ニ病者及病家ノ人ヲシテ疑《ギ》惑《ワク》ノ途《ト》ニ陥《ヲチイ》ラシム寔《マコト》ニ巫《フ》覡《ゲキ》ノ妄《ボウ》言《ゲン》ニ近シ然ルニ初學ノ徒《ト》其妄《ボウ》誕《タン》ヲ尊信シ終《ツヰ》ニ易ノ本旨ヲ失《ウシナ》フ實ニ嘆《ナゲク》ヘク恐《ヲソ》ルベシ

一此書ハ初學察《サツ》病《ビヤウ》ノ專《セン》務《ム》ニシテ且《カツ》醫道《ダウ》ノ一助《ジヨ》タランコトヲ欲シテ先生門人ニ口《ク》授《ジユ》ス蓋《ケダシ》醫《イ》ヲ

學《マナバ》ント欲セバ易《エキ》ヲ知《シル》ベシ易ヲ學《マナ》フ者醫書《イショ》ヲ見ルベシ医書ニ通《ツウ》シテ然後ニ疾《シツ》病《ヘイ》占《セン》斷《ダン》セハ思《オモヒ》半《ナカバ》ニ過《ス》ギン

一筮《ゼイ》ニ臨《ノゾ》ムトキハ誠意《イ》正《セイ》心ニシテ盥《クハン》漱《ソウ》真《シン》ヲ疑シ五《ゴ》聖人《セイジン》ヲ敬拜《ケイハイ》スベシ然シテ病者《ビヤウジヤ》老若男女ノ差《シヤ》別《ベツ》或ハ發病ノ時日或ハ年月ヲ糺《タヾ》シ身ヲ清《セイ》潔《ケツ》ニシテ正直警誡《ケイセイ》ノ實ヲ以テ祝文《シユクモン》ヲ唱《トナ》ヘ問《セン》筮《ゼイ》ン本卦變爻ニ心ヲ附《ツケ》病原《ビヤウゲン》ヲ糺《タヾ》シ傳《デン》經《ケイ》ヲ採《サグ》リ時日ノ旺《ワウ》相《サウ》卦ノ象形ヲ推《ヲ》シ然メ此書ヲ以テ病症ヲ斷スルトキハ百發百中神ノ如シ然《カリ》ト

雖ドモ誠敬ヲ盡ザルトキハ却テ神ヲ汚《ケガ》シ眞ヲ
乱シテ的中ヲ得ルヿヲ得ズ於是先生ニ一家ノ
法式相傳アレバ門ニ入テ謹テ其口傳ヲ受ヘ
シ然ドモ其筮ノ應不應ハ法ニ依《ヨリ》式ニ不拘占者
心術《シンジュツ》ノ邪《ジャ》正《セイ》ト學ノ精カラザルトニアリ深《フカ》ク
考フヘシ書ヲ咎《トガ》ムベカラズ然リトイヘドモ書
モ亦正雜《セイザツ》ヲ撰《エラ》ミ其正ニ從《シタガ》ヒ雜《ザツ》ヲ避《サク》ヘシ是其
大《タイ》綱《コウ》也

文化丙子夏

門人　井上鴻齋亮董　謹識

附言

一此書ハ周易ノ卦爻彖《タン》象《シヤウ》ヲ以病候《カウ》ノ大畧ヲ断《コト》ハル耳《ノミ》是ヲ以専《セン》門《モン》ノ名士ニ從《シタカヒ》相傳口《ク》授《ジユ》ナクンハ占《セン》験《ゲン》ヲ得テ病家ノ助トナルヿ不能相傳只《ヒタ》得《スラ》ニ文面ニ泥《ナツ》ンテ断スルトキハ所謂琴《コト》柱《ヂ》ニ膠《カハ》シ舷《フナバタ》ヲ刻《キザ》ムノ訛《クハ》誤《ゴ》アルベシ

一凡病者ニ老若男女幼《ヨウ》稚《チ》ノ差《サ》別《ベツ》貴《キ》賤《セン》高《カウ》下《カ》山《サン》中《チウ》海《カイ》邊《ヘン》市《シ》中《チウ》田《デン》舎《シヤ》ノ別アリテ一概《ガイ》ニ断ズベカラズ所卜人ニ依テ差《シヤ》別《ベツ》アルベシ

一爻象ニ依テ病候《コウ》ヲ考ヘ病《ビヤウ》候《コウ》ニ依テ病名ヲ断

ト云ドモ悉シキ証《シヤウ》ハ醫家診察《シンサツ》ニ任《マカ》スベシ其診《シン》察《サツ》投《トウ》藥《ヤク》ノ當《トウ》否《ヒ》ハ又占筮ノ預《アヅカ》ル所也

一凡《スベ》テ病《ビヤウ》候《コウ》ノ占ハ轉《テン》変《ヘン》スル所ヲ深《フカ》ク考フベシ前ニ所謂琴《コト》柱《ヂ》ノ断ヲナスベカラス

一人ハ一箇ノ小天地ニシテ萬物ノ霊《レイ》ナルガ故ニ五《ゴ》倫《リン》五《ゴ》常《ジヤウ》ノ道不《フ》正《セイ》不《フ》義《ギ》ニシテ乾坤五《ゴ》性《シヤウ》之教《ヲシヘ》ニ違《タガ》ヘバ自《ヲノ》然《ゼン》ニ氣《キ》逆《ギヤク》シ運《ウン》違《タガ》ヒ五六運《ウン》氣《キ》共ニ乱《ミダ》レテ六經《ケイ》榮《エイ》衛《エ》升《シヤウ》降《カウ》行ハレズ氣《キ》滞《トヾコホ》リ血《チ》和《クワ》セズシテ百病ヲナス其ノ未《ミ》發《ハツ》ヲ占ヒ其治《ヂ》否《ヒ》ヲ考ヘテ病家ノ要用ヲ明スベシ

一病名ヲ擧《アゲ》示《シメ》スニ譬《タトヘ》バ傷寒《セウカン》或ハ時《ジ》疫《エキ》トノミ斷《コトハ》リテ六經《リクケイ》何レノ症ト云ザルアリ又陽症《ヤウセウ》ト云アリ大陽《タイヤウ》陽明《ヤウメイ》少陽少陰ナド、斷ルアリ是ハ医《イ》ノ預《アツカ》ル所ニテ卜筮《ボクゼイ》ハ死生ヲ決《ケツ》シ軽重《ケイジウ》ヲ知リ医案《イアン》ノ是非《ゼヒ》藥《クスリ》ノ當否《タウヒ》醫師《イシ》ノ方角ヲ指《サ》シ示《シメ》スノミ數《ス》百ノ病名《ビヤウメイ》數千ノ病症卦爻ヲ以テ悉《コトゴト》ク斷ルベキニ非ズ但聚《シウ》医《イ》立《タチ》合《アヒ》配《ハイ》劑《ザイ》ノ医案執匕《サジ》ノ是《ゼ》非《ヒ》ヲ定ルヲ専《セン》用《ヨウ》トス

一素問《ソモン》ニ人能《ヨク》脾《ヒ》強《ツヨ》キヲ過《スゴ》ストキハ腎《ジン》ヲ剋《コク》ス腎モト肝《カン》ヲソダツル也脾腎《ヒジン》ヲ剋スルトキハ腎《ジン》肝《カン》

トモニ損《ソン》スル故ニ心火亢《カウ》リテ肺《ハイ》ヲ傷《ヤブ》ル是ヲ一臓《ザウ》損《ソン》シテ五臓ヲ傷《ヤブ》ルト云也則是ヲ水中ニ火アリ火中ニ水アルノ義ニシテ易ノ理ト等《ヒト》シ是等《ラ》理會《リクワイ》シテ易ニカケ断ズルトキハ百占百中神ノ如クナルベシ只《ヒタ》得《スラ》ニ書面ニ泥《ナヅ》ミテ當否ヲ論ズベカラズ此ノ所。別ニ口傳アリ猶後篇ニ是ヲ論ズベシ

一先生易學相學ニ於テ奇《キ》中《チウ》ノ明斷《メイダン》人ヲシテ掌《タナゴコロ》ヲ指《サス》ガ如シ都《ト》鄙《ヒ》門人日ニ進《スヽ》ミ或ハ衆《シウ》客《カク》問筮《ゼイ》觀《クハン》相《サウ》ヲ乞《コヒ》テ止《ヤマ》ズ先生殆《ホト》ド是ヲ辞《ジ》スト雖圧辞

シカタシ日々ニ神書及ヒ易書相書暦《レキ》書講《ヨウ》習セ
ル暇《イトマ》門人射《セキ》覆《フ》ヲ乞《コ》ヒ其一二ノ例ニ而初學ノ蒙
士ニ便ス○或人一軸《ジク》ヲ持来テ天象ニ鳥類ノ
畫《グハ》タリ先生ノ妙斷ヲ聴《キ》テ是ヲ贈《ヲク》ラントニ云乃
筮スレバ䷗地雷復ノ之䷚山雷頤ヲ得タリ
先生斷シテ曰復ハ一陽下ニ生シテ終ニ剥《ハク》トナル
剥復ハ陰陽消長ノ理アリ故ニ復ニ往来アリ
トス変卦ノ頤ハ養《ヤシナフ》ト訓ス坤変シテ艮トナル
艮轉倒《テンドウ》シテ震トナリ震轉倒《テンドウ》シテ艮トナル震
艮待體《タイタイ》ハ則日月運行《ウンコウ》之象ナリ又頤ハ離ノ似《ジ》

體《タイ》ナレバ是《レ》必《ス》天象ハ日ナラン又曰鳥類ハ本卦ノ震ニ聲音有テ遠キニ通ズ羽《ウ》毛《モフ》文《ブン》綵《サイ》アリ是坤変ジテ艮トナリ頤ノ卦ヲ具《グ》ス上一陽ヲ生ジ頭《カシラ》義《ビ》ニシテ異《コト》ナリ首《シユ》尾《ビ》ニ勢《イキホヒ》有テ長而人家ニ飼《カ》ハル、鳥ナラン蓋《ケダシ》艮ヲ門《モン》闕《ケツ》トシ頤ニ養ハル、ノ理《リ》アリ又復ハ一陽子ニ生ジ震ヲ聲トシ且《アシタ》トス陰中ニ陽聲ヲ發《ハツ》ス必《ス》是雛《ニハトリ》ナラン開《ヒラキ》見レバ果シテ旭《アサヒ》日ニ雛《ニハトリ》ナリ奇中ス是一由《ヨツ》テ此《ノ》軸《チク》ヲ先生ニ贈《ソウ》進《シン》ス〇一男子来テ小児病症可《カ》否《ヒ》ヲ問フ則《スナハチ》筮スレバ火地晉之

天地否ヲ得タリ◯先生断メ曰坤ヲ肌《ハダ》トシ離ヲ心《シン》熱《ネツ》トス又坤ヲ地トス離ヲ日トシ又火トス日ノ炎《エン》上《ジヤウ》スルノ象晋ハ進ムト訓ス熱《ネツ》盛《サカン》ニシテ煩《ハン》悶《モン》《ワヅラヒモダユル》シ又坤ヲ斑《ハン》《マダラ》点《テン》トシ離ヲ赤トス離変ジテ乾ト成ル乾ニ水気アツテ腫《ハル》トス又離ヲ目トシ乾是ヲ覆《ヲホ》フノ象アリ否ハ塞《フサガ》ル也必ス是疱《ホウ》瘡《サウ》ナラン否《イナ》ヤ然リ痘《ホウサウ》ナリト荅フ先生又曰必雑痘《トウ》ナラン危《キ》篤《トク》ニシテ目盲《シヒル》ナルベシ客云寔《コト》ニ妙断神ノ如シ初発ヨリ十余日絶《ゼツ》食《シヨク》ニシテ壮《サウ》熱《ネツ》煩《ハン》悶《モン》焚《ヤク》カ如ジ両眼閉《トヂ》テ開カズ譫《セン》言《ケン》《タハコト》怪《クワイ》異《イ》《アヤシキ》多シ

神佛ノ障碍《サハリ》ナランヤ乎《カ》先生曰是全症《クワウソウ》ノ常也怪《アヤ》
ミ惑《マド》フベカラズ然ニ命期《メイキ》如何《イカン》ヲ問フ既ニ危
シト雖モ命全《マツタ》シ是否極テ泰ヲ成然モ眼ハ難
開先生曰足下宅ノ南ニ當テ窓《マド》ヲ塞《フサ》ギタルヿ
アリヤ客云然リ不用ナレバ是ヲ塞《フサ》ギヌ先生
曰其日ヨリ小児發熱《ホツネツ》シ五日ニシテ目ヲ閉《トツ》ベ
シ客悸然《キゼン》トシテ答テ曰先生ノ言ノ如ク發熱《ホツネツ》
ヨリ五日ニシテ眼《メ》ヲ閉《トヂ》タリ如何シテコレヲ
開ン哉先生曰正ニ是ヲ思ニ方災ナランヽ必年
月ノ吉方ヲ撰擇《センタク》《エラミ》シ吉辰吉時ヲ撰《エラ》ミテ再《フタヽ》ビ窓《マド》

ヲ開《ヒラク》べシ如ク此ノ開ハ一眼ハ治スべシ其言ノ如ク則先生ニ託《タク》メ以テ是ヲ改メ明レバ果《ハタ》シテ後五旬ニシテ一眼ハ開ケ瞳《ヒト》子《ミ》ニ白点《ハクテン》ヲ生ジテ未ダ全《マツタ》カラズ此等ノ断口授多シ○文化七年十一月廿八日摂《セツ》州《シウ》兎原《ウハラ》郡《ゴホリ》御影《ミカゲ》浦《ウラ》宗三郎ナル人始テ来テ先生ニ面識《メンシキ》ヲ乞《コヒ》テ曰我持船春《ハル》栄《エイ》丸《マル》一千五百石積十六人乗組《ノリクミ》去ル十月十五日御影浦《ミカゲウラ》ヨリ江戸ニ出帆《シユツハン》シ同月廿四日志州的《マト》屋《ヤ》浦《ウラ》ヲ出帆《シユツハン》然ルニ同日東海大風ニテ諸國ノ通船難《ナン》風《フウ》破《ハ》損《ソン》數《カズ》ヲ知ラズ我《ガ》船モ今ニ行《キ》方

知ス乃船長《セントウ》及ヒ水主十六人ノ姓名並ニ生年ヲ記シ生死如何然シテ船ノ有無《ウム》吉凶ヲ問フ則筮シテ ䷩ 風雷益ノ之ク ䷚ 山雷頤ヲ得タリ先生断曰益ハ益《マス》ト訓ス頤ハ養《ヤシナ》フト訓ス船ハ滄《ソウ》海《カイ》ノ東ニ漂流《ヒヤウリウ》シテ破砕《ハスイ》《ヤブレクダク》スト虽モ人一人モ損《ソン》亡《ボウ》ナシ震巽コレ東方ノ卦ニシテ九五ノ変タレハ遥《ハルカ》ニ遠《トホ》ク既ニ異国《イコク》ニ近シ巽変シテ艮トナル必滄海《ソウカイ》ノ遠キニ山岳孤島《サンガクコトウ》アラン艮ヲ山岳孤島トシ是ニ止《トヽ》リテ頤《イ》ノ養ヲ受タル象アリ又震ヲ船トシ変象艮ハ船ヲ覆《クツガヘ》ス象アリ又互《コ》

卦山地剥ハ剥《ハギ》盡《ツク》スト訓《クン》ス必船ハ破《ハ》碎《スイ》セリ大理ヲ察《サツ》スレバ恐クハ是《コレ》八丈島《ハチヂヤウガシマ》ナラン来春三月ヨリ四月ニ至リテ便宜《ビンギ》アル〻必然《ヒツゼン》タリ果メ翌年《ヨクチネン》夏再《フタヽ》ビ先生ノ門ニ来テ親謝《シンシヤ》シテ云曩《サキ》ニ難船ノ占考寔《マコト》ニ的中《テキチウ》明斷《メイダン》神ノ如シ船ハ破《ハ》碎《ハイ》シテ乗人《ノリテ》六八丈島《ヂヤウ》ノ續《ツヾ》キ三宅島《ミヤケジマ》ニ漂着《ヒヤウチヤク》シ十六人漸《ヤウヤ》ク官粟《クハンゾク》ヲ給《タマ》フ〻ヲ得テ保命《ホメイ》シ春ニ至テ三月便船《ビンセン》ヲ得テ江都《エト》ニ至リ既ニ公許《コウキヨ》ヲ蒙《カウム》リテ而後《ノチ》四月下旬《ゲジユン》十六人共ニ歸國《キコク》セリ實《ジツ》ニ蘇生《ソセイ》ノ如シ悅《ヨロコビ》ニ堪《タヘ》タリコレニ因《ヨツ》テ今《イマ》復《マタ》新《シン》

船《セン》改造《カイザウ》ノ吉凶ヲ問テ先生ノ戒辭《カイジ》ヲ俟《マツ》ト云フ是等ノ斷奇《キ》トスルニ非ストイヘトモ初學ノ階《カイ》梯《テイ》タランと欲シ爰《コヽ》ニ録ス嗚呼《アヽ》先生ノ易學相學ニ於テ巧《コウ》發《ハツ》奇《キ》中《チウ》所面《アタリ》ニ居《イテ》試《コヽロミ》ルベシ多ク及《オヨボ》サズ

文化十又三灌佛日

門人伊勢　木場好古敬識

六十四卦目次〇乾下卦之部

〇兌下卦之部

○離下卦之部

天火同人　上ノ十二
澤火革　下ノ十四
離為火　上ノ廿五
雷火豐　下ノ十九
風火家人　下ノ五丁
水火既濟　下ノ廿五
山火賁　上ノ十九
地火明夷　下ノ四丁

○震下卦之部

天雷无妄　上ノ廿二
澤雷隨　上ノ十五
火雷噬嗑　上ノ十九
震為雷　下ノ十六
風雷益　下ノ九丁
水雷屯　上ノ三丁
山雷頤　上ノ廿三
地雷復　上ノ廿一

○巽下卦之部

天風姤 下ノ十一
澤風大過 上ノ廿四
火風鼎 下ノ十五
雷風恒 下ノ二丁
巽為風 下ノ廿二
水風井 下ノ十三
山風蠱 上ノ十六
地風升 下ノ十二

○坎下卦之部

天水訟 上ノ六丁
澤水困 下ノ十二
火水未濟 下ノ廿五
雷水解 下ノ八丁
風水渙 下ノ廿二
坎為水 上ノ廿五
山水蒙 上ノ四丁
地水師 上ノ七丁

○艮下卦之部

天山遯 下ノ二丁

火山旅 下ノ十九

風山漸 下ノ十七

艮為山 下ノ十六

澤山咸 下ノ一丁

雷山小過 下ノ廿四

水山蹇 下ノ七丁

地山謙 上ノ十四

○坤下卦之部

天地否 上ノ十一

火地晋 下ノ四丁

風地觀 上ノ十八

山地剥 上ノ二十

澤地萃 下ノ十一

雷地豫 上ノ十五

水地比 上ノ八丁

坤為地 上ノ二丁

古屋鉏武亥
方乾神カ古
井靈泉璋
治雖ニ夜車王日
中重症ニ於テ
重リハ之
女雞斂ニシ
外ハ炎ヨリ
病証ノ類
傷寒ノ類

占病軌範卷之一

鶴洲井上主殿教親　著
男　觀國孟光　校

橫田知幸　持

☰ 乾為天

乾ハ陽ニシテ病多《オホク》ハ表ニ在《アリ》テ頭《ツ》痛《ツウ》發《ホツ》熱《ネツ》惡《オ》寒《カン》或ハ腹《フク》痛《ツウ》浮《フ》《ウキ》腫《シユ》骨《コツ》《ホ子》節《セツ》《フシ》疼《トウ》《イタミ》痛《ツウ》筋《スヂ》攣《レン》急《キウ》《ヒツハル》アルベシ蓋《ケダシ》純《ジユン》陽ノ卦義ナレバ陽氣盛《サカン》ナルヲ以テ外《グワイ》見《ケン》ハ輕《カロ》キニ見エ陽進《スヽ》メバ病亦隨《シタガフ》テ進《スヽ》ム陽常《ツネ》ニ安《アン》靜《セイ》ナラズ病必《カナラズ》動《ドウ》氣《キ》アルベシ又心《シン》氣《キ》鬱《ウツ》滯《タイ》ノ意《イ》アレバ必物《モノ》ニ忌《イミ》嫌《キラフ》ヒアルベシ又陽有《ユウ》餘《ヨ》《ヨケイ》ナレバ陰必不《フ》足《ソク》ニシ

テ浮腫痰《タン》飲《イン》等ノ変ヲナシ婦人ハ經水《ケイスイ》不順《フジユン》ニシテ腹《フク》《ハラ》滿《マン》《ハリ》血《ケツ》脹《チヤウ》等アラン夏時此卦ヲ得《ウ》レハ多ク金氣ニ因《ヨ》ルノ證《シヤウ》アリ難《ナン》治《ヂ》ノ患《ウレヒ》トス秋ノ時ハ病劇《ゲキ》症《シヤウ》タリ圧遂《ツイ》ニ痊《イユ》ベシ土用ニ得レハ平也トス◉初変風寒ニ因デ氣上衝《ジヤウセウ》《ノボセ》シ四《シ》肢《テアシ》微《ビ》《スコシ》冷《レイ》《ヒエ》或ハ足酸《サン》痛《ツウ》等アルベシ○二変熱《ネツ》壯《サカン》ニシテ煩《ハン》渇《カツ》《モダエカハキ》シ口苦《ニガ》ク胸《ケウ》《ムネ》脇《ケウ》《ワキ》苦滿《マン》飲《イン》食《シヨク》無味《アヂ》大小便不利シテ足ニ難アリ治ヲ誤《アヤマ》レバ命危《アヤフ》シ蓋血《ケツ》症《セウ》ノ患《ウレヒ》アルベシ○三変疼咳《ガイ》《セキ》アリテ腰《エウ》《コシ》脚《キヤク》冷《レイ》《ヒエ》痛《ツウ》《イタミ》シ又下《ゲ》利《リ》《クダリ》アルベシ○四変心下痞《ヒ》シテ微《ビ》《スコシ》痛《ツウ》或ハ腹《ハラ》拘《コウ》急《キウ》シテ積塊《シヤククワイ》アルベシ●

五変熱《ネツ》氣《キ》盛《サカン》ニシテ逆上《キヤクジヤウ》シ胸《ケウ》背《ハイ》及ヒ眼《ガン》目《モク》痛速ニ
不施治ハ危シ重病急證五日ノ後或ハ丙丁日
五ケ月ニ至テ危シ吐《ト》血《ケツ》痰《タン》血《ケツ》ノ患アリ○上変咳《カイ》
嗽《ソウ》嘔《アウ》吐《ト》アリテ軽《カロ》カラズ遂《ツイ》ニ危《キ》篤《トク》ノ證ニ至ル此
頭痛壯《サウ》熱《ネツ》ニ因《ヨツ》テ諸《シヨ》症《セウ》ヲ変出ス

䷁

坤為地　地神ニ宗離別ノ怨ミ女カ十五日ニ乳有　厄家ニケ所崇リ

脾《ヒ》胃《イ》ノ虛《キヨ》ナルニ因テ飲《イン》食《シ》渋《ジウ》滞《タイ》シテ腹《ハラ》脹《ハリ》二便《ベン》通
利セズ是多ク濕《シツ》氣《キ》ヲカスル症或ハ身ニ班《ハン》点《テン》ヲ
生ズルコトアリ又四《シ》肢《シ》沈《チン》重《ヂウ》婦《フ》人《ジン》ハ血分ニ不足ア
リテ病必重シ男女トモ微《ビ》黄《クハウ》微《ビ》黒《コク》ニシテ多ク難《ナン》治《ヂ》

ノ證○初変肝氣《カンキ》壮《サカン》ナル故ニ物ニ就《ツイ》テ性急《セイキウ》ナリ又肝亢《カンカウ》リテ身体《シンタイ》拘急《コウキウ》シ微《ビ》痛《ツウ》ス此本《モト》肝木《カンボク》脾《ヒ》土《ド》ヲ剋スル故ニ病必再發《サイホツ》ノ患《ウレヒ》アリ急ニ治療《レウ》ヲ加ヘレハ重病ニ至ル春時得レハ筮危シ○二変濕熱《シツネツ》脾腎《ヒジン》ヲ犯《ヲカ》シ或ハ楊梅瘡《ヤウバイサウ》又雁《ガン》來瘡《ライサウ》ノ類大小便共ニ澁《シブ》ル意又大便ニ血ヲ帯《オブ》ルヿアルベシ○三変氣内ニ鬱《ウツ》スル是ヲ以テ項背《コウハイ》拘急《コウキウ》メ痛《イタ》ミ肩膊《ケンハク》及ヒ又腰脚《ヤウキヤク》牽引《ケンイン》又腫脹《シユチヤウ》或ハ身体痿痺《イヒ》ス○四変肝積《カンシヤク》ニ因《ヨツ》テ氣脇下《ケウケ》ニ拒《コバ》ミ筋掣痛《セイツウ》ス婦人ハ血積《ケツシヤク》血塊《クワイ》總シテ血分ノ患《ウレヒ》重病急症四日ノ後或ハ甲乙ノ日

或ハ寅卯ノ日或ハ四ケ月至テ危シ○五變胸滿《キヤウマン》《ムネミチ》シテ下部《ゲブ》虛《キヨ》シ氣血調和《チヤウクワ》セズ《トトノハズ》又肩背《カンセ》ニ癰腫《ヨウシユ》ノ類ヲ發スル等ノヿアリ是皆氣血乏《トボ》シキニ因ル遠ニ可施治《ホドコスヘシ》○上変頭痛《ツツウ》眩暈《ケンウン》《メマイ》痃癖《ケンベキ》或ハ中風半身不遂又上逆《ジヤウギヤク》《ノホセ》下虛《カキヨ》《シモムナシ》ノ症アルベシ病不輕《カラ》医ヲ轉《テン》シテ吉

䷂　水雷屯○長袖怨蛇夫カ十九日佛ノ崇リ家内ノ虫虫等有肝《カン》氣《キ》亢《タカブ》リテ氣鬱塞《ウツソク》《フサキ》シ息《イキ》短促ニシテ物ニ怒《イカ》リ或ハ悲《カナシ》ミ又勞咳《ラウガイ》ノ證《シヤウ》或ハ小便澁《シブ》リ大便時トシテ下利《クダリ》シ又秘《ヒ》澁《ジウ》《シブリ》シ或ハ脹滿《チヤウマン》ノ類又瘡《サウ》毒《ドク》瘡疥《カウカイ》《カユカリ》虫積《チウシヤク》《ムシ》

便膿血《ベンノウケツ》婦人ハ經水《ケイスイ》不順《フジユン》シ又産後《サンゴ》ノ患ヒ及上部《ブ》ニ於テ頭痛《ヅツウ》眼目《ガンモク》ノ患ヒアラン夏時ハ雨湿《ウシツ》或ハ夜陰《ヤイン》ノ濕《シツ》氣《キ》ニ冒《ヲカ》サレ冬ハ寒冷《カンレイ》ニ感《カン》メ發《ハツ》シ難ムトス○初变脾胃《ヒイ》不和《フワセズ》シテ大小便渋《シブ》リ滞《トヾコホ》ル但湿氣《シツキ》ヲカヌル故下部《ゲブ》ニ痛痒《イタミカユガリ》等アルベシ○二変痰喘《タンゼン》急迫《キウハク》及ビ骨節疼痛《コツセツトウツウ》《ホネフシウツキイタム》アリテ危證《キセウ》《アヤウキ》ノ兆秋時ハ重シ重病急症ハ二日ノ後或ハ庚辛ノ日又申酉ノ日二ケ月ニ至テ危シ○三変時々發熱《ホツネツ》有テ氣虚《キキヨ》ニ属《ゾク》スル證軽《カロ》キニ似《ニ》テ不軽《カロカラズ》大便秘結《ヒケツ》等アルベシ或ハ吐《ト》血《ケツ》下血《ゲケツ》ノ患アルベシ○四変腹脹《フクチヤウ》《ハラハリ》アリテ時ニ腹

拘《コウ》急《キウ》《ヒツハ》メ痛《イタ》ム尤痰《タン》飲《イン》ヲ夾《ハサン》テ不軽《カロカラズ》時已《スデ》ニ秋ナレハ治スルヿ難《カタ》シ重病急症四日後或ハ四ケ月ニ全テ危シ或ハ庚辛ノ日申酉ノ日危シ◯五変病再《サイ》發《ホツ》アリ𪜈頓《トン》ニ治ス◯上変風《フウ》邪《ジヤ》ノ證ニ氣《キ》虚《キヨ》ヲカ子タリ或ハ頭《ヅ》痛《ツウ》或ハ腰《ヨウ》足《ソク》《コシアシ》ノ痛《イタミ》アルベシ

䷃ 山水蒙 丑寅ノ方佛八十七日祟リ有影者又ハ人ノ怨ヲ

心氣鬱《ウツ》悶《モン》《モダエ》シテ氣《キ》血《ケツ》循《ジユン》環《クワン》セズ四肢《テアシ》沈《チン》《モク》重《ヂウ》シ痛ミアルベシ又風《フウ》寒《カン》湿《シツ》ノ時氣ニ冒《オカ》サレ飲《イン》食《シヨク》心下《ムナサキ》ニ在テ消《セウ》化《クハ》《コナレズ》セス故ニ胸《ケウ》《ムネ》腹《フク》《ハラ》満《マン》《ミチ》シテ逆《ギヤク》上《ジヤウ》《ノボセ》シ因テ眼赤《アカク》澁《シブル》トス此病急ニ不治此人物ニ好《スキ》嬚《キラヒ》アリテ食ニ過

不及《フギウ》アリ全ク脾腎《ヒジン》ニ湿氣《シツキ》ヲ蓄《タクハ》フ故ニ目昏《メクラク》耳鳴《ミヽナル》等ノ諸症ヲカ子患フ此卦象瘡毒《サウドク》ハ不全痊《スベクツイヘ》故ニ毒氣内ニ凝滞《ギヤウタイ》シテ遂《ツイ》ニ腫塊《シユクハイ》ヲナシ膿血《ノウケツ》出テ久シテ不痊《イエズ》逆上《ノボセ》強《ツヨ》ク耳鳴《ミヽナリ》頭痛耳聾《ツンボ》等ノ證トナル慎《ツヽシミ》テ治怠《ヲコタ》ルヿ勿《ナカ》レ○初変痰飲《タンイン》咳嗽《ガイソウ》シテ咽中《ノント》不利又足痛《ソクツウ》ヲナス沮シ服薬《フクヤク》応《オフ》シガタシ或ハ嘔吐《ヲフト》シテ足微冷《ビレイ》スルヿアリ○二変熱《ネツ》ノ往来《ワウライ》アリテ上衝《ジヤウセウ》シ足痿痠《イサン》シテ下部《ケブ》ノ患《ウレヒ》内虚《ナイキヨ》ニシテ上盛《サカン》トナルノ症蓋シ重病急症ハ二日ノ後或ハ二ヶ月ニ至テ危シ或ハ戊己日未申ノ日危シ○三変風《フウ》

湿《シツ》ノ気ヲ畜《チク》ミ身体倦《ケン》憊《ハイ》腰《ヨウ》脚《キャク》拘《コウ》攣《レン》シテ痛ム
ヲ轉《テン》シテ可也又二便不《フ》利《リ》シテ腰足浮腫アル、
シ重病急症三日ノ後或ハ三ケ月ニ至テ危シ○
四変肩《ケン》背《ハイ》強《キャウ》急《キウ》シ又腹《フク》痛《ツウ》ス又心《シン》気《キ》鬱《ウツ》塞《ソク》シテ眼目
赤ク耳《ミ》鳴《ナル》等ノ上部ニ難《ナヤ》ミアルベシ○五変痰《タン》涎《エン》
アリテ熱《ネツ》ニ発《ホツ》止《シ》アリ又胸《ケウ》膈《カク》痞《ヒ》塞《ソク》シテ不快風邪
ヲカ子タル症タリ○上変骨《コツ》節《セツ》軟弱ニシテ頭重
シ或ハ湿《シツ》気《キ》膿《ノウ》血《ケツ》脾《ヒ》腎《ジン》ノ症重病急症六日ノ後或
ハ六ケ月ニ至テ危シ或ハ戊己ノ日或ハ未ノ日
危シ

水天需　児霊カ古ヌ物常時々目ヲ煩古并障

氣《キ》欝《ウツ》氣《キ》積《シヤク》又酒ノ為ニ病ヲ發《ハツ》ス熱《ネツ》ニ發《ホツ》止《シ》アリテ發スルトキ狂言《ケウゲン》忘語《モウゴ》顛《テン》狂《キヤウ》ノ如ク小便淋瀝《リンレキ》ノ患アルベシ婦人ハ氣血虚《キヨ》衰《スイ》ノ證アレハ急ニ可慎也遲《ヲソ》ケレバ死證ニ至ル又水《スイ》腫《シユ》ノ意アリテ難治蓋シ此卦ニ於ケル宿飲《シユクイン》停《テイ》水《スイ》雨《ウ》湿《シツ》寒《カン》邪《ジヤ》ノ為ニ破《ヤブ》ラレ痰喘《タンゼン》留飲《リウイン》アリテ勞《ラウ》證ニ似《ニ》テ長病難《ナ》治ノ意アリ○初変陽氣乏《トボ》シク陰氣壯《サカン》ニシテ足《ア》脚《シ》ニ難ミ風邪ヲカ子後脚氣《カツケ》ニ屬《ゾク》ス蓋シ初二三変危《アヤウ》シ重病急症三日ノ内或ハ三ヶ月ニ至テ危シ○二

変発熱《ネツ》アリテ気上衝《ジヤウセウ》《ノボセ》シ大便秘《ヒ》シテ渇《カツ》ス常ニ心氣ヲ労《ラウ》スル人ハ病難治《レ》壮弱《ザウジヤウ》《ワカキ》ノ人ハ色情《シキジヤウ》ニ氣ヲ感《カン》シテ内虚《ナイキヨ》ニ属《ゾク》ス老人ハ心氣虚《キヤヨ》ナリ○三変腰《エウ》痛《ツウ》《イタミ》シテ手足《シユソク》《テアシ》冷《ヒヘ》或ハ湿家《シツカ》ノ人痼疾《コシツ》筋骨《キンコツ》《スヂホ子》痛《イタ》ンテ危キニ逆シ又下利《クダリ》アルベシ或ハ痰咳《タンガイ》《セキ》ノ患咽喉《インカウ》《ノンド》口中ノ痛等アルベシ○四変痰喘《タンゼン》急迫《キウハク》又胸脇《ケウケフ》《ムネワキ》苦満《クマン》心下《シンゲ》痞鞕《ムナモト》或ハ浮腫《フシユ》《ウキ》アリテ病不《レ》軽《カロカラ》重病急症四日ノ後或ハ四ケ月ニ至テ危シ○五変食滞《シヨクタイ》或ハ湿ヲカ子固《モト》ヨリ体《タイ》気虚《キキヨ》スル證アレバ老医ヲ乞《コフ》テ可《レ》得《ウ》治《ヲ》○上変心気鬱滞《ウツタイ》シテ労咳《ラウガイ》ノ如ク長病ナ

ルベシ或ハ風邪《フウジヤ》ヲカ子テ頭痛アルベシ、婦人ハ
経水《ケイスイ》ノ滞《トゞコホリ》アリ

天水訟 七九日靈カ目に一人ノ怨ミニ有又隨神祟有

氣ノ為ニ被觸冒頭痛《ヅツウ》發熱《ホツ子ツ》往来寒熱《カン子ツ》又宿《シユク》
痰ノ類、婦人《フジン》ハ経水《ケイスイ》不順《フジユン》ニシテ氣血《キケツ》ノ虚《キヨ》アリ又
酒毒《シユドク》及ビ膿血《ノウケツ》ノ患ヒ或ハ心腹《シンフク》疼痛《トウツウ》眼目《ガンモク》昏《クラ》ク或
ハ腰下《ヨウカ》ノ病腫物《シユモツ》又氣欝《キウツ》ノ兆アルカ何レ難治ノ
證○初変痰咳《タンガイ》急迫《キウハク》ノ證骨《ホ子》節《フシ》痛《イタ》ミ四支《シ》冷テ危難
ニ迫シ○二変上逆《ギヤク》シテ下虚《カキヨ》シ胸《ケウ》中不利足軟弱《ナンジヤク》
ノ證或ハ足痿《イ》痠《サン》総《スベ》テ氣血不順《フジユン》○三変傷寒時疫

ノ類大小便不利ニシテ浮腫《フシユ》ノ患《ウレヒ》或ハ腰足《コシアシ》ノ痛《イタ》ミ

アリ婦人ハ經水《ケイスイ》不順ニシテ既《スデ》ニ娠身《ニンシン》ノ如シ

四変臍下《サイカ》ニ有毒《リドク》テ難《ナヤ》ミ或ハ拘急《コウキウ》ス〇五変發熱

上衝《ジヤウセウ》ノ證アレ𪜈治シ易《ヤス》シ然𪜈胸痛《ケウツウ》ノ患アレハ

重病ノ兆〇上変身痛ミ大ニアレ𪜈後病治

スベシ又頭痛《ツウ》痰咳《タンガイ》アリ壮若《サウジヤク》ノ人ハ冷濕《ヒエシツ》ヲカ子

テ首《クビ》或ハ咽喉痛或ハ身體《シンタイ》カラミテ痛《イタ》ムベシ老

人ハ氣《キ》血虚《ケツキヨ》衰《スイ》ノ症タリ

䷆ 地水師 月中旬ニ墨而地ノ争濘ノ怨 家ニ起トメ罷又人ノ怨ミ有

心氣鬱結《ウツケツ》シテ氣下陥《カカン》シ脾腎虚《ヒジンキヨ》シテ手足痿レ

腹《フク》《ハラ》時ニ痛《イタ》ミアリ湿氣《シツキ》ヲ兼《カヌ》ルガ故ニ瘡毒《サウドク》膿血《ノウケツ》ノ患《ウレヒ》アリ小児ハ蟲症《チウシヤウ》老人ハ身体《シンタイ》痿痺《イヒ》アリテ中氣ノ婦人ノ血分《ケツブン》ノ難《ナン》ミアリ○初変痰飲《タンイン》四支《テアシ》厥冷《ケツレイ》或ハ疼痛《トウツウ》《ウヅキイタミ》ス老人ハ軽《カロ》カラズ或ハ口中咽喉《ト》ノ痛《イタ》ムヿアルベシ○二変脾虚《ヒキヨ》腎虚《ジンキヨ》シテ血液《ケツエキ》不行《メグラズ》身体四支《テアシ》ニ痺《シビ》レアリ補益《ホエキ》ノ剤《ザイ》ニ宜《ヨロ》シ老人ハ死ニ至ル○壮者《ワカキヒト》ハ虽痊《イユルト》必長シ重病急症二日ノ後或ニケ月ニ至テ危シ或ハ戊己ノ日或ハ辰未戌丑ノ日危シ○三変風湿《フウシツ》ノ患《ウレヒ》又眩暈《ケンウン》アリ又腰脚《エウキヤク》牽引《ケンイン》シテ痛ミ或ハ浮腫《ウキ》有ベシ危キニ至ル○四変湿《シツ》

氣ヲ帯《ヲビ》積《シヤク》氣《キ》疝《セン》氣《キ》腹《ハラ》痛《イタミ》遂《ツイ》ニ塊《クハイ》《カタマリ》物《ブツ》ヲ生シテ時々發《ハツ》動《ドウ》シテ痛《イタ》ム○五变心《シン》痛《ツウ》膿《ノウ》血《ケツ》ノ患ヒ又水《スイ》《ミツ》瀉《シヤ》《クダリ》等アルベシ湿《シツ》氣《キ》痼《コ》疾《シツ》ニ類ス或ハ耳目ノ患ヒ或ハ癰疔《テウ》ノ患アルベシ○上变氣《キ》鬱《ウツ》シ朦《モウ》々トシテ頭《ヅ》面《メン》重ク手足痛ミ眼《メ》昏《クラ》ミ耳《ミヽ》鳴《ナル》等此多クハ湿《シツ》熱《ネツ》ヲカ子テ病危《アヤフ》シ

䷇ 水地比 四足十四貫八日ニ霊家艮井ノ宗

脾《ヒ》腎《ジン》虚《キヨ》裏《スル》シ血《ケツ》氣《キ》不《フ》順《ジユン》ナル故身《シン》体《タイ》四《テ》支《アシ》痿《イ》弱《ジヤク》ス又上《ジヤウ》實《ジツ》《カミミチ》下《カ》虚《キヨ》《シモムナシ》ヨリ痞《ヒ》積《シヤク》動《ドウ》氣《キ》ノ患ヒ或ハ心《シン》《ムネ》腹《フク》《ハラ》痛ミ又湿《シツ》氣《キ》ヲカ子テ膿《ノウ》血《ケツ》《ウミチ》ノ證又眩《ケン》暈《ウン》痰《タン》咳《ガイ》總《ソウ》シテ一身

乍《タチマ》チ腫乍チ減《ゲン》ズ是全ク脾氣《ヒキ》ノ不足《フソク》ニヨル補益《ホエキ》シテ可治《ナヲス》若保護《ホゴ》ヲ誤《アヤマ》レハ危キニ至ル○初変手足拘攣《コウレン》シ痛《イタ》ム此肝氣《カンキ》勝《カチ》テ体《タイ》衰《ヲトロ》ヘ一旦《タン》ハ病症進《スヽ》ムノ兆《キザシ》春時ハ危シ又甲乙或ハ寅卯ノ日危シ一旬《シユン》ニシテ変アラン○二変瘡毒《サウドク》腫物《シユモツ》膿血《ノウケツ》《ウミチ》ノ證或ハ泄瀉《セツシヤ》《ハラクダリ》シテ手足微冷《ビレイ》シ痼疾《コシツ》アリテ足痛ム○三変肩背《ケンハイ》強急《コウキウ》《カタセコハリイタミ》シ腰脚《コシアシ》ノ患アリテ所謂亀背《セムシ》ノ如ク膝行《シツカウ》《イザリ》シテ病長シ或ハ痰咳《タンガイ》ノ患アリテ心下ニ拒《コバ》ミ難《ナヤ》ム○四変心下《シンゲ》痞《ヒ》《ムナツカエ》シ停食《テイシヨク》《シヨクモタレ》痰咳《タンガイ》ノ患ヒアレ圧西方ノ医ヲ乞《コイ》服薬《フクヤク》スレバ遠カラズシテ治スベ

シ○五変心《シン》《ムナイタミ》痛《ツウ》虚《キヨ》症《シヤウ》陽《ヤウ》気《キ》遠《トホ》シク或ハ胸《ケウ》背《ハイ》手《テ》臂《ヒヂ》痛ミ眼目昏《コン》潰《クハイ》《クラハ》メ病危シ○上変頭《ヅ》痛《ツウ》眩《ケン》暈《ウン》《メマイ》アリテ起《タテ》バ眼昏《コン》迷《メイ》《クラク》シテ物ヲ見テ分《フン》明《ミヤウ》ナラズ重病急症五日六日ノ後危シ或ハ甲乙寅卯ノ日病変《ヘン》アリ

䷈

風天小畜四書ノ死佛祟リ逝亡人ノ怨虫風ニ目祟積《シヤク》気《キ》留《リウ》飲《イン》ニ因《ヨツ》テ心《シン》胸《ケウ》ヲ塞《フサ》ギ腹《ハラ》及ビ胸中《ムネノウチ》痛《イタ》ミヲナシ或ハ拘《コウ》急《キウ》《コリヒハリ》シ心煩シテ息《イキ》促《ツツ》迫スマタ痰飲有テ大小便不《ズ》快《クワイ》利《リ》遂《ツイ》ニ浮《フ》腫《シユ》ノ患ヒトナル婦人ハ血《ケツ》塊《クハイ》血《ケツ》積《シヤク》四《シ》支《テアシ》沈《チン》重《ヂウ》《ヲモク》メ掣《セイ》痛《ツウ》《ヒキイタミ》アルベシ○初変腰《エウ》足《ソク》《コシアシ》拘《コウ》急《キウ》《ハリ》シテ痛ム又外邪《グハイジヤ》ノ雑ミ痛《ツウ》風《フウ》脚《カツ》気《ケ》ノ類或ハ風《フウ》

痧小児ハ疳《カン》蟲《チウ》○二変發《ホツ》熱《子ツ》頭《ヅ》痛《ツウ》大便秘《ヒ》結《ケツ》小水《シヤウベン》赤《アカ》
ク渋《シブ》リ食《シヨク》穀《コク》無味《アヂ》シテ危キノ證重病急症ハ二日
ノ後或ハ丙丁ノ日或ハ二ヶ月ニ至テ危シ婦人
ハ懐《クハイ》妊《ニン》ノ如シ○三変痰《タン》或ハ咳《セキ》アリテ腰《コシ》冷《ヒエ》痛ミ
或ハ浮腫ノ症アルベシ婦人妊《ニン》身《シン》ノ兆益シ男女
𪜈留飲ノ症○四変腹《フク》満《マン》シ時トシテ痛《イタ》ミ腹《フク》内《ナイ》動《ドウ》
氣《キ》或ハ身ニ浮《ウ》腫《キ》アリテ難治○五変頭《ヅ》面《メン》重《オモ》ク心
胸痛ミアリ痃《ケン》癖《ペキ》或ハ積《シヤク》聚《ジユ》ノ患アリテ危《アヤウ》シ○上
変寒《カン》熱《子ツ》アリテ氣《キ》鬱《ウツ》ス或ハ頭《ヅ》痛《ツウ》病軽《カロ》キニ似《ニ》テ危《アヤフ》
シ

䷉　天澤履　高神宗六日ニ霊親翫ヲ編ミ成京信辰ニ祀ル

痰《タン》欬《カイ》頭《ヅ》痛《ツウ》或ハ中《チウ》暑《シヨ》中《チウ》寒《カン》又夜《ヤ》陰《イン》湿《シツ》ニ冒《オカ》サレ形《ケイ》体《タイ》痛ミ寒《カン》熱《ネツ》往来アリテ咽乾《ノンドカハ》キ鬱《ウツ》々《ク》トシテ心気不爽又胸《ケウ》中《チウ》不利《リセズ》婦人経《ケイ》行《カウ》不《フ》順《ジユン》ニシテ病危《キ》篤《トク》ナリ

○初変四《シ》支厥《ケツ》冷《レイ》シ泄《セツ》瀉《シヤ》或ハ裏《リ》急《キウ》後《コウ》重《ヂウ》アリテ痢《リ》疾ノ兆或ハ足痛湿気ノ症○二変頭重《オモ》ク胸《ケウ》腹《フク》動悸《キ》アリ気ヲ塞《フサ》ギテ気《キ》下《カ》降《カウ》セズ足痛《ツウ》或ハ肝《カン》気《キ》ノ患ニシテ危《キ》症《シヤウ》タレモ天命神徳ヲ仰《アフ》ギ禱《イノリ》テ吉○三変大便不《フ》利《リ》シテ腰《エウ》脚《キヤク》冷《レイ》痛《ツウ》浮《フ》腫《シユ》シテ不治ノ症ニ至ル○四変發《ホツ》熱《ネツ》留《リウ》飲《イン》等ノ難ミ或ハ心《シン》下《ゲ》ニ拒《コ》

或ハ拘急《コウキウ》或ハ浮腫《フシユ》ノ症婦人ハ懐妊《クワイニン》ノ兆タリ速《スミヤカ》ニ不ㇾ治ハ危キニ至ル○五変逆気《ギヤクキ》上升《ジヤウセウ》シ頭痛《ヅツウ》壮《サカン》熱《ネツ》心煩《シンハン》腹満《フクマン》シテ拒《コバ》ミ痛ム或ハ瘀《ヲ》血ノ症アリテ医薬応《オウ》シ難《ガタ》シ医ヲ転《テン》スルカ薬方ヲ転《テン》シテ吉病軽《カロキ》ニ似テ危シ重病急症五日ノ後或ハ丙丁ノ日或ハ巳午ノ日或ハ五ケ月ニシテ危シ蓋シ眼気ヲヤムモアリ○上変痰《タン》欬《セキ》喘息《ゼンソク》ニメ呼《コ》吸《キウ》短《タン》促《ソク》又頭痛等アルベシ軽症《カロキシヤウ》ニ似《ニ》テ不ㇾ軽

䷊ 地天泰 吉ニし伴腐ㇾ女ノ祟動土五黄出ㇾ

氣虚《キキヨ》ニ属《ゾク》シテ寒熱《カンネツ》往来腹皮《フクヒ》拘急《コウキウ》シ或ハ腹満《フクマン》又

ハ腰下《エウカ》重《オモ》ク此軽症《カルキセウ》ニ似《ニ》テ軽《カロ》カラズ○初変逆上《ノボセ》眩暈《ケンウン》アリテ足《アシ》拘痛《カウツウ》ス此痛風《ツウフウ》ノ類ニシテ不施治《セヂ》バ危キニ至ル○二変壮熱《サウネツ》シテ口《クチ》煩渇《ハンカツ》シ大便《ダイベン》結《ケツ》シ或ハ痰血《タンケツ》ノ患ヒアルカ湿気《シツキ》瘡毒《サウドク》ノ難《ナヤ》ミアルベシ病急ナレハ三日或ハ三ケ月ニ至テ不治ノ症ヲ見《アラハ》ス丙丁ノ日或ハ巳午ノ日危シ○三変脇《ケウ》下《カ》苦《ク》煩《ハン》痰咳《タンガイ》或ハ腰冷痛《レイツウ》ス然レモ可痊《レユ》○四変肝《カン》気《キ》盛《サカ》ニシテ逆上強《ギヤクジヤウツヨ》ク胸脇苦満又積聚《シヤクシユ》ノ兆○五変胸満《ケウマン》シテ氣ヲ塞《フサ》キ又留飲《リウイン》ニシテ所謂気鬱労《キウツラウ》咳《ガイ》ノ如シ治ヲ怠《オコタ》レバ不治《フチ》ノ症ニ至ル○上変頭《ヅ》

面《メン》重ク痃癖《ケンペキ》ノ患アリ又腹満《フクマン》シテ時々痛《イタ》ミ心気塞《フサキ》テ鬱《ウツ》々トシテ爽《サハヤカ》ナラズ故ニ病不軽《カロカラ》

䷋

天地否　月中佛刀住居下ニ男物ら山水ら又土神崇り

気《キ》血《ケツ》鬱蒸《ウツジヨウ》シテ不順《ジユンクワン》環《セズ》気上焦《ジヤウセウ》ニ凝結《ゲウケツ》シテ痞悶《ヒモエ》食スレハ心下ニ在テ胃口《イコウ》ヲ塞《フサ》グ総《サウ》ジテ上実《ジヤウジツ》下虚《カキヨ》シテ頭面《ヅメン》重《オモ》ク又宿疾《シユクシツ》ノ兆《テウ》婦人ハ経閉《ケイヘイ》血《ケツ》枯ノ症アリテ身痛《イタ》ミ手足掣痛《セイツウ》シテ口中ニ引キ腹中《フクチウ》動《ドウ》気《キ》アリテ心不安静《アンセイナラ》故ニ怔忡《セイチウ》又驚悸《キヤウキ》ノ雑ミアリ

○初変足《アシ》牽引《ヒキツリ》シテ痛《イタ》ミ是肝気《カンキ》亢《タカ》ブルノユヘナリ春時ハ危シ甲乙或ハ寅卯ノ日ニ至テ危シト

児ハ疳驚風《カンキヤウフウ》○二変下痢《ハラクダリ》或ハ腫物《シユモツ》又足脛《アシコブラ》膝《ヒザ》ノ痛《イタミ》○三変手足及ビ腰間《コシマハリ》ニ雑《ナヤ》ミアリ或ハ一ニ使ノ通利アシク或ハ中風ノ患アリ○四変風邪ヲカ子積気《シヤクキ》心下ニ上攻《ジヤウコウ》シ又眩暈《ゲンウン》等アリテ癆《ロウ》症トナル四日後或ハ四ケ月ニ至テ危シ○五変心《シン》熱《子ツ》薫《クン》灼《シヤク》シテ火ノ如ク既《ステ》ニ傷寒《シヤウカン》時疫《ジエキ》甚キハ上逆《ノボセ》ツヨク目痛《イタ》ミ劇《ハゲシ》キニ至テハ吐血《トケツ》アリ夏時ハ霍乱《ラン》転筋《テンキン》ノ症《シヤウ》ニシテ甚《ハナハダ》危《アヤウ》シ小児ハ疱瘡《ホウサウ》ノ兆或ハ大人小《セウ》児《ニ》目ヲ患ルアリ○上変食ノ鬱滞《ウツタイ》又痰飲《タンイン》或ハ頭《ヅ》痛《ツウ》嘔吐《ヲウト》咳嗽《ガイソウ》ノ患アリ速《スミヤカ》ニ医《イ》ヲ求レハ頓《トン》ニ治ス

べし

䷌ 天火同人

發《ホツ》熱《ネツ》頭痛《ツウ》アリテ時《ジ》疫《エキ》温《ウン》病《ビヤウ》ノ類又肺《ハイ》熱《ネツ》痰《タン》火《クハ》ニ属《ゾク》スル症或ハ心《シン》氣《キ》ノ労《ツカレ》ニ因《ヨツ》テ氣《キ》血《ケツ》両《リヤウ》虚《キヨ》シテ心腹《シンプク》微《ビ》喘《ゼン》シ痞《ヒ》シテ苦《クルシ》ムコレ上《カミ》實《ジツ》スレバ下《シモ》虚《キヨ》シテ大便結《ケツ》燥《サウ》小水渋《シブリ》テ飲《イン》食《シヨク》無味《アヂ》食スレバ乾《カン》嘔《ヲウ》シテ胃中ニ受《ジユ》容《ヨウ》シ難《ガタ》シ病大ニ危シ小兒痘《トウ》疹《シン》ノ初《シヨ》發《ホツ》或ハ時《ジ》候《コウ》ノアタリ婦人ハ經《ケイ》行《カウ》ノサワリ又吐《ト》血《ケツ》下血ヲ可畏何レ不軽《カル》ノ症○初変湿《シツ》氣《キ》ヲ帯《オビ》テ足拘《コウ》痛痿痺ス○二変大便秘《ヒ》シ小便渋《シブ》リ浮《フ》腫《シユ》又痰《タン》喘《ゼン》

アリテ多ク難痊或ハ足痛アリ必死ニ至ル十日或ハ二ケ月ニシテ危シ○三変肝《カン》氣《キ》亢《タカブ》リ怒《ド》《イカル》氣《キ》強《ツヨ》ク腰《エウ》《コシ》脚《キヤク》《アシ》攣《レン》《ヒツハリ》急《キウ》シテ屈《クツ》《カガミ》伸《シン》安カラズ是危《キ》篤《トク》ノ症ニ似タレ𪜈治ヲ加レハ一旦《タン》ハ可痊《イユ》○四変風《フウ》邪《ジヤ》ヲカ子テ熱《ネツ》有《アリ》且《カツ》臍《サイ》腹《フク》痛ミ婦人ハ妊《ニン》孕又氣《キ》積《シヤク》ノ類ニシテノ危キニ似テ可得治ヲ○五変火《クハ》熱《ネツ》盛ニシテ胸膀ニセマリ氣《キ》逆《ギヤク》上《ジヤウ》シテ如狂《キヤウ》危シト雖𪜈治ス時疫《エキ》霍《クハク》乱《ラン》ノ症アリテ危シ或ハ眼《ガン》目《モク》ノ患アリ○上変氣《キ》上《ジヤウ》《ノボセ》衝《セウ》シテ心煩《ハン》ス是《コレ》軽《カロ》カラズシテ難《カタシ》痊毉《イ》ヲ転《テン》シテ吉必痰《タン》嗽《ガイ》或ハ嘔《ヲウ》吐《ト》《エヅキハク》アルベシ

火天大有　南神ノ宗古書物要爰爲方所宗

疫《エキ》毒《トク》温《ウン》病《ビヤウ》又痰《タン》ニ因《ヨリ》テ火熱《クハ子ツ》強《ツヨ》ク熱《子ツ》ニ嶡止アリ頭《ヅ》項《コウ》重ク大患ニシテ急ニ治セズ又眼《メ》シブリ或ハ吐《ト》血《ケツ》等アリテ身体《シンタイ》労倦《ラウケン》ス又水腫《スイシユ》中湿《チウシツ》中風《チウフウ》ノ類或ハ熱邪《ジヤヂツ》盛《サカン》ニシテ人ノ可験《ヲソルベキ》ノ症軽《カロ》キニ似テ雖治ノ症ニ至ル○初変風《フウ》邪《ジヤ》逆上《ギヤクジヤウ》ノ氣《キ》アリテ病轉《ヤマヒテン》変アリ右足《ウソク》又腹部《フクブ》拘急《コウキウ》アリ轉医《イシヤヲテンズ》吉ナリ急変ノ懼《ヲソレ》アルベシ○ニ変壮熱《サウ子ツ》アリテ吐《ト》血《ケツ》下血《ゲケツ》ノ血症ヲ發《ハツ》スレバ死ス二日ノ後或ハ丙丁ノ日或ハ二ケ月ノ後アヤウシ傷寒《シヤウカン》温《ウン》疫《エキ》ノ類《ルイ》夏時ハ霍乱《クハクラン》ト

ナルヘシ○三変痰飲嘔吐又腰痛《ツウ》アルベシ医薬應《オウ》ジガタシ○四変積気《シヤクキ》留飲《リウイン》又腹脹《フクチヤウ》ノ難《ナヤ》ミアリテ危シ或ハ痿痺《イヒ》トナルベシ婦人ハ血塊《ケツクワイ》脹満トナルベシ○五変眩暈《ケンウン》或ハ肺火《ハイクハ》ノ症或ハ浮腫《フキ》或ハ眼目ノ患アリ惣症ハ五日ニシテ危シ或ハ長《ナガ》シテ難治ノ症○上変逆上強《ツヨ》ク気実シテ体表フルノ症或ハ肝気《カンキ》亢《タカブ》リ時トシテハ乱症《ランセウ》ノ如シ

䷎ 地山謙合ク日上ノ伸屋論崇書緑ニ障生悤

脾胃《ヒイ》鬱悶《ウツモン》シテ食穀《シヨクコク》不化《ズクハセ》身《ミ》倦怠《ケンタイ》シテ四肢《シシ》ダルク或ハ痃癖《ケンペキ》症積《セキシヤク》腹脹《ハラハリ》脚重《アシハレテモ》クシテ有痛内熱《ナイネツ》伏陰ア

り老人ハ中気ノ類婦人ハ血分ニ属スルノ症《セウ》或ハ男身身《レン》体《タイ》痿《イ》痺《ヒ》アルベシ○初変発《ホツ》熱シテ瘡《サウ》毒膿《ノウ》血ノ患婦人ハ血症男女氏ニ命危シ小児ハ胎毒又痲疹疱《ホウ》瘡《サウ》ノ余《ヨ》毒《ドク》ニシテ危シ○二変風《フウ》邪《ジヤ》ヲ伏《フク》シ逆《ノボ》上《セ》強《ツヨ》ク足《アシ》牽《ヒキ》引《ツリ》痛又眩《メ》暈《マヒ》等アリテ九死一生ニシテ危シ重病急症ハ二日ノ後或ハ二ケ月ニシテ危シ○三変脾《ヒ》胃《イ》虚《キヨ》弱《ジヤク》ニシテ氣力《キリヨク》不調《トヽノハ》腰《コシ》痛アリ補《ホ》薬《ヤク》煉《レン》丹《タン》ヲ用テ吉○四変積《シヤク》聚《ジユ》肝《カン》氣《キ》盛《サカン》ニシテ心下ニ拒《コバ》ミ命危《アヤフ》シ重病急《キウ》症《セウ》ハ四日ノ後甲乙ノ日或ハ四ケ月ニシテ危シ婦人妊《ニン》身《シン》或ハ血《ケツ》

塊《クワイ》○五変胸《ケウ》背《バイ》及腰足ノ難ミ有リ又心気鬱《ウツ》シテ心下痞《ヒ》鞕《カウ》シ又脾《ヒ》腎《ジン》ニ湿《シツ》熱《ネツ》アルノ症故ニ壅《ヨウ》疔《テウ》ノ患有ベシ○上変頭《ヅ》重《ヲモウ》シテ四肢痿《イ》痺《ヒ》或ハ痃《ケン》癖《ベキ》ノ患甚シ

䷏ 雷地豫

精《シン》気《キ》ニ因《ヨツ》テ腹《フク》中《チウ》塊《クハイ》物《カタマリ》ヲナシ時トシテ痛ミ此脾《ヒ》腎《ジン》二《ニ》臓《サウ》ノ虚《キヨ》ニシテ若《モシ》クハ湿《シツ》ヲカヌル症ハ腰《コシ》足痺《シビレ》痛《ツウ》シ或ハ痰《タン》咳《ガイ》ヲ發シ因《イン》喉《コウ》腫《シユ》痛《ツウ》シ又一身斑《ハン》点《テン》ヲ發ス或ハ酒《シユ》毒《ドク》食《シヨク》滞《タイ》ヲカヌルヿアリ婦人血塊《クワイ》血《ケツ》積《シヤク》経《ケイ》水《スイ》ノ滞《トドコホ》リナルベシ○初変筋《スヂ》骨《ホ子》痛ミ又足麻《マ》痺《ヒ》ス或ハ肝《カン》積《シヤク》或ハ癲《テン》癇《カン》ノ如ク肝《カン》気《キ》亢リテ狂

ノ如クノ症アルベシ○二変湿《シツ》気《キ》ヲカネテ瘡《サウ》毒《ドク》ノ難《ナヤ》ミ婦人ハ産《サン》後《ゴ》又流《リウ》産《サン》ノ難《ナヤ》ミ何レ血分ニ属《ゾク》ス○三変腹《フク》中《チウ》塊《クワイ》物《ブツ》ヲ生シテ腰下重ク夏時ハ中暑《アタリ》伏《フク》陰《イン》ノ患ヒ差シ男女氏痿《イ》痺ノ患トナルベシ○四変湿《シツ》熱《ネツ》ニ因テ脾腎《ジン》虚《キヨ》衰《スイ》シテ病危シ○五変痰《タン》喘《ゼン》食《シヨク》滞《タイ》或ハ飲《イン》食《シヨク》過《クワ》度《ド》シ脾《ヒ》胃《イ》ニモタレアリ○上変心火盛《サカン》ニシテ時《ジ》疫《エキ》霍《クワク》乱《ラン》ノ類煩《ハン》悶《モン》嘔《ヲウ》吐《ト》アルベシ又瘡《サウ》毒《ドク》ノ證《セウ》小児ハ痘《トウ》瘡《サウ》ノ初熱《ネツ》婦人ハ血《ケツ》證《セウ》

䷐ 澤雷隨

二日土三日水五日術一ヲ[illegible]

陰《イン》證《シヨウ》ノ傷《シヤウ》寒《カン》或ハ常ニ多《タ》婬《イン》ニシテ色《シキ》欲《ヨク》ニ心ヲ動《ウゴ》

カシ發《ハツ》スルノ證《セウ》病軽《カロ》キニ似《ニ》テ不レ軽《カナ》或ハ疼痰盗汗《カン》又肝《カン》積《シヤク》或ハ筋《キン》骨《コツ》拘《コウ》急《キウ》シ痛ミ又心氣ヲ勞スルニ因《ヨツ》テ諸症ヲ發ス○初変湿《シツ》氣《キ》ヲ含ム故ニ足痺痛《ツウ》ス又食滞《シヨクタイ》ニ因テ脾《ヒ》胃《イ》ヲ損スレ𪜈遂《ツイ》ニ可レ癒○二変痰《タン》咳《ガイ》或ハ骨《コツ》節《セツ》痛ミ手足冷《ヒヘ》テ難《ヤ》レ治ノ症重病急症ハ庚辛或ハ申酉ノ日危シ或ハ二ケ月ニシテ危シ○三変熱ノ徃来アリテ大便結《ケツ》燥《サウ》シ口煩《ハン》渇《カツ》シテ時《ジ》疫《エキ》ノ類又吐《ト》血《ケツ》出血ノ恐《オソ》レアリ医ヲ轉シテ吉婦人ハ經《ケイ》行《カウ》ノ滞《トドコホ》リ又帯《タイ》下《ゲ》ノ證或ハ異病ニシテ轉《テン》変《ベン》スル症アリ○四変留飲腹鳴痰痛心

氣鬱《ウツ》滞《タイ》シテ冷《ヒヘ》湿《シツ》ヲ含《フク》ミ婦人ハ血虚《ケツキヨ》血滞《タイ》アリ
長ビクト虽氏治スベシ○五変肝《カン》氣《キ》亢《タカブ》リ脾《ヒ》衰《ヲトロ》ヘ
假《カリ》ニモ物ニ就《ツイ》テ怒《イカ》リ又悲《カナシン》テ心躁《サハガ》シキノ症冬春
ノ病ハ頓《トン》ニ痊《イユ》レ氏秋ノ病ハ長シテ重シ○上変
寒《カン》熱《子ツ》往来シテ頭《ヅ》痛《ツウ》如破《ワルヽガゴトク》速《スミヤカ》ニ不施《ホドコサ》治《ヲ》ハ病進《スヽン》テ難《イ》
痊《カタ》重病急症ハ六日ノ後或ハ六ケ月ニシテ危シ

䷑ 山風蠱　屋変ニ不浄有リ女ノ怨恨ト成ル事アリ

頭《ノ》項《コウ》重《オモ》ク肩《ケン》背《ハイ》強《カウ》急《キウ》腰《コシ》痺《ヒ》痛《ツウ》シテ攣《レン》急《キウ》シ盖シ血氣
ニ因テ瘡毒腫《ノシユ》物《モツ》ヲ發《ハツ》シテ腫《ハン》痛《イタ》ム然レ氏緩病ニ
メ腹中塊《クハイ》ヲ生シテ時トシテ心《シン》下《ゲ》ニ逆行シ或ハ

熱《チツ》ニ因テ蛔虫《クハイチウ》ヲ生ズ盖シ傷寒《シヤウカン》或ハ乱心トナルノ症アリ○初変形体《ケイタイ》《カラダ》手足《テアシ》ニ痛《イタ》ミアリ或ハ浮腫《ウキ》有テ難治ノ症《セウ》トナル重病急症ハ即日《ソクジツ》或ハ一月ニシテ危シ又庚辛ノ日危シ○二変四《シ》肢《シ》重ク身体痿《イ》痺《ヒ》ス此長病ニシテ不軽《カラ》○三変湿気《シツキ》膿血《ノウケツ》ノ患ヒ腰《コシ》冷《ヒエ》痛《イタ》ミ二便秘《ヒ》渋《ジウ》シテ又浮《ウキ》下《ゲ》スル时ハ痢《リ》疾《シツ》ノ如シ但シ上逆《シヤウギヤク》《ノボセ》シテ頭《ツ》重《ヲモ》リ耳鳴《ミヽナリ》目カスミ婦《フ》人《ジン》ハ産《サン》後《ゴ》又経行《ケイカウ》ノ障《サハリ》アリテ長病トナル○四変心痛《シンツウ》《ムネイタミ》ニ熱《ネツ》ノ発《ホツ》止《ヲコリサメ》アリ且逆上《カツギヤクジヤウ》《ノボセ》シテ不軽ノ症医ヲ転《テン》シテ吉○五変邪気《ジヤキ》身《ミ》熱《ネツ》シ四支《テアシ》倦惰《ケンダ》《ウミダルク》シ胸《ムネ》及ヒ

足ニ難《ナヤ》ミアリ○上変逆上《ギヤクジヤウ》シテ頭《ヅ》痛《ツウ》眩暈アリ急
ニ療《レウ》セザレバ大凶ニシテ危《アヤウ》キニ至ル

䷒ 地澤臨

痰飲アリテ咳《ガイ》嗽《ソウ》シ又心《シン》氣《キ》鬱《ウツ》シテ心《シン》下《ゲ》痞《ヒ》シ或ハ
酒《シユ》毒《ドク》或ハ氣《キ》血《ケツ》裏ヘテ腰《エウ》脚《キヤク》痛ミ總《ソウ》下《ゲ》部ノ難《ナヤミ》アル
ベシ○初変泄《セツ》瀉《シヤ》下血ノ患本《モト》冷《ヒヘ》湿ヲカスル故ニ
足ニ痛ミアリ秋ハ痢《リ》疾《シツ》證ナラン○二変病再発《サイホツ》
久氣《キ》虚《キヨ》ノ證養生悪《アシキ》トキハ病重キニ至ル唯《タヾ》肝《カン》氣《キ》
強《ツヨ》ク時トシテハ物ニ怒《イカ》リ或ハ心氣ヲイラツ○
三変腰《コシ》重《ヲモリ》シテ腹《ハラ》脹《ハリ》大便不通一身浮《フ》腫《シユ》シテ病不

軽ノ症○四変肝《カン》積《シヤク》疝《セン》積《シヤク》ノ患心《シン》下《ゲ》拒《コ》〻脇《ケウ》痛《ツウ》アレ𪜈可レ治ス○五変留《リウ》飲《イン》或ハ骨《コツ》節《セツ》疼《トウ》痛《ツウ》或ハ嘔《ヲウ》吐《ト》有テ食進《スヽ》ミガタク不《フ》治《ヂ》ノ症ニ至ル○上変頭《ヅ》痛《ツウ》肩《ケン》背《ハイ》凝《コ》リ難《ナヤム》又脾《ヒ》胃《イ》ノ虚《キヨ》アリ

䷓

風地観　十六日仲若女ノ絡を疲ニ出テ　断物ニテヨチサス神四符

積《シヤク》気《キ》又風《フウ》邪《ジヤ》ノ類気《キ》鬱《ウツ》逆《ギヤク》上《ジヤウ》頭《ヅ》痛《ツウ》眩《ゲン》暈《ウン》等又肝《カン》気《キ》亢《タカ》ブリ脾《ヒ》虚《キヨ》シテ夜《ヨル》難レ寐《子ガタキ》此上《ジヤウ》實《ジツ》シテ下《ゲ》虚《キヨ》ノ證婦人ハ血《ケツ》虚《キヨ》ノ症男女𪜈似レ軽ニテ難レ治《キ》ニ至ル○初変肝《カン》気《キ》壮《サカン》ニシテ足《アシ》痛《イタ》ミ速《スミヤカ》ニ不レ施サレ治ヲ危ニ至ル○二変下《ゲ》利《リ》又湿《シツ》気《キ》ノ類ニシテ足《アシ》脛《ハギ》ヲ痛ミアリ○三変胸《ケウ》

膈《カク》又手《テ》腰《コシ》等ノ難《ナヤ》ミ或ハ疝《セン》気《キ》ノ患腰《エウ》痛《ツウ》屈《クツ》伸《シン》ナリ難キノ症ドナル必重病ノ兆○四変心《シン》下《ゲ》痞《ヒ》シ或ハ攻《コウ》シ左ニ拒《コバ》ミ積《シヤク》気《キ》ノ痛ミ頭《ヅ》面《メン》重《ヲモ》ク下《カ》虚《キヨ》ニシテ急ニ治シ難シ○五変上《カミ》實《ミチ》下《シモ》虚《キヨ》肩《ケン》背《ハイ》痛或ハ身《シン》体《タイ》及手《テ》足《アシ》痿《イ》痺《ヒ》シ中風ノ類小児ハ脾《ヒ》虚《キヨ》シ婦人血《ケツ》虚《キヨ》何レモ危《キ》篤《トク》ノ症五日十日或ハ五ケ月ニシテ危シ○上変虚《キヨ》労《フウ》或ハ頭《ヅ》痛《ツウ》耳《ジ》目《モク》ノ患小児胎《タイ》毒《ドク》大人ハ湿《シツ》気《キ》ヲカ子或ハ瘡《サウ》毒《トク》ノ患唯《タヾ》心気鬱《ウツ》滞《タイ》シテ危《キ》篤《トク》ノ症ナリ

䷔

火雷噬嗑　曹佛比辰卯月飼和矣

心火盛ナルノ症又肝積《カンシャク》アリテ気上逆《キジャウギャク》ス或ハ
気ノ労《ツカ》レ或ハ腰《コシ》足《アシ》拘急《コウキウ》シテ痛ミ又時疫《ジエキ》ノ類血
分ノ雑ミアリ又口歯《クチハ》ノ痛《イタ》ミ等アルベシ○初変
壮熱《サウネツ》逆上既傷寒《シヤウカン》温疫《ウンエキ》ノ如ク或ハ身ニ斑点《テン》ヲ生
シ或ハ瘡毒《サウドク》膝腓等ノ痛痺《ツウヒ》アリ○二変痰咳《ガイ》嘔吐《ヲウト》
ノ症アリテ薬難應又脚膝ノ痛アリ重病急症ハ
二日ノ後或ハ二ケ月或ハ庚辛ノ日申酉ノ日ニ
危シ○三変大熱《ネツ》心煩シ大小便難通利飲食不進
外強《グワイキヤウ》ニシテ内弱《ナイジヤク》ナリ春冬ハ温病夏ハ霍乱繆ミ
テ吐血《トケツ》衄血《ハナヂ》婦人ハ血症ノ患危シ○四変腹痛《フクツウ》ア

り虚分《キヨブン》ニシテ脾気《ヒキ》不和《クワセ》餌食《ジシヨク》菜用シテ常ニ過食《クワシヨク》
スベカラス盖シ手足《テアシ》及身体《シンタイ》麻痺《マヒ》ノ症アリ○五
変大凶ニシテ危ノ症或ハ胸中《ケウチウ》痞塞《ヒソク》シ肩背《ケンハイ》ニ凝《ギヤウ》
結《ケツ》シテ痛ミ頭重《カシラオモ》クシテ時々悪寒《ヲカン》発熱《ホツネツ》或ハ浮腫《フシユ》
危篤《キトク》ノ症五日或ハ庚辛申酉ノ日或ハ五ケ月ニ
シテ病変《ビヤウヘン》危シ○上変肝気《カンキ》壮《サカン》ニシテ乱症《ランシヤウ》ノ如ク
心不静《シヅカナラ》レ圧遂《ツイ》ニ可キ治ノ兆

䷕　山火賁

心脾《シンヒ》ニ属《ゾク》スル症ニシテ発熱《ホツネツ》上衝《ジヤウセウ》シ頭面《ヅメン》重ク大
便鞕《カウ》肩背《ケンハイ》強急《キヤウキウ》四支《テアシ》倦惰《ケンダ》コレ湿気《シツキ》ヲカ子テ瘡毒《サウドク》

ノ患《ウレ》ヒ又心中苦煩《クハン》小児ハ疳疾《カンシツ》婦人ハ産後《サンゴ》瘀血《ヲケツ》ニ依テ發狂《ハツキヤウ》ノ意アリ○初変長病ニシテ四支痲痺《ヒ》シ脾胃《ヒヰ》調和《テウクハ》セズ○二変二便通利《ツウリ》セズ或ハ浮腫或ハ足痛《ソクツウ》或ハ口舌《コウゼツ》及ヒ咽喉《インコウ》ノ痛コレ病軽《カロ》キニ似テ軽カラス危ノ症○三変肝《カン》氣亢《タカブ》リ心火コレニ乗メ盛ニ逆《ギヤク》上シ唇腫痛《イタ》ミ且腰膝拘急アリ○四変大熱《ネツ》ニ因《ヨツ》テ心下拒ミ苦煩《クハン》ス唯時疫温病或ハ夏時ハ霍乱《クハクラン》小児ハ痘疹《トウシン》ノ停熱婦人ハ血熱ノ證ニシテ危シ○五変気《キ》上衝メ熱ニ發《ハツ》止アリ胸《ケウ》痛《ツウ》心煩シ食進《ス》ミ難《ガタ》クシテ危篤《キトク》ノ症○上変多

ク、ハ雑治《ナンヂ》ノ證ニ至ル又瘡《サウ》腫《シユ》ヲ發《ハツ》ス小兒ハ胎毒《タイドク》
痘《ホウサウ》ハ至テ危證《アヤウキセウ》

䷖ 山地剥

氣《キ》上衝《ジヤウシヨウ》シ虛《キヨ》證《セウ》ニメ腹《ハラ》微《ビ》滿《マン》シ時トシテ痛ミ是《コレ》脾《ヒ》
胃《井》虛《キヨ》弱《ジヤク》ナル故ニ胃《井》和《クハ》セズ寒《カン》熱《ネツ》往来《ワウライ》シ頭《ツ》重《ヲモ》ク久
内傷《ナイシヤウ》《ウチノヤブレ》労《ラウ》《ツカレ》役《エキ》ノ證身体《シンタイ》肩背《ケンハイ》強《コハ》リ痛《イタ》ミ或ハ痿痺《イヒ》ノ症
トナル○初変肝気《カンキ》亢《タカブ》リ盛《サカン》ニシテ食スレヒ力《チカラ》ナ
ク足痛テ病不軽甲乙ノ日或ハ一月ニシテ危シ
○二変下焦《ゲセウ》冷《ヒヘ》テ足《アシ》ニ難《ナヤ》ミアリ耳鳴《ミヽナリ》テ通ジカタ
ク或ハ下痢《ゲリ》《クダリ》アリ○三変肩背《カタセ》腰《コシ》重《ヲモリ》シテ物ヲ負《オフ》ガ

如ク身体《シンタイ》痿痺《イヒ》ス是脾《ヒ》胃《イ》ノ鬱滞《ウツタイ》ニ属《ゾク》ス○四変壯
熱《子ツ》アリテ心下《シンゲ》痞鞕《ヒコウ》ノ難《ナヤ》ミアリ春秋冬ハ時疫《ジエキ》夏
ハ霍乱《クワクラン》ニ属《ゾク》スルノ症危シ○五変風邪《フウジヤ》ヨカ子肝
氣《キ》盛ニシテ逆上《ギヤクジヤウ》強《ツヨ》ク九死一生危篤《キトク》ノ證ナラン
五月ノ後或ハ甲乙ノ日或ハ五日ニシテ危シ○
上変病精力《セイリヨク》日々ニ衰《ヲトロ》ヘテ死ニ近カルベシ

地雷復

積氣虚熱《キヨネツ》アリテ常ニ發作《ホツサ》往来アリ平生《ヘイセイ》大望有
身ニ引受《ヒキウケ》テ心労《シンラウ》絶《タ》エズ病再發《サイホツ》ノ意ニシテ大病
ノ兆《テウ》アリ婦人《フジン》ハ氣血《キケツ》衰弱《スイジヤク》ニシテ経行《ケイタウ》不順《フジユン》ナリ

○初変氣虚《キヨ》ニシテ薬《ヤク》効《コウ》スクナシ長病也湿《シツ》氣《ケ》アカ子テ足《ソツ》痛《ツウ》ノ難《ナヤ》ミアリ又身ニ瘡《サウ》疥《カイ》ヲ發《ハツ》スルノ患アリ○二変痰《タン》咳《ガイ》急《キウ》迫《ハク》ニシテ足痛軽キニ似テ危ク重病急症二日ノ後或ハ庚辛ノ日或ハ二季月ニシテ危シ○三変不治ノ症外《グワイ》冷《レイ》内《ナイ》熱《ネツ》身ニ班点《テン》ヲ發ス小児ハ痘疹《イモハシカ》ナラン坎交ニ逢フ人ハ病多クハ死證蓋シ婦人ハ血證アルベシ○四変肝氣《キ》盛《サカン》ニシテ脾衰《ヲトロ》ヘ体《タイ》肌《キ》瘦《ヤセ》肝《セン》癖《ヘキ》ニ因《ヨル》腹ニ拒ミ有テ痛ミ身体《タイ》四支《アシ》痛《イタ》ミ或ハ肝《カン》積《シヤク》ノ持《ジ》病《ビヤウ》トナル○五変留《リウ》飲アリテ胸《ケウ》満且《ツ》肩《カク》背《セ》ニ凝《ゲウ》滞《タイ》アリテ心氣

鬱《ウツ》シ長病トナル○上変頭《ヅ》痛《ツウ》痃癖《ゲンペキ》ノ患又手足《テアシ》痿《イ》
痺《ヒ》ス

䷘ 天雷无妄

氣《キ》鬱冒《ウツバウ》シテ頭《ヅ》面《メン》重《ヲモ》ク或ハ浮腫《フシユ》或ハ痛《イタ》ミ寒熱《カンネツ》往来アリテ傷寒《シヤウカン》ニ疑似《ギジ》スルノ證老人ハ健忘《ケンバウ》ノ類或ハ痰《タン》積《シヤク》婦人ハ血分ノ患薬効《ヤクコウ》更《サラ》ニナシ○初変氣《キ》鬱《ウツ》四支《テアシ》沈重《チンヂウ》ニシテ或ハ疼痛《トウツウ》アリ又心下《シンゲ》痞鞕《ヒカウ》ニシテ不快《コヽロヨカラズ》婦人ハ血虚《ケツキヨ》ノ症○二変痰《タン》咳《ガイ》嘔吐《ヲウト》或ハ腫気《シユキ》足痛ノ患アリ心気《シンキ》下陥《ゲカン》シテ憂苦《ユウク》不絶《タエズ》病必重シテ危シ重病急症三日或ハ庚辛ノ日或ハ二

ケ月ニシテ危シ○三変痰《タン》火《クハ》盛《サカン》ニシテ大便秘結《ヒケツ》ス養生ヲ怠《ヲコタ》レバ死ニ近シ或ハ時《ジ》疫《エキ》傷《シヤウ》寒《カン》ノ症ヲ頭《アラ》ハシ急症ハ三日或ハ十日ニシテ危シ○四変風《フウ》邪《ジヤ》肝《カン》積《シヤク》ヲカ子テ腹《フク》痛《ツウ》アラン○五変壮熱シテ乱《ラン》症《シヤウ》ノ如ク危キニ似テ病可痊《イユ》○上変痰《タン》咳《セキ》頭《ツ》痛《ツウ》口中痛ミ病不軽《カロカラ》治療ヲ怠《ヲコタ》レバ死ニ近シ秋ノ病ハ必重シ

䷙ 山天大畜

気《キ》鬱《ウツ》積《シヤク》聚《ジユ》アリテ腹《フク》満《マン》腫《シユ》脹《チヤウ》又腹《フク》中《チウ》塊《クワイ》物《モツ》アリテ刺《シ》痛《ツウ》シ腰《ヨウ》足《ソク》酸《サン》痛《ツウ》アッテ昼《ヒル》ハ軽《カロ》ク夜ニシテ安《アン》静《セイ》ナ

ラス食ニ忌嫌ヒ多シテ難進○初変風邪《フウジヤ》ニ因《ヨツ》テ裏《リ》熱アリ又蚘虫《クハイチウ》有テ腹《ハラ》拘痛《コウツウ》シ足痛或ハ瘡腫膿血《ケツ》ノ症アリテ急ニ難治小児ハ癇虫《カンムシ》或ハ胎毒驚風《フウ》ニ二変壮熱《サツネツ》アリテ大便結燥《ケツサウ》シ既ニ傷寒時疫ノ類吐血下血アリテ難治三日ノ後或ハ二ケ月ニシテ危シ○三変痰咳《タンセキ》アリテ骨節《コツセツ》疼痛シ婦人ハ陰器ニ疵ヲ生スルノ患アルベシ又咽喉或ハ腰痛《ヨウツウ》アルベシ○四変壮熱《サウチツ》心下《シンゲ》痞鞕《ヒカウ》大小便不利ニシテ病危シ夏ハ必ス死ニ至ル急症ハ丙丁ノ日或ハ四日ニシテ危シ○五変胸満《ケウマン》シテ腹皮拘急

シ痰《タン》飲《イン》欝《ウツ》積《シヤク》○上変気《キ》虚《キヨ》ノ症ニシテ頭《ヅ》面《メン》ニナヤ
ミアリ老《ラウ》医《イ》ヲ乞《コウ》テ可レ得レ治。

䷚
山雷頤　四七日佛ノ祭禮メ八ケ月受長神祟

脾《ヒ》腎《ジン》ノ虚《キヨ》アリテ気《キ》欝《ウツ》頭《ヅ》痛《ツウ》又寒《カン》邪《ジヤ》ニ因ノ症薬速
効《コウ》ナシ中年ノ人ハ心気ヲ労《ラウ》シ婦人ハ気下《ゲ》陥《カン》シ
テ気積ノ證小児ハ食物ノ停《テイ》滞《タイ》○初変気血不順
ニシテ胃《イ》気《キ》和セズ身《シン》体《タイ》痿《イ》痩《サン》手足重《オモ》ク老人ハ半
身麻《マ》痺《ヒ》シテ中気ノ類壮《サウ》年《ネン》小児共ニ危シ○二変
痰《タン》咳《ガイ》アリテ足痛《イタ》ミ秋ハ危シ若《ワカ》キ人ハ骨《コツ》節《セツ》ノ痛
ミアリ○三変病危シ熱《ネツ》アリテ頭《ヅ》痛《ツウ》逆上シテ大

便結シ腰《コシ》下《シモ》ニ難ミアラン○四変心積《シヤク》ニ因リ左ノ脇《リキ》刺《サシ》痛《イタ》ミ又時《ジ》気《キ》ノ障《サハリ》或ハ癇《カン》症《ヒヤウ》ニシテ乱心《ランシン》ノ如シ然𪜈病可痊《イユ》○五変風《フウ》邪《ジヤ》又肝《カン》経《ケイ》ニ属《ゾク》スル證ニシテ手足掣《セイ》痛《ツウ》アリ又胸《ムナ》痞《ヒ》○上変病再《サイ》発《ホツ》アリテ急ニ不治頭《カシラ》肩《カタ》背《セ》ニ難ミアルベシ

澤風大過

腹堅《ケン》満《マン》或ハ寒《カン》邪《ジヤ》ノ滞《トドコホ》リニ便渋《シブリ》テ難通病不軽不治ノ症ナリ又脇《ケウ》下《カ》腹《フク》部《ブ》ニ痛《イタ》ミアリ又気鬱《ウツ》結《ケツ》シテ欬《ガイ》嗽《ソウ》腫《シユ》気《キ》アルカ腹《フク》中ニ塊《カタマリ》ヲ生テ大ニ難《ナヤ》ム婦人ハ血《ケツ》塊《クワイ》鼓《コ》脹《チヤウ》経《ケイ》行《カウ》ニ障《サハ》リ又脚《カク》気《ケ》腫《シユ》満《マン》ノ類○初

変筋《キン》骨《コツ》疼《トウ》痛《ツウ》痰《タン》喘《ゼン》促《ソク》迫シテ浮《フ》腫《シユ》アリ必死ノ證急症ハ即日或ハ庚辛ノ日或ハ一月ニシテ危シ○二変氣《キ》血《ケツ》両虛小児ハ脾《ヒ》虛《キヨ》脚《アシ》痛《イタ》ム頓《トン》ニ治スベシ醫《イ》ヲ轉《テン》シテ吉○三変腰《コシ》冷《レイ》痛《ツウ》或ハ下《クダ》利水道快利シテ少シハ心ヨキ意蓋シ湿《シツ》氣《キ》ヲカ子テ痔《ヂ》疾《シツ》或ハ麻《マ》疾《シツ》等ノ雑ミアルベシ婦人ハ血《ケツ》症《シヤウ》ノ患アラン○四変心下ニ毒《ドク》アリテ拒《コバ》ミ且《カツ》湿《シツ》氣《キ》ヲカスル症腹《ハラ》冷《レイ》痛《ツウ》或ハ耳口ノ雑ミアリ○五変四時感《カン》冒《バウ》或ハ宿《シク》疾《シツ》ノ積《シヤク》氣《キ》或ハ肝《カン》積《シヤク》胸《ムネ》足ノ痛アルベシ必シモ医《イ》ヲ轉スベカラズ○上変寒《カン》熱《ネツ》往来アリテ

頭痛《ヅツウ》病軽《カロ》キニ似《ニ》タレ𪜈危キニ至ル六日ノ後或ハ庚辛ノ日危シ長病ハ六ケ月ニシテ危シ

䷜

坎為水

邪《ジヤ》熱アリテ邪《ジヤ》魅《ミ》ニ触《フレ》ルガ如ク心《シン》気《キ》憂苦又酒毒《ドク》寒熱《ネツ》ノ発《ホツ》止アリ或ハ湿《シツ》気《キ》ヲカヌル證ニシテ腫瘡《サウ》膿《ノウ》血《ケツ》或ハ湿《シツ》毒深ク結毒《ケツドク》トナリ足痛ヿアルベシ或ハ狐狸《キツネタヌキ》ノ所為ニ似タルノ證○初変痰《タン》咳《ガイ》嘔吐《ヲウト》骨節疼痛《トウツウ》シ四支《テアシ》冷痛シテ危《キ》篤《トク》長ビクノ症○二変湿熱《ネツ》脾腎《ジン》ニ畜《チク》積《セキ》シ遂《ツイ》ニ膿《ノウ》血《ケツ》ノ症トナリ手足《テアシ》痿痺《ヒ》シテ虚《キヨ》衰《スイ》シ気《キ》力《リヨク》難レ調《トトノヒ》故ニ病難レ治一旬《ジユン》ノ後

或ハ戊己ノ日或ハ辰未戌丑ノ日或ハ二ケ月ニシテ危シ○三変氣力《キリヨク》不調故ニ遂ニ欝積《ウツセキ》シテ腰下ニ浮腫《フシユ》等ヲ發ス長クシテ危シ○四変痰喘《タンゼン》アリテ胸膈《ケウカク》疼煩《トウハン》シ痼疾《コシツ》ノ患トナル或ハ酒毒《シユドク》ニ因《ヨツ》テ病長シ難治《ナンヂ》ノ症○五変氣血《キケツ》ニ虚衰《キヨヘイ》シテ身体四支或ハ胸背《ムネセ》痛《イタミ》或ハ痿痺《イヒ》ノ症アリテ危シ○上変逆上《ギヤクジヤウ》シテ頭痛《ヅツウ》強《ツヨ》ク風湿《フウシツ》邪気《ジヤキ》ノ證タルベシ

䷝ 離為火　日未是象おやかせし人

時候《コウ》ノ氣《キ》ニ觸冒《フレヲカ》サレ表熱《ヘウネツ》アリテ病ニ發作《ホツサ》往来アリテ頭重《ヅモ》ク又吐瀉《トシヤ》アリ熱氣《ネツキ》ニ因《ヨツ》テ眩暈《ケンウン》逆上《ノボセ》

又眼目《ガンモク》痛《イタ》ミ婦人《ハ》経水《ケイスイ》ノ滞《トゞコホリ》又憂悲《イウヒ》ニ因心気鬱
シ心熱《シンネツ》内ニ伏シテ口苦《クチニガ》ク食ニ無味○初変湿シ
ノ併病《ヘイビヤウ》メ四支《テアシ》沈重《チンヂウ》心気不足シテ足痺痛《ツウ》シ長病
トナリテ後危キニ至ル○二変煩渇《カツ》シテ大小便
快利セズ又足腫痛《ハレイタミ》アルベシ若腹脹《フクチヤウ》ノ證ニ至レ
バ危シ○三変肝気壮《サカン》ニシテ躁シク蹶狂《キヤウ》ノ如シ
是熱《ネツ》ニ因テ譫言《センゲン》妄語《マウゴ》アリ傷寒《セウカン》時疫《ジエキ》ノ症トナル
事アリ盖シ腰足《コシアシ》ノ痛ミアリ○四変心脾ノ虚脱《キヨガツ》
心胷《ケウ》ノ痛ミ尤モ危シ盖シ身体四肢痿痺ノ患ア
リ○五変心肺迫切上衝《シヤウセウ》シ或ハ浮腫《フシユ》ヲ顕シ重病

危《キ》篤《トク》ノ症但シ眼《ガン》目《モク》ノ患アリ○上変頭痛眩暈ア
リテ病不軽此《カラ》卦初爻四爻五爻上爻ノ変ハ悪
ク危《アヤス》シ

占病軌範巻之一終

狗屋上ニ行足則春女ト云鬼神所業
狗床ノ上ニ有遺則神霰ト云鬼神所業ハ
雞啼鳴ハ遠則瞞吏ト云隨　火災有
屋上ニ怪声有ハ夜啼ト云鬼神業　禍
金鳴音ヲ聞ハ鍛女ト云鬼神所業　福　不禍
鳥ニ衣裳ヲ汚ス若飛揚ヒ所業
降来屋門ヲ入ヲ見ル定ル
人衣血ニ染者有其鬼ヲ遊
狐狂声アルハ其鬼怪ヲ懐
○
占異ヲ見ル時臨月天光ト云夜呼時ハ忽ニ悪夢返ニ者
總ハ賓客ノ名ハ也其香長請浄ニ大升佛備
破ニ不勤總一切

君[illegible]日出

子生於陽一

占病軌範巻之二

鶴洲井上主殿敎親　著
男　觀國孟光　校

澤山咸

壯《サウ》年《ネン》ノ人ハ色《シキ》情《ジヤウ》ヨリ發《ハツ》スル病《ビヤウ》證《シヤウ》ニシテ氣《キ》欝《ウツ》心《シン》力《リヨク》ノ勞《ツカ》レアリ又四《シ》時《ジ》感《カン》冒《バウ》ヨリ發《ハツ》シテ胃《イ》氣《キ》平ナラズ痰《タン》咳《ガイ》《セキ》盗《トウ》汗《カン》《ネアセ》等アリテ勞《ラウ》疫《エキ》ノ症《セウ》ドナリ輕《カロ》キニ見エテ輕《カロ》カラズ危《キ》篤《トク》ニ殆《チカ》シコレ急ニ不治《セ》バ長病難《ナン》治《ヂ》ノ證《シヤウ》ニ至ル又肝《カン》積《シヤク》アレバ灸《キウ》治《ヂ》可《カ》ナリ大切ノ病人ニシテ介《カイ》抱《ホウ》人ノ勞《ラウ》ニ因テ遂《ツイ》ニ危《アヤウ》キヲ

免《マヌカ》ル○初変心《シン》熱盛《ネツサカン》ニシテ口苦ク煩渇《ハンカツ》シテ大小
便《ベン》不利又逆上《ギャクジャウ》アリテ衂《ハナ》血《ヂ》ノ患《ウレヒ》アルベシ○二変
足掣痛《セイツウ》シ身体《シンタイ》倦惰《ケンダ》ス是風湿《フウシツ》ノ邪気《ジャキ》ヲカ子テ脚《カツ》
気《ケ》ノ症トナリ後危キニ至ル○三変気力《キリョク》ウスク
シテ虚《キョ》證《シャウ》脾《ヒ》胃《イ》不和《クワセズ》シテ腰痛《エウツウ》ス但シ食滞《ショクタイ》ノ恐レ
アリ可慎《ツヽシムベシ》○四変冷《ヒヘ》湿《シツ》ノ気ヲ含《フク》ミ腰《コシ》足《アシ》痛《ツウ》痺《ヒ》シ又
腹痛《フクツウ》心下《シンゲ》ニ毒《ドク》アリテ長病ニシテ危シ○五変肝《カン》
木盛《ボクサカン》ナル故胸背《ケウハイ》強急《キヤウキウ》ス速《スミヤ》カニ不施《ホドコサ》治ヲハ危《アヤフ》シ五
日ノ後或ハ甲乙ノ日或ハ寅卯ノ日凶兆○上変
頭痛《ヅツウ》悪寒《ヲカン》アリテ面部《メンブ》眼目《ガンモク》スベテ上焦《シャウ》シ浮腫《フシュ》ア

ルベシ

䷟ 雷風恒 月未悪死ノ霊気祟リ一門内ニ有

宿《シユク》《ヂビヤウ》疾《シツ》積《シヤク》氣《キ》四《シ》時《ジ》感《カン》冒《バウ》ノ類又心氣勞《ラウ》《ツカレ》役《エキ》アリ腰《コシ》足《アシ》拘《コウ》《ヒツリ》攣《レン》《ツリ》シテ痛《イタミ》或ハ疝《セン》積《シヤク》ノ類ニシテ時々心《シン》下《ゲ》刺《サシ》痛《イタ》ミ又肝《カン》積《シヤク》或ハ眼《ガン》目《モク》昏《クラ》ク又嘔《ヲウ》《エヅキ》吐《ト》腹《フク》《ハラ》痛《ツウ》《イタミ》ノ症《セウ》アルベシ

○初変痰《タン》飲《イン》逆《ギヤク》上《ジヤウ》強《ツヨ》ク脚《キヤク》《アシ》膝《シツ》《ヒザ》痛《イタ》ミ浮《フ》腫《シユ》アレバ危シ

○二変湿《シツ》気《キ》ヲ帯《ヲビ》タル症ニシテ四《シ》支萎《イ》弱《ジヤク》《ナヱヨワ》スベシ

○三変大便下《ゲ》利《リ》手足冷《ヒエ》痛《イタ》ミアリ○四変逆《ギヤウ》上《ジヤウ》腹《フク》痛《ツウ》眩《ケン》《メマイ》暈《ウン》ノ症軽《カロキ》ニ似《ニ》テ危シ○五変痰《タン》喘《ゼン》急《キウ》迫《ハク》或浮《フ》《ウキ》腫《シユ》アルベシ五日後危シ或ハ庚辛ノ日或ハ申

酉ノ日凶○上変熱《子ツ》往来《ワウライ》アリテ逆上《ギヤクジヤウ》《ノボセ》頭痛《ヅツウ》眩暈《ケンウン》アリ急ニ不加治療《チリヤウ》危フキニ至ル

䷠ 天山遯

初爻伴他出於テ死人有大ニ祟リ

腰足《コシアシ》掣痛《セイツウ》《ヒキツリイタム》或ハ風湿《フウシツ》ノ邪気《ジヤキ》ヲ兼テ心気鬱滞《ウツタイ》シ重ク大小便秘渋《ヒジウ》シテ頻《シキリ》ニ通ゼントシテ難通又健《ケン》忘《バウ》疝積《センシヤク》ノ類婦人《フジン》ハ経水《ケイスイ》不順《フジユン》ニシテ下部《ゲブ》ニ病毒《ビヤウドク》アリ又産後ヨリシテ発病《ホツビヤウ》或ハ憂苦《イウク》ニセマリ心気ヲ費《ツイヤ》シ因《ヨツ》テ下焦《ゲシヤウ》ノ気不環《メグラズ》シテ足痛ミ痿痺《イヒ》《ナヘシビレ》ノ患《ウレヒ》トナル○初変心脾《シンヒ》ノ二臓《サウ》ニ虚熱《キヨ子ツ》アリテ二便氐ニ通利シ難《ガタ》シ或ハ肺火《ハイクワ》ノ症トナリテ大病危《キ》

篤《トク》ニ近シ〇二変風《フウ》邪《ジヤ》發《ハツ》シカ子テ邪《ジヤ》氣《キ》肌《キ》膚《フ》ニ流《リウ》注《チウ》シテ足《ソク》痛《ツウ》等アリ急ニ藥用シテ病毒《ビヤウドク》ヲ除《ノゾカ》ザレバ危《キ》證《シヤウ》トナル〇三変氣鬱《ウツ》塞《ソク》シテ身《シン》体《タイ》麻《マ》痺《ヒ》シ腹《フク》中《チウ》調《チヤウ》和《クワ》セズ〇四変腹《フク》痛《ツウ》及ビ手足痛《イタ》ム此邪《ジヤ》氣《キ》未ダ發《ハツ》散《サン》セザルニ因ル誤《アヤマル》治ヲ𪜈ハ危《キ》證《シヤウ》ニ至ル〇五変心氣憂《イウ》苦《ク》ニ因テ鬱《ウツ》悶《モン》シ氣《キ》血《ケツ》自《シ》然《ゼン》ニ虛《キヨ》衰《スイ》シテ胷《ケウ》中《チウ》及肩《ケン》背《ハイ》時々痛ミ眼《メ》カスミ逆《ギヤク》上《ジヤウ》ス〇上変痰《タン》咳《ガイ》頭痛《ツウ》氣《キ》上《ジヤウ》衝《シヤウ》等ノ患《ウレヒ》蓋シ二四五ノ変ハ病危雖アリトス

雷天大壯　十五佛力艮方鈎豚し佛祖し祟り

寒《カン》熱《ネツ》往《ワウ》来《ライ》頭《ヅ》痛《ツウ》上衝《ジヤウセウ》《ノボセ》腹《フク》皮《ヒ》拘急《コウキウ》《レツハリ》シテ足攣痛《セイツウ》《ツリイタミ》ス所謂肝《カン》積《シヤク》ニ属《ゾク》ス此ノ卦應変ニ活断アルベシ○初変風毒ノ痛《ツウ》風《フウ》ノ類筋《キン》骨《コツ》《スヂホネ》疼痛《トウツウ》《ウヅキイタミ》或ハ肝経《カンケイ》ニ困テ腰足攣痛《セイツウ》《ヒキイタミ》ス但シ春秋ノ病ハ軽《カロ》シ○二変心《シン》肺《ハイ》ノ病ニシテ危シ熱往来アリテ小便赤《アカ》ク澁《シブ》リ大便難《カタ》通《ツウ》シ臍腹《サイフク》《ヘソハラ》ニ痛有テ傷寒《シヤウカン》時《ジ》疫《エキ》ノ類重病急症ハ二日ノ後或ハ丙丁或ハ午ノ日危シ又二ケ月ニシテ危シ○三変痰《タン》咳《ガイ》《セキ》又腰痛《エウツウ》《コシイタミ》アリテ病危《アヤフ》キニ至ル速《スミヤ》カニ可施《ホドコス》治《ヂ》ヲ○四変腹痛《フクツウ》アレ𪜈頓《トン》ニ可痊《イユ》気虚《キキヨ》ヲカ子タルノ症也○五変痰咳《タンガイ》《セキ》急迫《キウハク》《セマリ》嘔吐《アフト》《エツキハキ》或ハ胸脇《ケウケウ》《ムネワキ》苦満《クマン》ノ意

アリ又身体《シンタイ》四支《シシ》《テアシ》厥冷《ケツレイ》《ヒエ》シ肩背《ケンハイ》《カタセ》強急《キヤウキウ》《コリイタミ》シテ危症トナ
レベシ○上変頭痛發熱《ホツ子ツ》上衝《ジヤウシヨウ》《ノボセ》シ或ハ眩暈《ケンウン》《メマヒ》アリ是
時気《ジキ》ニヨツテ發《ハツ》スルナレバ速《スミヤカ》ニ可ㇾ施《ホドコス》治息ハ至
テ危シ重病急症六日ノ後危シ
䷢
火地晋二ノ日
時疫《ジエキ》温病或ハ瘡毒《サウドク》アリテ火邪《クワジヤ》《子ツジヤ》逆上《ギヤクジヤウ》《ノボセ》ノ心下《シンゲ》ニ上
攻《コウ》シ又脾《ヒ》ニ湿《シツ》ヲ畜《タクハ》ヘテ時トシテ腰《コシ》足《アシ》ニナヤミ
頭痛《ヅツウ》強《ツヨ》シ夏時ハ霍乱《クワクラン》小児ハ疱瘡《ハウサウ》ノ序熱《ジヨ子ツ》アリ○
初変肝気《カンキ》盛《サカン》ニシテ乱症《ランセウ》ノ如ク物ニ觸《フレ》テ或ハ怒
リ或ハ駭《ヲドロ》キアリテ足掣痛《セイツウ》《ヒキツリイタミ》ス時疫傷寒《エキシヤウカン》等ノ症ハ

危篤《トク》小児ハ癇《カン》虫《ムシ》驚《キヤウ》風《フウ》○二変大《ダイ》便《ベン》下《ゲ》利《リ》シ或ハ秘《ヒ》
渋《ジフ》シ是脾《ヒ》腎《ジン》湿《シツ》熱《子ツ》アル故也或ハ雁《ガン》来《ライ》瘡《サウ》ノ類膝《シツ》脛《ケイ》
ノ痛《イタミ》アルベシ○三変元《ゲン》気《キ》弱《ヨハ》リ腰《コシ》脚《アシ》重ク体倦テ
命《イノチ》危シ○四変腹《ハラ》虚《キヨ》軟《トン》ニシテ身《シン》体《タイ》痿瘦《イサン》アリテ
シ○五変頭《ヅ》面《メン》重《ヲモ》ク上《ジヤウ》實《ジツ》下《カ》虚《キヨ》胸《ケウ》腹《フク》痞《ヒ》満《マン》シテ眼目
明《アキラ》カナラズ或ハ浮《フ》腫《シユ》トナルベシ○上変気《キ》壮《サウ》ニ
怯弱シ頭《ツ》痛《ツウ》目《モク》眩《ゲン》ス治ヲ怠《ヲコタ》レバ危シ

䷣

地火明夷 [illegible]

脾《ヒ》腎《ジン》ニ湿《シツ》熱《子ツ》ヲ受《ウク》ルノ證ニシテ瘡《サウ》毒《ドク》腫《シユ》物《モツ》ヲカ子
テ発《ホツ》熱《子ツ》頭《ヅ》痛《ツウ》シ身《シン》体《タイ》四《シ》支《シ》重ク又心《シン》脾《ヒ》ノ虚《キヨ》アリテ

眼《ガン》目《モク》昏迷《コンメイ》シ婦人ハ血虚《ケツキヨ》ノ患ヒ總《ソウ》シテ病不軽危《カロカラキ》篤《アツ》ニ近《チカ》シ速《スミヤ》カニ医《イ》ヲ求《モト》ムベシ○初変身体手足痲痺ス病脾《ヒ》胃《井》ニ鬱滞《ウツタイ》アリ老人ハ氣《キ》虚《キヨ》中風ノ類長病ニシテ危シ○二変腹《ハラ》満《ハリ》或ハ浮《フ》腫《シユ》アリテ足痛《イタ》ミ月ヲ歴《ヘ》テ可痊《イユ》且二便快《コヽロヨ》ク通ゼス○三変病再《サイ》發《ホツ》又積《シヤク》氣《キ》疝《セン》氣《キ》ノ類ニシテ腰《コシ》拘《コウ》痛《ツウ》ス医《イ》ヲ轉《テン》シテ可得治《チ》○四変疝《セン》積《シヤク》腹《フク》中《チウ》刺《サス》ガ如ク痛《イタ》ム是軽《カロキ》症《セウ》ニアラズ治《チ》療《レウ》ヲ怠《ヲコタ》レハ余危《フシ》○五変寒《カン》熱《子ツ》往来是《コレ》陰《イン》陽《ヤウ》合《ガフ》感《カン》ノ症タリ胸《ケウ》背《ハイ》痛ミ或ハ耳《ミ》目《モウ》ニ障《サハリ》或ハ膿《ノウ》血《ケツ》ノ症尤危《キ》急《キウ》ナリ五日ノ後或ハ壬癸ノ日

危シ長病ハ五ケ月ニシテ危シ○上変頭《ヅツ》面《メン》重《ヲモ》ノ或ハ痛ミ痃《ケン》癖《ベキ》等ノ證ニシテ治ヲ怠《ヲコタ》レバ危シ

䷤　風火家人

時《ジ》気《キ》ニ觸《フレ》冐《サカ》サレテ熱《子ツ》ノ徃来且《カツ》心《シン》煩《ハン》シ腹《ハラ》微《ビ》満《マン》シテ心《シン》気《キ》労《ラウ》役《エキ》シ脾《ヒ》胃《イ》不《ズ》和《セ》シテ労《ラウ》咳《ガイ》ノ如ク婦《フ》人ハ氣《キ》疾《カツ》労《ラウ》證《シヤウ》ノ類又大《ダイ》便《ベン》秘《ヒ》結《ケツ》シ或ハ経《ケイ》水《スイ》不《フ》順《ジユン》シ妊《ニン》娠《シン》ノ兆タリ○初変四《シ》支《シ》沈《チン》重《ヂウ》シテ麻《マ》痺《ヒ》ス固《モト》ヨリ湿《シツ》氣《キ》ヲ蒸タルノ痳ニシテ脾《ヒ》胃《イ》不《トヽナハ》調《ズ》故ニ軽《カロ》カラズ○二変心《シン》氣《キ》欝《ウツ》滞《タイ》シテ安カラズ痰《タン》飲《イン》又足《アシ》腫《ハレ》テ重ク行《ギヤウ》歩《ブ》シガタシ婦人ハ血《ケツ》積《シヤク》血《ケツ》塊《クワイ》患或ハ妊《ニン》身《シン》ノ

兆○三変肝積《カンシヤク》ニ因《ヨリ》テ身体《シンタイ》四支《シ》《テアシ》拘急《コウキウ》《ツリイタミ》ス此肝積《カンシヤク》気《キ》虚《キヨ》ニ属《ソク》ス○四変痰火《タンクハ》ニ因テ腹脹《フクチヤウ》《ハラハリ》シテ痛ミ或ハ浮腫《ウキ》トナルヿアルベシ壮年《ワカキ》ノ人ハ労咳《ラウガイ》ノ類気《キ》欝《ウツ》シテ命《メイ》危シ○五変頭《ヅ》痛《ツウ》逆上《ギヤクジヤウ》或ハ心《シン》痛《ツウ》老人ハ半身不遂《フズイ》《カナハズ》ニシテ難治○上変発熱《ホツチツ》悪寒《ヲカン》昼《ヒル》安静《シヅカ》ナレ𪜈夜《ヨル》重《ヲモ》シコレ気《キ》虚《キヨ》ニ属《ソク》ス婦人ハ血虚《ケツキヨ》難治《ナンヂ》ノ症何レ四五六ノ変ハ危シ是陰陽《インヤウ》合感《カウカン》ノ症重病ハ死證トス

䷥ 火澤睽

病心肺《シンハイ》ノ間《アイダ》ニ在テ発熱《ホツチツ》頭痛《ヅツウ》嘔吐《ヲフト》《エツキ》或ハ吐《ト》血《ケツ》諸般《シヨハン》

ノ患アリテ渇《カツ》ス此レ平生ノ氣《キ》ニ偏《ヘン》僻アリ然シテ寒《カン》暖《ダン》暑《シヨ》湿《シツ》ヲモ不《イトハズ》厭シテヤヽモスレハ他ノ性ニ悖《モ》リ雨《ウ》露《ロ》霜《サウ》雪《セツ》ヲ凌《シノ》ギテ保《ホウ》護《ゴ》《ヤウジヤウ》アシキ故ニ終《ツイ》ニ内ニ不《フ》正《セイ》ノ氣ヲ畜《チク》積《セキ》《タクハエツミ》シテ病ヲ發《ハツ》ス且《ツイ》医療《レウ》ニ於テモ亦過《クワ》失《シツ》《アヤマチ》有テ薬應《オウ》セズ病ニ重キニ似《ニ》タレトモ能ク保《ホウ》護《ゴ》服《フク》薬《ヤク》シテ可レ痊《イユ》○初変足《アシ》冷《ヒエ》或ハ泄《セツ》瀉《クダリ》或ハ寒《カン》熱《ネツ》往来等ノ患アリ○二変發《ホツ》熱《ネツ》シテ身《シン》体《タイ》疼《トウ》煩《ハン》《イタミワヅラヘ》或ハ足《アシ》掣《セイ》痛《ツウ》ス盖シ是レ肝《カン》氣《キ》盛《サカン》ナルユヘ乱《ラン》心《シン》ノ如ク或ハ時《ジ》疫《エキ》温《ウン》病《ビヤウ》ノ如ク熱《ネツ》有テ煩《ハン》渇《カツ》ス○三変熱《ネツ》アリテ大《ダイ》便《ベン》閉《ヘイ》結《ケツ》身ニ浮《フ》腫《シユ》《ウキ》アリテ形《ギヤウ》体《タイ》《カタチ》重ク痿《イ》弱《ジヤク》《ナエヨワク》シテ

重病急症ハ三日或一旬ノ後危シ○四変虚《キヨ》損《ソン》ニシテ腹《フク》痛《ツウ》ノ患《ヒ》アレ圧服《フク》薬《ヤク》及ビ按《アン》腹《フク》鍼《シン》治《ヂ》ノ功《コウ》ヲ以テ可痊《イユ》○五変痰《タン》飲《イン》胸《キヨウ》間《カン》ニ在テ或ハ痞《ヒ》シ又面《メン》部《ブ》浮《フ》腫《シユ》アリテ病危シ又眼目ヲ難《ナヤ》ム○上変病転《テン》変《ヘン》アリテ定リ難《ガタ》シ肝《カン》気《キ》壮《サカン》ニメ眩《ゲン》暈《ウン》頭《ヅ》痛《ツウ》強《ツヨ》ク終《ツイ》ニ不治ノ症ニ至ルヿアラン

䷦ 水山蹇 土神ノ崇リ故寒熱アリ是疾発

腰脚疼《トウ》痛《ツウ》ス此湿《シツ》毒《ドク》ノ滞《トドコホ》リ周《シウ》身《シン》麻《マ》痺《ヒ》シ或ハ気《キ》血《ケツ》ノ虚《キヨ》有テ起《キ》臥《グハ》安カラズ又宿《シユク》疾《シツ》アルカ気《キ》鬱《ウツ》アリテ常ニ憂《イウ》苦《ク》多ク長病ナリ急《キウ》ニ難痊《イエ》○初変発熱

シテ渇《カツ》アリ二便《ベン》難通《ツウ》下《ゲ》血《ケツ》衄《ハナ》血《ヂ》等アルベシ氣《キ》分《ブン》剛《コウ》ニ見エテ危シ○二変風《フウ》湿《シツ》ノ障《サハ》リ有テ脚《カツ》氣《ケ》ノ患ヒ或ハ足掣《セイ》痛《ツウ》シ或ハ風《フウ》痨《ラウ》ニ属《ゾク》スル症速《スミヤカ》ニ治ヲ施《ホドコサ》サレバ危シ○三変脾《ヒ》腎《ジン》湿《シツ》熱《ネツ》ヲ畜《タクハ》ヘタレバ虚《キヨ》弱《ジヤク》ノ人ハ補《ホ》剤《ザイ》ニヨロシ全ク氣《キ》血《ケツ》両《リヤウ》虚《キヨ》内《ナイ》傷《シヤウ》病ニシテ重シ○四変氣《キ》虚《キヨ》腎《ジン》虚《キヨ》或ハ物ニ感《カン》ジ易《ヤス》ク又悲《ヒ》哀《アイ》多《タ》シテ益《ヱキ》氣《キ》耗《モウ》損《ソン》シテ痰《タン》飲《イン》腹《フク》脹《チヤウ》等ノ患ヒナル○五変身《シン》体《タイ》倦《ケン》惰《ダ》シ痿《イ》癏《サン》或ハ肩《カタ》ニ引テ拘《コウ》急《キウ》ス○上変頭《ヅ》痛《ツウ》発《ホツ》熱《ネツ》風《フウ》邪《ジヤ》ヲカ子タリ急ニ不治《ジ》セバアヤウシ

雷水解

氣鬱《キウツ》血虛《ケツキヨ》寒熱《カンチツ》往来咽喉《ノンド》腫《ハレ》痛《イタミ》咳嗽《ガイソウ》《セキスハブキ》嘔吐《ヲウト》《エヅキ》アリテニ便渋滞《ジウタイ》ス但シ脾《ヒ》胃《イ》不和《クワセズ》シテ湿氣《シツキ》ヲカ子患《ウレ》ヒ寐《ネ》冷《ヒヘ》肝積《カンシヤク》宿疾《シユクシツ》トナル婦人ハ血分ニ因《ヨ》ル○初変疼《タン》飲《イン》或ハ骨節《コツセツ》《ホネフシ》疼痛《トウツウ》《ウヅキイタミ》シ四支《シ》《テアシ》微冷《ビレイ》《スコシヒヱ》シ或ハ欬嗽《ガイソウ》《セキスワブキ》トナル○二変大小便渋滞《シウタイ》《シブリヨコヲリ》シテ腰足《ヨウソク》痿痺《イヒ》《ナヘシビレ》シ脾胃《ヒイ》不調《トヽノハズ》心下拒《コバ》ミ痛テ危シ○三変風邪《フウジヤ》積氣《シヤクキ》ニ因《ヨツ》テ痛《イタ》ミ或ハ熱《子ツ》ノ往来《ワウライ》或ハ腰痛《コシノイタ》ミ○四変脾腎《ヒジン》ニ湿熱《シツ子ツ》ヲ蓄《タクハ》ヘ瘡毒《サウドク》ノ雑ミ又老人ハ中風《チウブ》麻痺《マヒ》《シビレ》ノ症婦人ハ血《ケツ》積《シヤク》或ハ血虛《ケツキヨ》ノ患アリ○五変咳嗽《ガイソウ》《セキスハブキ》心煩《レンハン》《ムネモダエ》アリ總《スベ》テ

心《シン》痛《ツウ》ヨリ發スルノ病○上変熱《チツ》ノ往来頭《ツ》痛《ツウ》アリ盖シ初二四ノ変ハ危シトス

䷨ 山澤損

寒《カン》熱《ネツ》往来又心腹《シンフク》《ムネハラ》痛ヲテシ四支《シ》《テアシ》重クシテ痰《タン》飲《イン》嘔《ヨウ》《エツ》吐《ト》又氣《キ》鬱《ウツ》虚《キヨ》損《ソン》小児ハ脾《ヒ》胃《イ》虚《キヨ》疳《カン》虫《ムシ》等ノ症○初変泄《セツ》瀉《シヤ》《クダリ》下《ゲ》血《ケツ》吐《ト》血《ケツ》衂《ハナ》血《チ》ノ患ヒ又瘡《サウ》毒《ドク》腫《シユ》物《モツ》ニ変シ長病ニシテ危キニ至ル○二変内傷《ナイシヤウ》《ウチノヤマヒ》又口中ノ痛《イタ》ミ或ハ足《ソク》腓《ヒ》《コブラ》痛アレ圧食《シヨク》味《アヂ》如常ノ故ニ病痊《イ》ユ○三変腹《ハラ》脹《ハリ》積《シヤク》聚《ジユ》ニ因《ヨツ》テ左ノ腹《ハラ》ニ塊《クハイ》《カタマリ》ヲ生シ頻《シキリ》ニ心《シン》気《キ》ヲ難《ナヤ》ム腰《コシ》冷《ヒヤ》テ且《カツ》痛ミアリ婦人小児ハ難治○四変

發熱《ホツネツ》心煩《シンバン》シテ痰血《タンケツ》ノ吐《ト》シ醫薬《イヤク》効《カウ》アラズ又誤治《ゴチ》ノ𠀋アリ○五変風邪《フウジヤ》發熱《ホツネツ》シ心煩《シンバン》《ムネイキタヽシ》頭痛《ヅツウ》シ身体《シンタイ》倦惰《ケンダ》シテ安カラス○上変気行《キリウ》々タラズシテ体《タイ》弱《ヨハ》ク又気爽《サハヤカ》ナレ𪜈本身《モトシン》《カラダ》体《タイ》虚弱《キヨジヤク》ナレハ老医ヲ求《モトメ》テ可請治《ヂ》三四爻ノ変ハ危シ

䷩ 風雷益

積気《シヤクキ》風邪《フウジヤ》ヲカヌルノ證《セウ》ニシテ腹皮《フクヒ》《ハラノカワ》及ビ手足ノ筋攣《キンレン》《スヂヒキツリ》急《キウ》ニシテ痛《イタム》ベシ或ハ腹鳴《フクメイ》《ハラナカ》アリ又気虚《キキヨ》ノ症壮年《サウネン》《ワカキ》ノ徒《ト》ハ肝症《カンセウ》労咳《ラウカイ》ノ意アリ婦人ハ経水《ケイスイ》ニ因《ヨ》ル産後瘀血《ヲケツ》ノ滞《トヾコホ》リアリ○初変逆上《ノボセ》頭痛《ヅツウ》眩暈《ゲンウン》等

又脾《ヒ》胃《イ》不和《クワセバ》シテ胃《イ》ノ氣逆《トボレ》ク足痛ム速《スミヤカ》ニ治ヲ加
ザレバ危キニ至ル○二変湿《シツ》氣《キ》ヲ夾《サシハサ》ミ痰《タン》咳《ガイ》《セキ》有テ
咽《イン》《ノンド》喉《コウ》急迫《キウハク》《セマリ》或ハ發熱《ホツ子ツ》足《アシ》痛《イタミ》浮《フ》《ウキ》腫《シユ》ノ患ヒ軽《カロ》キニ似テ
不軽《カロカラズ》浮《フ》腫《シユ》アレバ危キニ至ルベシ○三変熱《子ツ》氣《キ》強《ツヨ》
クシテ食《シヨク》不進《スヽマズ》ニ便難通利既ニ時《ジ》疫《エキ》温《ウン》病《ビヤウ》ニ類ス
或ハ癆《ラウ》疫《エキ》婦人ハ妊《ニン》娠《シン》トナルベシ但シ出血《シユツケツ》ノ患
ヲ防《フセ》グベシ大病危キニ至ル○四変寒《カン》熱《子ツ》往来ア
リテ心《シン》下《ゲ》痞《ヒ》鞕《コウ》シ或ハ腹微痛《フクビツウ》《ハラスコシイタミ》微満《ビマン》《スコシハリ》ノ證尤腹中塊《クワイ》《カタ》
癖《ヘキ》ヲナシテ心氣ヲ難《ナヤ》ム或ハ浮《フ》腫《シユ》アレバ危シ○
五変食進《スヽ》ムトイヘ𪜈腹《ハラ》ニ力《チカラ》ナク虚《キヨ》令ノ候《コウ》アリ

又胸《ケウ》背《ハイ》手足《シユソク》ニ難《ナヤ》ミアリ此危《アヤウ》キニ似テ可痊《イユ》○上変気《キ》鬱《ウツ》シテ逆気《ノホセ》アリ頭《ヅ》項《コウ》耳《ジ》目《モク》ノ難《ナヤ》ミアリテ病急ニ治スルヿ難シ全ク湿《シツ》ヲカ子タル症ナリ

䷪ 澤天夬

寒《カン》邪《ジヤ》ニ傷《ヤフ》ラレ又時《ジ》候《コウ》ノ氣《キ》ニ觸冒《フレヲカサ》レ痰《タン》咳《ガイ》強《ツヨ》ク腹《ハラ》微《ビ》喘《ゼン》又ハ腹中堅《ケン》塊《クハイ》アリテ拘《コウ》攣《レン》シ四支牽《ケン》引《イン》シテ痛ム病軽《カロ》キニ似テ終《ツイ》ニ危《キ》篤《トク》ニ至ル○初変足拘急《キウ》シテ痛ミ大小便渋《シフ》滞《タイ》シテ浮腫ヲナシ痛風脚氣《ケ》ノ類婦人ハ姙《ニン》娠《シン》又瘀《オ》血《ケツ》血塊等其人ニ因テ活断《ダン》アリ但シ病急ニ不治○二変轉医吉ナリ此病

發《ホツ》熱《ネツ》上衝《ジヤウシヨウ》シテ二《ニ》便《ベ》閉《ヘイ》塞《ソク》シ終《ツイ》ニ危キニ至ルベシ
又足《ソク》痛《ツウ》アリ重病急症二日ノ後或ハ二ケ月或ハ
丙丁ノ日病変有テ危シ盖シ血《ケツ》症《セウ》ノ患ヲ防《フセグ》ベシ
○三変痰《タン》喘《ゼン》促《ソク》迫《ハク》シテ寐《イ子》ガタク又腰《コシ》下《アシ》冷《ヒヘ》テ長病
ナルベシ○四変冷《レイ》湿《シツ》ニ因テ腹《ハラ》疠《カウ》痛《ツウ》ス小兒ハ蟲《ムシ》
症《セウ》大人ハ心気ノ鬱《ウツ》アリテ病危シ⊙五変胸《ケウ》背《ハイ》逆《ギヤク》
痛《ツウ》気《キ》上衝《ジヤウシヨウ》シテ鬱《ウツ》ヲナシ又肝《カン》気《キ》盛《サカン》ニシテ不治ノ
症ニ至ル○上変頭《ヅ》痛《ツウ》アリテ上衝《セウ》シ心気鬱《ウツ》シテ
浮《フ》腫《シユ》ノ症ヲ見《アラ》ハス急ニ藥ヲ服セザレバ不治ノ
症トナリテ危シ

䷫ 天風姤

發《ハツ》熱《ネツ》頭《ヅ》痛《ツウ》逆上《ギヤクジヤウ》《ノボセ》シ足冷痛《レイツウ》《ヒエイタミ》シテ四時《ジ》感《カン》冒《バウ》悪《ヲ》風《フウ》悪《ヲ》寒《カン》アリテ上《ジヤウ》實《ジツ》下《カ》虛《キヨ》ノ症ナリ婦人ハ血《ケツ》虛《キヨ》産後ノ患ヒ男女トモニ若《ワカ》キ人ハ氣《キ》勞《ラウ》ノ如シ○初変ニ便《ベン》不通足痛或ハ鬱《ウツ》甚シク或ハ浮《ウキ》腫トナリ終《ツイ》ニ危篤《キトク》《アヤフシ》ノ症ニ至ル○二変胸背《ケウハイ》《ムネセ》ノ難ミ手足痿痺《イヒ》《ナヱシビレ》スルヿアルベシ○三変下利《ゲリ》《クダリ》シテ腰《コシ》足冷痛《レイツウ》《ヒヱイタミ》アリ○四変腹《フク》痛《ツウ》身倦惰《ケンダ》《ウミタルク》ス是風邪ノ障《サハリ》アルベシ○五変逆上《ギヤクジヤウ》頭《ヅ》痛《ツウ》眩《メ》暈《マイ》アリ是熱《ネツ》氣《キ》盛《サカン》ナルニ因ル○上変痰《タン》嗽頭《ヅ》痛《ツウ》シテ不レ輕《カラ》ルノ症ニシテ治ヲ怠《ヲコタ》レバ危ニ至ル

☱☷ 澤地萃

魚毒《キヨドク》食毒《シヨクドク》ノ停滞《テイタイ》スル〔コト〕多シ腹脹《フクチヤウ》シテ痛ミアリ此脾《ヒ》胃《イ》ノ虚分《キヨブン》ニシテ胃《イ》中和セズ但シ寒《カン》ト湿《シツ》トノ二ヲ爽ミテ痛アルベシ○初変肝《カン》氣盛ニシテ或ハ怒《イカ》リ或ハ恐《オソ》ル〔コト〕常ニ在テ足拘攣《コウレン》シテ痛アリ病軽ク見エテ病軽キニ非ズ○二変脾腎湿熱ヲ畜《フク》ミ腹《ハラ》又ハ足ニ腫瘡《シユソウ》ヲ發《ハツ》シテ或ハ淋疾《リンシツ》ナトノ證ヲ發スベシ○三変色情《シキジヤウ》ニ因テ心憂悶《ユウモン》シ終《ツイ》ニ氣鬱《キウツ》シテ勞症《ラウセウ》虚分《キヨブン》ノ病トナリ大便結シ大患トナル或ハ四時《シジ》感冒《カンバウ》老人ハ氣虚《キキヨ》○四変腹中《フクチウ》不

和シテ心《シ》下《ゲ》拒《コバ》ミ漸《ヤウヤ》ク虚耗《キヨモウ》シテ危キニ至ル○五変肝気《カンキ》盛《サカン》ニシテ脾気《ヒキ》衰《オトロ》ヘ気ハ剛《コウ》《ツヨク》ニシテ躰《タイ》弱《ヨハ》ク肩背《カクセ》強《ツヨ》ク痛《イタ》ミ気不爽《サハヤカナラス》○上変心気《シンキ》鬱《ウツ》シテ胸《ケウ》下《カ》痞《ヒ》シ頭痛《ヅツウ》シテ起《タツ》バ則《チ》眩《ゲン》《メクラム》ス

䷭ 地風升

逆上《ギヤクジヤウ》《ノボセ》頭痛《ヅツウ》眩暈《ケンウン》《ボセ》此レ積気《シヤクキ》又風邪《フウジヤ》ニ因《ヨツ》テナス所ナリ又湿気《シツキ》ヲカ子テ手足拘攣《コウレン》《ヒキイタミ》シ眼目昏《クラ》ク或ハ腹痛《フクツウ》《ハライタミ》嘔吐《コウト》《ヱツキ》アリ此レ軽キニ似《ニ》テ危《アヤウ》キニ至ル○初変大便閉結《ヘイケツ》《ヒケツ》シテ四支《シシ》《テアシ》厥冷《ケツレイ》《ヒエ》シ足痛ミ浮腫《ウシユ》アリテ一月ニシテ危シ○二変足疼痛《トウツウ》《ウバキイタミ》シ身体《シンタイ》痿痺《イヒ》ス○三変ニ

便渋《シブリ》滞《タイ》腰《コシ》冷痛ミ又脾腎《ジン》湿《シツ》熱《子ツ》ニ依テ痔《ヂ》脱《ダツ》肛《コウ》及ビ
下《ゲ》血《ケツ》膿《ノウ》血《ケツ》ノ患《ウレ》ヒアリ婦人ハ血分ノ患ヒ秋ハ痢《リ》
疾《シツ》ヲ患《ウレフ》フベシ○四変腹《ハラ》脹《ハリ》痛《イタ》ミ或ハ雷《ライ》鳴《メイ》切《セツ》痛《ツウ》ス
積《シャク》気《キ》ノ宿《シュク》疾《シツ》ナリ○五変留《リウ》飲《イン》胷《ケウ》満《マン》胸《ケウ》痛《ツウ》及ビ耳《ジ》目《モク》
ノ疾《ヤマヒ》ニシテ長シ○上変頭《ヅ》面《メン》重ク肩《ケン》背《ハイ》凝《ケウ》結《ケツ》或ハ
瘡《サウ》毒《ドク》浮《フ》腫《シュ》等ヲナス多ク死症

䷮ 澤水困

心《シン》胸《ケウ》ノ痛《イタ》ミ積《シャク》気《キ》脾《ヒ》腎《ジン》ノ虚《キヨ》ニシテ痰《タン》咳《ガイ》腰《コシ》足《アシ》掣《セイ》痛《ツウ》
シテ呼《コ》吸《キウ》迫《ハク》切《セツ》ス婦人ハ経《ケイ》行《スイ》ニ属《ゾク》ス産《サン》後《ゴ》血《ケツ》虚《キヨ》四
支《シ》痲痺《ヒ》シ夜ハ不寐《イ子ズ》食不進シテ長病或ハ持《ヂ》病《ビヤウ》ア

リテ時候雨湿ノ気《キ》ニ觸《フ》レ発熱《ホツネツ》上焦《ジヤウセウ》若悶ス又困《コン》
窮《キウ》ヨリ発スルノ病候《ビヤウコウ》モ有ベシ○初変痰咳《タンガイ》嘔吐《ヲウト》
アリ足膝骨節《コツセツ》ノ痛ミアリ或ハ咽喉《インコウ》耳口《コウ》ノ病
○二変腰脚酸痛《サンツウ》二便渋滞シテ軽《カロキ》ニ似《ニ》タリ尼危
シ重病急症戊己ノ日或ハ二日後或ハ二旬ニシ
テ危シ○三変大便不通腹部《フクブ》又足ニ浮腫《フシユ》アルベ
シ且風邪ヲ兼《カヌ》タリ○四変心腎《シンジン》二臓ノ虚《キヨ》冷《ヒヘ》湿又
泄瀉腹痛《フクツウ》アリ病長シテ後膿血《ノウケツ》ノ症ヲ発ス危篤
ノ證○五変肝経《カンケイ》ノ湿熱《シツネツ》身躰《シンタイ》ダルク肩背《ケンハイ》ニ引ナ
ヤムベシ○上変頭面重《ヲモ》ク氣《キ》ヲフサギ腹内不和

眼目昏クシテ難《ナヤ》ミアリテ長シ

䷯ 水風井

陽《ヤウ》気《キ》乏《トボシ》ク気力《キリヨク》不調《トヽノハザル》ユヘ心気《シンキ》鬱滞《ウツタイ》シテ胸満《ケウマン》胸痞《ケウヒ》ス又拘急《コウキウ》《ヒツハリ》アリ是常ニ益《エキ》ナキニ心力《シンリヨク》ヲ費《ツイヤ》シ憂苦《イウク》《ウレイ》ヲ懐《イダ》キテ男女ニ不拘《カヽハラズ》気血不循環《ジユンクワンセズ》老人ハ心痛中風ノ類壮《ワカキ》人ハ労《ラウ》咳《ガイ》労《ラウ》役《エキ》ノ類ニシテ難治《シ》総《サウ》ジテ湿《シツ》気《キ》ヲカヌル故腫《シユ》物《モツ》瘡《サウ》毒《トク》ノ患《ウレヒ》ヲ可防《フセグベシ》○初変痰《タン》飲《イン》又足《アシ》冷《レイ》痛《ツウ》或ハ筋《スヂ》骨《ホ子》疼痛《イタミ》浮腫《フシユ》《ウキ》等ノ難《ナヤ》ミ或ハ寒《カン》熱《子ツ》往来アリテ大病トナリ死證ニ至ラン○二変腰《ヨウ》脚《キヤク》痿《イ》弱《ジヤク》ニシテ時々心下ニ上攻《コウ》《ノボリツメ》シ肩背《ケンバイ》《カタセ》強痛《キヤウツウ》《コハバリイタミ》シ

テ治シ難シ假令《タトヒ》得ル治ヲ圧長病又湿気《シツキ》ノ痼疾《コシツ》ナリ
○三変陰病《インビヤウ》痼疾《コシツ》夜ニ入テ不快《コヽロヨカラス》或ハ屢《シバ〳〵》凶夢《ケウム》ヲ見ル此レ虚分《キヨブン》ニ属《ゾク》スル症又腫物《シユモツ》膿血《ノウケツ》ノ證或ハ泄瀉《セツシヤ》アリ○四変痰喘《タンゼン》急迫《キウハク》ニシテ腹《フク》脹《チヤウ》浮腫《フシユ》ス婦人ハ妊孕《ニンヨウ》又血塊《ケツクワイ》血脹《ケツチヤウ》男女圧ニ難治シ重病急症四日五日ノ後或ハ庚辛ノ日危シ○五変頭痛《ヅツウ》眩暈《ケンウン》上逆《ジヤウギヤク》シテ下虚《カキヨ》ス危篤《キトク》ノ症トナラン五日或ハ十日ニシテ危シ○上変發熱《ホツチツ》頭痛《ヅツウ》身体《シンタイ》倦惰《ケンダ》風湿《フウシツ》邪熱《ジヤネツ》ノ症ニシテ病軽《カロ》カラズトイヘ圧可痊《イユ》

䷰ 澤火革

痰火《タンクハ》ニ因《ヨ》リ發熱《ホツネツ》咳嗽《ガイソウ》シテ咽《ノンド》燥《カハ》キ大小便《ベン》秘《ヒ》渋《ジウ》シ熱《ネツ》ノ往来アリテ咽喉《インコウ》痛ミ飲食《インシヨク》因ニ下ルヿ難シ尤時候《コウ》ニ湿《シツ》ヲ夾《サシハサ》ミ又吐《ト》血《ケツ》下《ゲ》血《ケツ》ノ難ミアリ婦人ハ血《ケツ》虚《キヨ》男子ハ氣《キ》虚《キヨ》ヲカヌレバ危《アヤウ》シ總《サウ》シテ[illegible]ナリ○初变湿《シツ》ヲカ子テ手足重《オモ》ク或ハ痛アツ長病ナルベシ○二变痰《タン》熱《ネツ》ニ因テ煩《ハン》渇《カツ》シ二便通利アシク浮《フ》腫《シユ》ヲ見《アラ》ハストキハ病急《キウ》劇《ゲキ》ニシテ危《キ》篤《トク》也所謂脚《カツ》氣《ケ》ノ急證ナリ若《モ》シ緩病《クワンビヤウ》ナレバ労《ラウ》症《セウ》ノ類急症三日ニシテ危シ或ハ二月ニシテ危シ○三变腰《ヨウ》足《ソク》拘《コウ》攣《レン》シテ痛《イタ》ム壮《サウ》年《子ン》ノ良《レウ》医《イ》ヲ撰《エラミ》テ可請

治ヲ○四変腹痛《フクツウ》《ハライタミ》又ハ咽《イン》喉《コウ》《ノト》ノ痛ミ或ハ膿《ノウ》血《ケツ》《ウミチ》ノ患《ヒ》此
虚分ノ症ニシテ危《アヤウ》シ重病急症四日或ハ壬癸ノ
日危シ此父老若共ニ色《シキ》情《ジヤウ》ニ氣ヲ感《カン》シテ虚症《キヨシヤウ》○
五[illegible]臟背《ハイ》ノ雍《ナヤミ》逆氣《ノボセ》痼症或ハ虚労《キヨラウ》ニシテ何レニ
輕《カル》症ニ非ス○上変鬱《ウツ》火《クワ》發《ホツ》熱《ネツ》頭《ヅ》痛《ツウ》アリテ遂《ツイ》ニ大
患至ルベシ危《キ》篤《トク》ノ症

䷱ 火風鼎

肝《カン》氣《キ》亢《カウ》リ心《シン》火《クハ》盛《サカ》ンニ上逆《ジヤウギヤク》《ノボセ》シ又時《ジ》氣《キ》風《フウ》湿《シツ》ノ為ニ
冒《ヲカ》サレテ發《ホツ》起《キ》ス故ニ頭痛《ヅウ》發《ホツ》熱《ネツ》ス或ハ脾《ヒ》胃《イ》不和ニ
因テ腹《ハラ》膨《ボウ》脹《チヤウ》シ大便不通小便赤《アカ》ク渋《シブ》リ或ハ嘔《ハク》吐セ

ニ飲ミ或ハ乾嘔《カンヲウ》腹痛《フクツウ》シテ水腫《スイシユ》ノ意アリ是モ
ト脾胃虚弱《キヨジヤク》ナル故ナリ○初変筋骨疼痛《キンコツトウツウ》シ身体《シンタイ》
懈惰《ゲダ》足重《オモ》クシテ行歩《ギヤウブ》シ難シ大小便渋滞シ腹脹
浮腫アリテ命危《アヤウ》ク時々熱《ネツ》ノ往来アリテ危急ナ
リ○二変大小便不利又手足痿痺《イヒ》ス是モト心臓
ノ痞ヨリシテ生ズル故病危シ○三変大便下利《ゲリ》
シテ或ハ腰痛《ヨウツウ》ス全ク冷湿《レイシツ》ヨカ子タル症ナリ○
四変必死《ヒツシ》ノ病ナルベシ腹痛《フクツウ》或ハ痿痺《イヒ》或ハ腫物《シユモツ》瘡毒《サウドク》
ヲ発《ハツ》スベシ熱症《ネツセウ》ハ蛔虫《クワイチウ》ヲ生スベシ○五変痰飲《タンイン》
胸膈ニ迫リ頭重《ヅオモ》クシテ悪寒《ヲカン》アリ速《スミヤカ》ニ不治ハ危

證《シヤウ》トナル○上変頭痛《ヅツウ》或ハ逆気《ギヤクキ》強《ノボセ》ク肝気鬱シ易シ

請《コフ》医《ヲ》テ肝鬱《カンウツ》ヲ開《ヒラ》クベシ四五ノ変ハ一旬ニシテ

危《アヤウ》シ

䷲ 震為雷

肝木盛《カンモクサカン》ニシテ脾《ヒ》気衰《キオトロ》ヘ積気《シヤクキ》強《ツヨ》ク物ニ觸テ或ハ

怒《イカ》リ或ハ悲《カナシ》ミ或ハ駭《ヲドロ》ク因テ身《シン》係四支攣急疼痛

ス老人ハ気虚癇症《キキヨカンセウ》発リ心疾《シンシツ》等ノ患ヲ可防○初

変足ヨリシテ腹《ハラ》ニ拒《コバ》ミ痛ミ且気壯ナリト虽モ

体《タイ》ハ自然《シゼン》ト衰《ヲトロ》フ盖病危ニ似テ可痊○二変疼咳不

アリテ胸痛《ケウツウ》シ又足痛アリテ急ニ難治急證ハ二三

日ノ後或ハ二月ニシテ危シ○三変熱盛ニシテ大便不利《ツウゼズ》速《スミヤカ》ニ不治ハ危シ○四変病再《サイ》発《ホツ》シテ長シ或ハ時々腹《フク》痛《ツウ》アリ○五変痰《ダン》喘《セン》壅《ヤウ》盛《セイ》メ危シ○上変心火亢《タカブ》リ煩《ハン》悶《モン》シテ既ニ乱《ラン》心《シン》ノ如シトイヘ𪜈得治テ痊《イユ》ベシ二三五ノ変ハ危シ

䷳

艮為山

脾《ヒ》ニ欝《ウツ》滞《タイ》アリテ気《キ》血《ケツ》不環《ズメグラ》或ハ湿《シツ》気《キ》ヲカヌル時ハ頭痛《ツウ》骨《コツ》節《セツ》疼《トウ》痛《ツウ》シテ心気ノ労《ツカレ》アリテ胸《キョウ》膈《カク》痞《ヒ》塞《ソク》ノ長病トナル○初変発《ホツ》熱《子ツ》シテ逆《ギャク》上《ジヤウ》シ大便難通小水渋《シブ》リ又吐血下《ゲ》血《ケツ》ノ患ヒアレバ軽症ニ非ズ盤

モ亦治ヲ誤《アヤマ》ルヿアラン唯篤實《トクジツ》ニシテ物ヲ飾《カザ》ラ
ズ學術《ガクジユツ》氏達《タツ》シタル医《イ》ヲ請《コフ》テ可求《ム》治ヲ○二変風《フウ》湿《シツ》
ヲカヌルノ症脚《カツ》気《ケ》瘡《サウ》毒《ドク》腫《シユ》物《モツ》痛《ツウ》風《フウ》鶴《ハク》膝《シツ》風《フウ》ノ類小
児ハ五《ゴ》疳《カン》ノ患《ヒ》必危《キ》篤《トク》ノ症急症ハ三日ノ後或ハ
甲乙ノ日或ハ二ヶ月ニシテ危シ○三変身《シン》体《タイ》手《テ》
足《アシ》共ニ痿《イ》痺《ヒ》《ナエシビレ》ス是レ気《キ》血《ケツ》不循環《ジユンクワンセ》シテ虚分《キヨフン》ニヨル若
シ腰痛等アルハ上逆《ギヤクジヤウ》シテ下虚ニ因ル必危シ○
四変心ニ憂《イウ》苦《ク》アリテ気《キ》虚《キヨ》上衝《ジヤウセウ》シテ心下ニ拒《コバ》ミ
痛《イタミ》テ不治ノ症ニ至ルベシ○五変肩背《ケンハイ》《カタセ》四支《シ》《テアシ》拘痛《コウツウ》
シテ胸《ムネ》満《ミチ》気《キ》促《ソク》アリテ終ニ危シ○上変長病トナ

リ後痿《イ》躄《ヘキ》《アシナヘ》ノ患トナルヘシ

䷴ 風山漸

心氣《シンキ》欝悶《ウツモン》シテ頭痛《ヅツウ》發熱《ホツネツ》身体《シンタイ》重ク四支《シシ》《テアシ》麻痺《マヒ》《シビレ》スル如キ或ハ氣疾《キシツ》労症《ラウセウ》ノ如クニシテ病《ヤマヒ》軽《カロ》カラズ速《スミヤカ》ニ療《ナヲ》スレハ愈《イユ》○初変心熱《シンネツ》有テ癆疫《ラウエキ》ノ如シ口渇《クチカハク》キ便秘《ベンピ》スル治ヲ怠《オコタ》ル時ハ危症ニ至ル○二変風邪《フウジヤ》風湿《フウシツ》気ニ感《カン》ジ熱アリテ身体足疼痛《トウツウ》ス是軽症ニ非ス急ニ治ヲ施《ホドコ》スベシ○三変眩暈《ケンウン》《メマイ》頭痛《ヅツウ》氣血《キケツ》不《フ》順《ジユン》ニシテ上實シテ腰下《ヨウカ》《コシシモ》痛《イタミ》無薬《シヤク》効《コウ》危シ○四変腹《ハラ》脹《ハル》或ハ臍下《ヘソノシタ》ニ毒アレドモ可レ痊《イユ》○五変肩背《ケンハイ》胸間《ケウカン》ニ

痛アリ小児ハ脾虚《キヨ》老人ハ痿痺《イヒ》《シヒレ》アリテ中風ノ如ク長病ナリ危シ○上変肩背《ケンハイ》《カタセ》強急《キヤウキウ》《コハクヒツハリ》腰《コシ》脚《アシ》湿痺《シツヒ》瘡毒《サウドク》結《ケツ》毒長病ノ兆蓋シ二三五ノ爻動《ウゴ》ケバ危キニ至ル

䷵

雷澤歸妹 土神

肝積《カンシヤク》ニ因《ヨツ》テ心胸《ムネ》ヲ塞《フサ》ギ物ニ觸《フレ》テ或ハ怒《イカ》リ或ハ悲《カナシ》ミ假《カリ》ニモ性急《セイキヤウ》ニ言《コト》ヲ發《ハツ》シテ却テ又屈託《クツタク》ス故ニ氣《キ》血《ケツ》トモニ虚衰《キヨスイ》ス又風湿《フウシツ》ヨリ發《ハツ》シテ時々痰咳《タンガイ》ヲ患フ婦人ハ産後又ハ少産《セウサン》等ノ後經行《ケイカウ》滯《トコホ》リテ終ニ發狂《ハツキヤウ》ス是心氣鬱塞《シンキウツソク》シテ悪血《アクケツ》ト戰《タヽカ》フノ意○初变足冷《ヒヘ》テ下利《ゲリ》《クダリ》シ婦人經閉《ケイヘイ》ノ時此爻ニ當テ經

通《ツウ》ストイヘ圧保護《ホウゴ》ノ善悪ニ依《ヨツ》テ難症ニ向フ可戒又男子湿気《シツキ》ヲカ子テ瘡毒《サウドク》結毒《ケツドク》ヲ発ス○二変肝気《カンキ》盛《サカン》ニシテ或ハ怒《イカ》リ或ハ哀《カナシ》ミ足拘急《コウキウ》シテ痛ミ口中ノ患ヲナス○三変腰足《ヨウソク》ノナヤミ有テ腫《ハ》ル丶ナリ但シ水道不利セシテ逆上《ノボセ》強《ツヨ》シ○四変心下鬱《ウツ》散《サン》シテ快《ココロヨ》シトイヘ圧食事《シヨクジ》及ビ万事可慎《ツツシムベシ》○五変胸《クウ》中及ビ咽喉《ノンド》ヲ塞《フサ》ギ痰咳《タンガイ》等ノ難ミアレバ軽キニ似テ危シ○上変肺火《ハイクハ》盛《サカン》ニシテ頭痛《ヅツウ》ス此本虚症《キヨセウ》ニシテ薬《クスリ》応《オフ》ジ難クシテ病難得治《ヂヲ》蓋三上ノ変ハ危キニ至レ

䷶ 雷火豊

時《ジ》疫《エキ》温《ウン》病《ビヤウ》ノ類或ハ気《キ》虚《キヨ》ニシテ頭《カシラ》動《ドウ》揺《ヨウ》シ腰《コシ》脚《アシ》緩《ヨハ》弱《ク》身熱《チツ》シテ肝《カン》気《キ》亢《タカフ》リ却《カヘツ》テ心ヲ害《ソコナ》フ若キ徒《ト》ハ労《ラウ》症《シヤウ》老人ハ健《ケン》忘《ボウ》婦女ハ血《チツ》虚《キヨ》総《ソウ》シテ難治ノ症変ニ應ジ死生ノ活《クワツ》断《ダン》有《アル》ベシ○初変湿《シツ》氣《キ》ヲ帯《オブ》ル故ニ手足痺《ヒ》痛《ツウ》《シビレイタミ》ノ證アリ○二変逆上痰《タン》飲《イン》ノ患脚《ヒアシ》ニ浮《フ》腫《シユ》ヲナスカ何レ雖ミアレバ危シ○三変肝《カン》積《シヤク》アツテ身拘《コウ》急《キウ》ノ痛ム或ハ腰《ヨウ》足《ソク》《コシアシ》ツリ痛ム意アリ○四変腹《ハラ》虚《キヨ》軟《ナン》ニメ痛ム又身ニ班《ハン》点《テン》《ホロセ》ヲ發シ或ハ瘡《サウ》毒《トク》ノ難《ナヤミ》アリテ必《ヒツ》死《シ》ノ兆○五変痰《タン》喘《ゼン》胸《ケウ》膈《カク》ニ迫《セマリ》危《シ》ト雖モ医《イ》

ヲ轉《カヘ》テ効アリ○上変心火燄《エン》上《シヤウ》《タカブリ》シ乾《カハ》キ強《ツヨ》クシテ大小便却テ不利或ハ煩《ハン》躁《ソウ》シテ狂状《キヤウジヤウ》ノ如ク甚タ危キノ症総《スベ》テ此卦ノ病症ヲ占ニ危症多シ

火山旅

常ニ心ヲ勞《ラウ》シテ氣《キ》鬱《ウツ》ス故ニ心気トモニ衰《オトロ》フ是医書ニ所謂思慮《リヨ》過《スグ》ルトキハ脾《ヒ》ヲ損害《ソンカイ》ス又寒《カン》邪《ジヤ》ニ觸《フレ》冒《ヲカ》サレ或ハ旅行ノ勞《ツカ》レ寐冷《子ビヘ》等尤湿《シツ》ヲカ子タル症ナレバ眼《ガン》目《モク》ノ患アリ婦人ハ經《ケイ》水《スイ》ノ滞《トドコホ》リ或ハ産後血《ケツ》虚《キヨ》ノ症アルベシ○初変火《クハ》熱《子ツ》盛《サカン》ナルニ因《ヨツ》テ乾《カハ》キアリ小便赤《アカ》ク渋《シブ》リ大便熱《子ツ》燥《ソウ》シテ通ゼス

蓋シ時疫《エキ》霍乱《クワクラン》ノ類婦人ハ血分ノ難《ナヤ》ミ甚タ危症ニ至ル○二変左脛《ケイ》《アシコブラ》ノアタリ痛《イタ》ムベシ風邪ヲカ子テ上逆《ジヤウギヤク》強《ツヨ》ク胸腹《ケウフク》《ムネハラ》ニ難《ナヤ》ミアリ遂《ツイ》ニ不レ軽ノ症トナル危症二日ノ後或ハ甲乙ノ日或ハ二ケ月ニシテ危シ○三変湿熱《シツネツ》ニ因《ヨツ》テ腹《ハラ》ニ氣力《キリヨク》ナクシテ後瘡毒《サウドク》ヲ發ス或ハ時疫《ジエキ》霍乱《クハクラン》ノ證アリ婦人《フジン》ハ血《ケツ》虚《キヨ》危證ニ至ル○四変脾胃《ヒイ》ニ滞《トヽコホ》リ有テ調和《テウクハ》セズ故ニ胸背《ケウハイ》《ムネセ》及ビ一身ニ痺弱《ヒジヤク》アリテ大ニ難《ナヤ》ム○五変頭痛《ヅツウ》ニ因《ヨツ》テ氣ヲ塞《フサ》ギ痰飲《タンイン》ニ因テ胸中迫リ或ハ眼目《ガンモク》ノ患○上変肝氣《カンキ》ニ依テ逆上《ギヤクジヤウ》ス是レ養生ヲ

怠《ヲコタ》ル卄ハ病変出シテ危キニ至ル急症ハ一旬《シユン》ニシテ危シ

巽為風

傷寒温疫傷《シヤウ》風《フウ》ノ類ニシテ發《ホツ》熱《子ツ》悪《オ》風《フウ》悪《ヲ》寒《カン》頭《ツ》項強《コウキヨウ》痛《ツウ》筋骨疼《ツウ》痛《ツウ》或ハ積《シヤク》氣《キ》疝《セン》氣《キ》何レニ風《フウ》湿《シツ》ノ邪《ジヤ》及ビ氣《キ》慮《キヨ》ヲカヌルノ證○初変脚《カツ》氣《ケ》足痛浮《フ》腫《シユ》アレバ病軽カラズ或欝《ウツ》塞《ソク》シテ安カラズ○二変四《シ》支重クシテ痿《サ》痛《ツウ》ス治ヲ怠《ヲコタ》レバ病漸《ゼン》々ニ進《スヽ》テ危症ニ至ル速《スミヤカ》ニ治ヲ施《ホドコ》セバ漸《セン》々ニ痊《イユ》吉凶進退アリ○三変腰《コシ》下《シモ》冷《ヒヘ》下《ゲ》利《リ》ス婦人ハ經《ケイ》行《カウ》ノ患ヘ又産後ノ難《ナヤ》

ミナルベシ○四変腹《フク》皮《ヒ》拘急《コウキウ》シ腹《ハラ》微《ヒ》満シテ時《トキ》々
痛ミ時々止《ヤム》又浮腫《フシユ》アルカ又外邪《クワイジヤ》ニ食滞《シヨクタイ》ヲカ子
タリ速ニ不治ハ危ニ至ル○五変胸背《ケウハイ》ニ痛ミア
リ或ハ蛔蟲《クイチウ》或ハ瘡毒《サウドク》ヲ發スベシ長病危篤《キトク》ノ症
○上変頭面《ヅメン》耳目《ジモク》ノ患又勞《ラウ》瘵シテ常ニ風ヲ悪ミ
自汗《ジカン》盜汗《トウカン》アリ治ヲ急ル𬼀ハ危篤《トク》ノ病トナル盖
シ四五ノ変急症ハ四日五日ノ後或ハ四ヶ月五
ヶ月ニシテ危シ

䷹　兌為澤

風邪《フウジヤ》ニ因《ヨツ》テ咳嗽《ガイソウ》喘急《ゼンキウ》聲唖《セイア》シテ出難ク又飲食宿

滞《タイ》アリテ大ニ苦《クルシ》ム急ニ藥ヲ與《アタヘ》ザレバ熱ニ危シ
蓋シ平生痰《タン》飲《イン》ノ宿疾《シユクシツ》アリ○初変心《シン》痛《ツウ》或ハ泄《セツ》瀉《シヤ》《ハラクダ》
是内《ナイ》冷《レイ》ノ氣《キ》ヲ受《ウクル》ニ依ル又咽《イン》喉《コウ》《ハノト》及ビ足ニ痛《イタ》ミア
リ○二変足拘《コウ》攣《レン》《ヒキツリ》スルカ口中痛ムベシ○三変痰《タン》
喘《ゼン》進《ヨウ》盛《セイ》《フサキサカン》シテ大小便快《クワイ》利《リ》《コヽロヨクトホラ》ゼズ病日ニ進《スヽ》テ危キノ
症浮《ウ》腫《キ》アレバ必死ニ至ル○四変身《シン》体《タイ》骨《コツ》節《セツ》《ホネフシ》痛ミ
又嘔《アウ》吐《ド》《エヅキ》アルベシ或ハ湿《シツ》氣《キ》又留《リウ》飲《イン》ノ症○五変心
胸痛《イタミ》足掣《セイ》痛《ツウ》《フリイタミ》ス或ハ宿《シユク》飲《イン》停《テイ》水《スイ》ノ患ヲカヌベシ○
上変頭《ヅ》痛《ツウ》發《ハツ》熱《ネツ》悪《ヲ》風《フウ》悪《ヲ》寒《カン》アリ急ニ服薬スレバ危
キニ至ラズ治ヲ怠《ヲコタ》レバ難痊《イヘ》

風水渙

天性《テンセイ》脾胃《ヒイ》虚弱《キヨジヤク》ニシテ積気《シヤクキ》ノ宿疾アリ今風寒ノ為ニ寒熱《カン子ツ》アリテ頭項《ヅカウ》疼痛《トウツウ》肩背《ケンハイ》強急《キヤウキウ》ス此肝経《カンケイ》ニ邪気《ジヤキ》薫蒸《クンジヨウ》スル故久病トナリ速ニ難痊蓋シ婦人ハ産後ノ患或ハ流産ノ症アリ○初変寒熱《カン子ツ》往来アリテ咽喉《インカウ》キ痰咳《タンセキ》アリテ大小便不利足ニ浮腫アリテ痛《イタム》ベシ○二変大凶命危シ脾腎《ヒジン》ノ虚《キヨ》ニシテ逆上《ギヤクジヤウ》シ足痠痛《サンツウ》ス此劇症トナル急症二日ノ後或ハ戊己ノ日或ハ二ヶ月ニ[illegible]危シ○三変風湿ニ因テ筋骨《スヂホ子》疼痛シテ又脚気《カツケ》ノ症アリ○四変

腹《フク》満シテ浮腫シ頭面重《オモ》ク手足冷痺《ヒ》シテ危シ○五変眼《ガン》目《モク》昏《クラ》ク耳《ミヽ》鳴《ナリ》胸背《ハイ》痛ア又瘡《サウ》毒瘤《コ》痃結毒ノ人ハ鼻《ハナ》潰《クヅイ》頽《タイ》ス此レ皆誤《ゴ》治《チ》ニ因《ヨリ》テ此ノ意ニ至ル○上変心気ノ憂《イウ》苦《ク》ヨリ發《ハツ》シ冷湿《シツ》ヲカヌル故ニ面部《ブ》頭《ヅ》上《ジヤウ》ニ大ニ難《ナヤ》ミ生ス

䷻ 水澤節

脾胃不和《ワ》シテ四季《キ》不《フ》正《セイ》ノ邪《ジヤ》気《キ》ニ感《カン》ジ易《ヤス》ク假《カリ》ニモ風寒暑湿ノ難《ナヤ》ミ有テ骨《コツ》節《セツ》痛ミ發熱痰《タン》咳《ガイ》嘔吐《ト》ス壮者ハ労痎腎虚《キヨ》老人ハ中《チウ》風《フウ》半身不遂《ズイ》痰《タン》涎《エン》アリテ治シガタシ婦人ハ血分ノ患ヒアリ○初変

吐瀉《シヤ》《ハキクダシ》シテ身体《シンタイ》四肢《シシ》《テアシ》冷痛《レイツウ》《ヒエイタミ》シ又ハ膿血《ノウケツ》《ウミチ》ノ患《ウレ》ヒ婦人ハ血分ニ因《ヨル》ノ證○二変足掣痛《セイツウ》《ヒキツリ》或ハ口中牙歯《ガシ》《キバハ》ノ患ヒアリ○三変難治ノ證ニシテ腰冷《ヒエ》又ハ浮《フ》腫アリ重病急症ハ三日ノ後或ハ三ヶ月ニシテ危シ○四変痰飲《タンイン》胸膈《ケウカク》ニ在テ微腫《ビシユ》ス或ハ咳嗽《ガイソウ》《セキスワブキ》有テ咽喉《インコウ》迫《セマ》リ婦人ハ血ノ滞《トドコホリ》アリテ重病又妊身《ニンシン》ノ兆アリ○五変危《アヤウキ》ヲ遁《ノガ》レ漸《ヤウヤ》クニ快気《クハイキ》ニ向《ムカ》フノ兆○上変気鬱《キウウツ》頭痛《ヅツウ》又浮腫《ウキ》等ノ症或ハ熱《子ツ》ニ因《ヨツ》テ難ミアリ

䷼ 風澤中孚

留《リユ》飲《イン》痰《タン》溢《イツ》ノ症或ハ腹《ハラ》雷《ライ》鳴《メイ》シテ時々腹脹ス是虚《キヨ》分《フン》ノ證ナリ婦人ハ懐《クワイ》妊《ニン》又血塊《ケツクワイ》アレ内ニ悪《アク》水《スイ》蓄《チク》積《セキ》スル故ナリ又食物ノ留滞《リウタイ》ニ邪《ジヤ》気《キ》ヲカヌル故熱《子ツ》ノ往来アリテ身麻痺《ヒ》ノ如クメ微《ビ》腫《シユ》アリ婦人ハ大凶兆難治男子ハ易《ヤスシ》痊《イヘ》○初変自《ジ》汗《カン》或ハ盗《トウ》汗《カン》或ハ泄《セツ》瀉《シヤ》コレ湿《シツ》気《キ》ヲカヌルノ症ニシテ足ニ痛ミアリ又腹《ハラ》ニ難《ナヤ》ミアルベシ○二変肝《カン》経《ケイ》ニ属《ゾク》シテ病積《シヤク》気《キ》アリテ身《シン》体《タイ》四《シ》支ニ拘《コウ》急《キウ》アリ○三変腰《コシ》冷《ヒエ》痛《イタ》ミ大便硬《カタ》ク浮《フ》腫《シユ》シテ首《クビ》ヲメグリテ痛アリ危フカルベシ○四変心気鬱《ウツ》結《ケツ》シテ積《シヤク》聚《シユ》腹《フク》満《マン》ア

リテ痛ム婦人ハ血《ケツ》塊《クワイ》瘀《ヨ》血《ケツ》ノ患アリ或ハ労《ラウ》症《シヤウ》気《キ》疾《シツ》ノ類ニシテ長病ナルベシ必危《キ》篤《トク》ニ近シ○五変胸《ケウ》背《ハイ》ノ痛ミ或ハ痃《ケン》癖《ベキ》ノ患是内《ナイ》傷《シヤウ》気《キ》虚《キヨ》小児ハ脾《ヒ》胃《イ》ノ虚《キヨ》タリ○上変骨《コツ》節《セツ》疼《トウ》痛《ツウ》或ハ悪《ヲ》寒《カン》アリテ又咳《ガイ》嗽《ソウ》ノ患アリ病不レ軽然𪜈痼《コ》疾《シツ》瘡《サウ》毒《ドク》ノ類ハ急変ナシ治ヲ誤《アヤマ》レハ死症ニ至ル。

䷽ 雷山小過

肝《カン》気《キ》亢《カウ》リ脾《ヒ》気《キ》衰《オトロ》ヘ遂《ツイ》ニ積《シヤク》聚《ジユ》トナリ腹《フク》中《チウ》塊《クワイ》物《ブツ》ヲ生シ痛ヲナス又手足拘《コウ》攣《レン》シ心《シン》気《キ》鬱《ウツ》結《ケツ》苦《ク》煩《ハン》シテ時々痛ミ発《ハツ》作《サ》時《トキ》アリ此ノ症長病ナルベシ舊

病痼《ビヤウコ》疾《シツ》凝結《ギヤウケツ》シテナスノ症婦人ハ血塊《ケツクワイ》血積《ケツシヤク》也○初変発熱《ハツネツ》アリテ口《クチ》苦《ニガ》ク飲食《インシヨク》味《アヂ》ナク小便赤ク大便硬《カタ》ク是急ニ不治ハ危キニ至ル○二変風邪《フウジヤ》ニ依《ヨ》リテ足《アシ》筋《スヂ》痛ミ急ニ不治《セ》ハ危キニ至ル積気《シヤクキ》宿《シユク》疾《シツ》ノ類ハ危シトセズ○三変積気心《ムナ》下《サキ》ニ攻上《コウジヤウ》シテ軽《カロ》キニ似《ニ》テ唯《タヾ》腹気《フクキ》無《ク》力《チカラ》故ニ急ニ難治《シ》婦人経《ケイ》行《カウ》ノ滞《トヾコホリ》アルモノ少シ通気アルベシ○四変心下《シンカ》右ノ方ニ拒《コバ》ミアリ気《キ》血《ケツ》循環《ジユンクワン》セズシテ四支《テアシ》痿痺《イヒ》シテ長病軽《カロキ》症ニアラズ○五変痰《タン》咳《セキ》アリテ咽喉《ノンド》不利胸《ムネ》中不爽《サハヤカナラ》トイヘドモ昼《ヒル》ハ安クシテ夜《ヨル》寝《ネ》テ不

安静〇上変逆上《ノボセ》頭痛《ヅツウ》眼《メ》赤脉《シヤクミヤク》ヲ帯ビ痛痒《ツウヤウ》アリ此

本心氣ノ労《ツカレ》アリテ危キニ至ル治療《チリヨウ》怠《オコタ》ルベカラズ

☵☲ 水火既濟

心腎《シンジン》二臓《ザウ》ノ虚《キヨ》是色慾《シキヨク》過度《クハド》メ發《ホツ》スル症ニシテ頭《カシラ》重《オモ》ク腰膝《コシヒザ》痿弱《イジヤク》ニシテ眼《メ》渋《シブ》リ下血等ノ患婦人ハ經水不順《フジユン》ニシテ陰陽《インヤウ》両虚《リヤウキヨ》ノ症或ハ妊娠《ニンシン》又流産《リウサン》ノ兆又四時《シジ》感冒《カンバウ》ノ症ヲカ子軽《カロキ》ニ似テ不軽《カラ》〇初変脾腎《ヒジン》ノ虚《キヨ》ニ湿氣《シツキ》ヲカ子腰足《コシアシ》痺痛《ヒツウ》シ下焦《ゲシヤウ》冷テ急ニ薬効《ヤクコウ》ナシ〇二変痰《タン》或ハ浮腫ノ患大便《ダイベン》秘《ヒ》メ小便不利者ハ危シ〇三変足拘攣《コウレン》疼痛《トウツウ》ス又肝氣《カンキ》

壮《サカン》ニシテ鬱塞《ウツソク》ノ症○四変痰火《タンクハ》アリテ腹満《フクマン》ス醫《イ》ヲカヘテ四日ヲ過《スギ》テ薬効《ヤクコウ》ア[illegible]シ○五変脾腎《ヒジン》ノ虚《キヨ》ニ湿気《シツキ》ヲカヌル故《ユヘ》瘡腫《サウシユ》結毒《ケツドク》ノ類ヲ發ス○上変逆上《ギヤクジヤウ》シテ頭痛《ヅツウ》強《ツヨ》ク因テ心火動《ウゴキ》テ病危キニ至ル蓋シ二五上ノ変ハ危篤《キトク》ニ至ル

䷿　火水未濟

陰陽不相和暢《アイクワテウセ》故ニ気血《キケツ》ノ升降《シヨウガウ》跌渡《レツドシヨウセヒ》シテ腹中《フクチウ》難《カタ》ク和《ヤハラ》ギ気不爽是ヲ以テ病ニ發作《ホツサ》時アリテ大小便渋《シブ》リ滞《タイ》シ腰下《コウカ》痛ミアリ○初変痰咳《タンガイ》アリテ咽喉《インコウ》不利《フリ》足ニ痛《イタミ》アリテ薬難應《オフジ》又嘔吐《アウト》アリテ足微冷《ビレイ》ス○

○右二三ニ
疹蓋させ
毒瘡ゆき〻
洏毒早キハ
治、稍術外

二変壮熱《サウネツ》シテ上衝《シヤウセウ》《ノボセ》シ時疫《ジエキ》温病《ウンビヤウ》夏時ハ霍乱《クハクラン》シハ足痿《イ》痺《ヒ》《ナヘシビレ》シ或ハ身ニ斑点《ハンテン》ヲナシ或ハ瘡毒《サウドク》ノ患ニアルベシ○三変風湿《フウシツ》ノ気《キ》ヲ含《フク》ミ身体《シンタイ》懈惰《カイダ》《ダルク》シテ股《モモ》及ビ膝《ヒザ》等攣急《レンキウ》《ツリノタミ》シテ痛《イタ》ム翳《イ》ヲ轉《テン》シテ吉○四変眼目昏《クラ》ク耳《ミヽ》鳴《ナリ》又瘡毒《ケツドク》ノ症ヲ発《ハツ》スベシ○五変寒《カン》熱《ネツ》往《ワウ》来《ライ》アリテ痰喘《タンゼン》ニヨリ胸《ケウ》満《マン》痞《ヒ》塞《ソク》《ムネミチツカヘフサガキ》等ノ患アルベシ○上変身体《シンタイ》懈惰《ダル》骨節《コツセツ》《ホネフシ》四支攣痛《セイツウ》シ又頭痛《ヅツウ》等ヲカ子患フ病《ヒ》軽キニ似《ニ》タレ圧急ニ不レ施《ホドコサ》レ治《ヂ》ハ終《ツイ》ニ危症《キセウ》トナルベシ

占病軌範 卷之三

占病軌範卷之二大尾

跋

書曰惟天地萬物父母惟人萬物之靈然則萬物莫貴於人矣生則受氣乾成形坤死則寬歸天體歸地

是皆莫非易之理也生活死沒亦非易無知嗚呼易之妙用廣大哉今此篇詳卦義精爻象以要占疾病治不治吾家大人欲使初

學之徒易占疾病死活述之者也浅學之徒熟覽此書而斷死生吉凶則毫髮無違因題一言於卷尾云

于時文化十又四年丁丑

仲夏日

男井上觀國・謹識

心一堂術數古籍珍本叢刊　第一輯書目

占筮類			
1	擲地金聲搜精秘訣	心一堂編	沈氏研易樓藏稀見易占秘鈔本
2	卜易拆字秘傳百日通	心一堂編	
3	易占陽宅六十四卦秘斷	心一堂編	火珠林占陽宅風水秘鈔本
星命類			
4	斗數宣微	【民國】王裁珊	民初最重要斗數著述之一；未刪改本
5	斗數觀測錄	【民國】王裁珊	失傳民初斗數重要著作
6	《地星會源》《斗數綱要》合刊	心一堂編	失傳的第三種飛星斗數
7	《斗數秘鈔》《紫微斗數之捷徑》合刊	心一堂編	珍稀「紫微斗數」舊鈔秘本
8	斗數演例	心一堂編	
9	紫微斗數全書（清初刻原本）	題【宋】陳希夷	斗數全書本來面目；有別於錯誤極多的坊本
10－12	鐵板神數（清刻足本）——附秘鈔密碼表	題【宋】邵雍	無錯漏原版 秘鈔密碼表 首次公開！
13－15	蠢子數纏度	題【宋】邵雍	蠢子數連密碼表 打破數百年秘傳 首次公開！
16－19	皇極數	題【宋】邵雍	清鈔孤本附起例及完整密碼表 研究神數必讀！
20－21	邵夫子先天神數	題【宋】邵雍	附手鈔密碼表 研究神數必讀！
22	八刻分經定數（密碼表）	題【宋】邵雍	皇極數另一版本；附手鈔密碼表
23	新命理探原	【民國】袁樹珊	子平命理必讀教科書！
24－25	袁氏命譜	【民國】袁樹珊	
26	韋氏命學講義	【民國】韋千里	民初二大命理家南袁北韋
27	千里命稿	【民國】韋千里	
28	精選命理約言	【民國】韋千里	北韋之命理經典
29	滴天髓闡微——附李雨田命理初學捷徑	【民國】袁樹珊、李雨田	命理經典未刪改足本
30	段氏白話命學綱要	【民國】段方	民初命理經典最淺白易懂
31	命理用神精華	【民國】王心田	學命理者之寶鏡

32	命學探驪集	【民國】張巢雲	發前人所未發 稀見民初子平命理著作
33	澹園命談	【民國】高澹園	
34	算命一讀通——鴻福齊天	【民國】不空居士、覺先居士合纂	
35	子平玄理	【民國】施惕君	
36	星命風水秘傳百日通	心一堂編	
37	命理大四字金前定	題【晉】鬼谷子王詡	源自元代算命術
38	命理斷語義理源深	心一堂編	稀見清代批命斷語及活套
39－40	文武星案	【明】陸位	失傳四百年《張果星宗》姊妹篇　千多星盤命例　研究命學必備
相術類			
41	新相人學講義	【民國】楊叔和	失傳民初白話文相術書
42	手相學淺說	【民國】黃龍	民初中西結合手相學經典
43	大清相法	心一堂編	重現失傳經典相書
44	相法易知	心一堂編	
45	相法秘傳百日通	心一堂編	
堪輿類			
46	靈城精義箋	【清】沈竹礽	沈氏玄空遺珍 玄空風水必讀
47	地理辨正抉要	【清】沈竹礽	
48	《玄空古義四種通釋》《地理疑義答問》合刊	沈瓞民	
49	《沈氏玄空吹虀室雜存》《玄空捷訣》合刊	【民國】申聽禪	
50	漢鏡齋堪輿小識	【民國】查國珍、沈瓞民	失傳已久的無常派玄空經典
51	堪輿一覽	【清】孫竹田	
52	章仲山挨星秘訣（修定版）	【清】章仲山	章仲山無常派玄空珍秘 門內秘本首次公開 沈竹礽等大師尋覓一生末得之珍本！
53	臨穴指南	【清】章仲山	
54	章仲山宅案附無常派玄空秘要	心一堂編	
55	地理辨正補	【清】朱小鶴	玄空六派蘇州派代表作
56	陽宅覺元氏新書	【清】元祝垚	簡易・有效・神驗之玄空陽宅法
57	地學鐵骨秘　附　吳師青藏命理大易數	【民國】吳師青	釋玄空廣東派地學之秘
58－61	四秘全書十二種（清刻原本）	【清】尹一勺	玄空湘楚派經典本來面目 有別於錯誤極多的坊本

62	地理辨正補註　附　元空秘旨　天元五歌　玄空精髓　心法秘訣等數種合刊	【民國】胡仲言	貫通易理、巒頭、三元、三合、天星、中醫
63	地理辨正自解	【清】李思白	公開玄空家「分率尺、工部尺、量天尺」之秘
64	許氏地理辨正釋義	【民國】許錦灝	民國易學名家黃元炳力薦
65	地理辨正天玉經內傳要訣圖解	【清】程懷榮	秘訣一語道破，圖文并茂
66	謝氏地理書	【民國】謝復	玄空體用兼備、深入淺出
67	論山水元運易理斷驗、三元氣運說附紫白訣等五種合刊	【宋】吳景鸞等	失傳古本《玄空秘旨》《紫白訣》
68	星卦奧義圖訣	【清】施安仁	
69	三元地學秘傳	【清】何文源	
70	三元玄空挨星四十八局圖說	心一堂編	三元玄空門內秘笈　清鈔孤本 過去均為必須守秘不能公開秘密 與今天流行飛星法不同
71	三元挨星秘訣仙傳	心一堂編	
72	三元地理正傳	心一堂編	
73	三元天心正運	心一堂編	
74	元空紫白陽宅秘旨	心一堂編	
75	玄空挨星秘圖　附　堪輿指迷	心一堂編	
76	姚氏地理辨正圖說　附　地理九星并挨星真訣全圖　秘傳河圖精義等數種合刊	【清】姚文田等	蓮池心法　玄空六法 門內秘鈔本首次公開
77	元空法鑑批點本——附　法鑑口授訣要、秘傳玄空三鑑奧義匯鈔　合刊	【清】曾懷玉等	
78	元空法鑑心法	【清】曾懷玉等	
79	曾懷玉增批蔣徒傳天玉經補註【新修訂版原（彩）色本】	【清】項木林、曾懷玉	
80	地理學新義	【民國】俞仁宇撰	揭開連城派風水之秘
81	地理辨正揭隱（足本）　附連城派秘鈔口訣	【民國】王邈達	
82	趙連城傳地理秘訣附雪庵和尚字字金	【明】趙連城	
83	趙連城秘傳楊公地理真訣	【明】趙連城	
84	地理法門全書	仗溪子、芝罘子	巒頭風水，內容簡核、深入淺出
85	地理方外別傳	【清】熙齋上人	巒頭形勢、「望氣」「鑑神」
86	地理輯要	【清】余鵬	集地理經典之精要
87	地理秘珍	【清】錫九氏	巒頭、三合天星，圖文並茂
88	《羅經舉要》附《附三合天機秘訣》	【清】賈長吉	清鈔孤本羅經、三合訣法圖解
89–90	嚴陵張九儀增釋地理琢玉斧巒	【清】張九儀	清初三合風水名家張九儀經典清刻原本！

91	地學形勢摘要	心一堂編	形家秘鈔珍本
92	《平洋地理入門》《巒頭圖解》合刊	【清】盧崇台	平洋水法、形家秘本
93	《鑒水極玄經》《秘授水法》合刊	【唐】司馬頭陀、【清】鮑湘襟	千古之秘，不可妄傳匪人
94	平洋地理闡秘	心一堂編	雲間三元平洋形法秘鈔珍本
95	地經圖說	【清】余九皋	形勢理氣、精繪圖文
96	司馬頭陀地鉗	【唐】司馬頭陀	流傳極稀《地鉗》
97	欽天監地理醒世切要辨論	【清】欽天監	公開清代皇室御用風水真本
三式類			
98-99	大六壬尋源二種	【清】張純照	六壬入門、占課指南
100	六壬教科六壬鑰	【民國】蔣問天	由淺入深，首尾悉備
101	壬課總訣	心一堂編	過去術家不外傳的珍稀六壬術秘鈔本
102	六壬秘斷	心一堂編	
103	大六壬類闡	心一堂編	
104	六壬秘笈——韋千里占卜講義	【民國】韋千里	六壬入門必備
105	壬學述古	【民國】曹仁麟	依法占之，「無不神驗」
106	奇門揭要	心一堂編	集「法奇門」、「術奇門」精要
107	奇門行軍要略	【清】劉文瀾	條理清晰、簡明易用
108	奇門大宗直旨	劉毗	天下孤本　首次公開　虛白廬藏本《秘藏遁甲天機》　奇門不傳之秘　應驗如神
109	奇門三奇干支神應	馮繼明	
110	奇門仙機	題【漢】張子房	
111	奇門心法秘纂	題【漢】韓信（淮陰侯）	
112	奇門廬中闡秘	題【三國】諸葛武侯註	
選擇類			
113-114	儀度六壬選日要訣	【清】張九儀	清初三合風水名家張九儀擇日秘傳
115	天元選擇辨正	【清】一園主人	釋蔣大鴻天元選擇法
其他類			
116	述卜筮星相學	【民國】袁樹珊	民初二大命理家南袁北韋　南袁之術數經典
117-120	中國歷代卜人傳	【民國】袁樹珊	

占筮類			
121	卜易指南(二種)	【清】張孝宜	民國經典，補《增刪卜易》之不足
122	未來先知秘術——文王神課	【民國】張了凡	內容淺白、言簡意賅、條理分明
星命類			
123	人的運氣	汪季高(雙桐館主)	五六十年香港報章專欄結集！
124	命理尋源	【民國】徐樂吾	民國三大子平命理家徐樂吾必讀經典！
125	訂正滴天髓徵義		
126	滴天髓補註 附 子平一得		
127	窮通寶鑑評註 附 增補月談賦 四書子平		
128	古今名人命鑑		
129-130	紫微斗數捷覽(明刊孤本)[原(彩)色本] 附 點校本 (上)(下)	馮一、心一堂術數古籍整理編校小組 整理	明刊孤本 首次公開！
131	命學金聲	【民國】黃雲樵	民國名人八字、六壬奇門推命
132	命數叢譚	【民國】張雲溪	子平斗數共通、百多民國名人命例
133	定命錄	【民國】張一蟠	民國名人八十三命例詳細生平
134	《子平命術要訣》《知命篇》合刊	【民國】鄒文耀、【民國】胡仲言撰	《子平命術要訣》科學命理；《知命篇》易理皇極、命理地理、奇門六壬互通
135	科學方式命理學	閻德潤博士	匯通八字、中醫、科學原理！
136	八字提要	韋千里	民國三大子平命理家韋千里必讀經典！
137	子平實驗錄	【民國】孟耐園	作者四十多年經驗 占卜奇靈 名震全國！
138	民國偉人星命錄	【民國】囂囂子	幾乎包括所民初總統及國務總理八字！
139	千里命鈔	韋千里	失傳民初三大命理家-韋千里 代表作
140	斗數命理新篇	張開卷	現代流行的「紫微斗數」內容及形式上深受本書影響
141	哲理電氣命數學——子平部	【民國】彭仕勛	命局按三等九級格局、不同術數互通借用
142	《人鑑——命理存驗·命理擷要》(原版足本)附《林庚白家傳》	【民國】林庚白	傳統子平學修正及革新、大量名人名例
143	《命學苑苑刊——新命》(第一集)附《名造評案》《名造類編》等	【民國】林庚白、張一蟠等撰	史上首個以「唯物史觀」來革新子平命學結集
相術類			
144	中西相人探原	【民國】袁樹珊	按人生百歲，所行部位，分類詳載
145	新相術	【美國】李拉克福原著、【民國】沈有乾編譯	通過觀察人的面相身形、色澤舉止等，得知性情、能力、習慣、優缺點等
146	骨相學	【民國】風萍生編著	結合醫學中生理及心理學，影響近代西、日、中相術深遠
147	人心觀破術 附運命與天稟	【日本】管原如庵、加藤孤雁原著，【民國】唐真如譯	觀破人心、運命與天稟的奧妙

148	《人相學之新研究》《看相偶述》合刊	盧毅安	集中外大成，無不奇驗；影響近代香港相術名著
149	冰鑑集	【民國】碧湖鷗客	各家相法精華、相術捷徑、圖文並茂附名人照片
150	《現代人相百面觀》《相人新法》合刊	【民國】吳道子輯	失傳民初相學經典二種 重現人間！
151	性相論	【民國】余晉龢	民初北平公安局專論相學與犯罪專著（犯罪學生物學派）
152	《相法講義》《相理秘旨》合刊	韋千里、孟瘦梅	命理學大家韋千里經典、傳統相術秘籍精華
153	《掌形哲學》附《世界名人掌形》《小傳》	【民國】余萍客	圖文并茂、附歐美名人掌形圖及生平簡介
154	觀察術	【民國】吳貴長	可補充傳統相術之不足
堪輿類			
155	羅經消納正宗	【明】沈昇撰、【明】史自成、丁孟章合纂	失傳四庫存目珍稀風水古籍
156	風水正原	【清】余天藻	●積德為求地之本，形家必讀！
157	安溪地話（風水正原二集）		●純宗形家，與清代欽天監地理風水主張大致相同
158	《蔣子挨星圖》附《玉鑰匙》	【清】蔣大鴻等	窺知無常派章仲山一脈真傳奧秘
159	樓宇寶鑑	吳師青	陽宅風水必讀、現代城市樓宇風水看法改革
160	《香港山脈形勢論》《如何應用日景羅經》合刊		香港風水山脈形勢專著
161	三元真諦稿本──讀地理辨正指南	【民國】王元極	被譽為蔣大鴻、章仲山後第一人 內容直接了當，盡揭三元玄空家之秘
162	三元陽宅萃篇		
163	王元極增批地理冰海 附批點原本地理冰海	【清】高守中 【民國】王元極	
164	地理辨正發微	【清】唐南雅	極之清楚明白，披肝露膽
165-167	增廣沈氏玄空學 附 仲山宅斷秘繪稿本三種、自得齋地理叢說稿鈔本（上）（中）（下）	【清】沈竹礽	玄空必讀經典！附《仲山宅斷》幾種鈔本及批點本，畫龍點睛、披肝露膽，道中刊印本未點破的秘訣
168-169	巒頭指迷（上）（下）	【清】尹貞夫原著、【民國】何廷珊增訂、批注	圖文并茂：龍、砂、穴、水、星辰九十九變 洩漏天機：蔣大鴻、賴布衣挨星秘訣及用法
170-171	三元地理真傳（兩種）（上）（下）	【清】趙文鳴	蔣大鴻嫡派真傳張仲馨一脈二十種家傳秘本、宅墓案例三十八圖，並附天星擇日
172	三元宅墓圖 附 家傳秘冊		
173	宅運撮要	【民國】尤惜陰（演本法師）、榮柏雲	撮三集《宅運新案》之精要
174	章仲山秘傳玄空斷驗筆記 附 章仲山斷宅圖註	【清】章仲山傳、【清】唐鷺亭纂	無常派玄空不外傳秘中秘！二宅實例有斷驗及改造內容
175	汪氏地理辨正發微 附 地理辨正真本	【清】蔣大鴻、姜垚原著、【清】汪云吾發微	蔣大鴻嫡派張仲馨一脈三元理、法、訣具體泄露 三百年來最佳《地理辦正》註解！石破天驚！
176	蔣大鴻家傳歸厚錄汪氏圖解	【清】蔣大鴻、【清】汪云吾圖解	
177	蔣大鴻嫡傳三元地理秘書十一種批注	【清】蔣大鴻原著、【清】汪云吾、【清】劉樂山註	

178	《星氣(卦)通義(蔣大鴻秘本四十八局圖并打劫法)》《天驚秘訣》合刊	題【清】蔣大鴻 著	江西興國真傳三元風水秘本
179	蔣大鴻嫡傳天心相宅秘訣全圖附陽宅指南等秘書五種	【清】蔣大鴻編訂、【清】汪云吾、劉樂山註	蔣大鴻徒張仲馨秘傳陽宅風水「教科書」！
180	家傳三元地理秘書十三種		真天宮之秘 千金不易之寶
181	章仲山門內秘傳《堪輿奇書》附《天心正運》	【清】章仲山傳、【清】華湛恩	直洩無常派章仲山玄空風水不傳之秘
182	《挨星金口訣》、《王元極增批補圖七十二葬法訂本》合刊	[民國]王元極	秘中秘——玄空挨星真訣公開！字字千金！
183-184	《家傳三元古今名墓圖集附謝氏水鉗》《蔣氏三元名墓圖集》合刊(上)(下)	(清)孫景堂，劉樂山，張稼夫	蔣大鴻嫡傳風水宅案、幕講師、蔣大鴻、姜垚等名家多個實例，破禁公開！
185-186	《山洋指迷》足本兩種 附《尋龍歌》(上)(下)	【明】周景一	風水巒頭形家必讀《山洋指迷》足本！
187-196	蔣大鴻嫡傳水龍經注解 附 虛白廬藏珍本水龍經四種(1-10)	【清】蔣大鴻編訂、【清】楊臥雲、汪云吾、劉樂山註	蔣大鴻嫡傳一脈授徒秘笈 希世之寶 千年以來，師師相授之秘旨，破禁公開！ 完整了解蔣氏嫡派真傳一脈三元理、法、訣！ 附已知最古《水龍經》鈔本等五種稀見《水龍經》
197	批注地理辨正直解	【清】章仲山	無常派玄空必讀經典未刪改本！
198	《天元五歌闡義》附《元空秘旨》(清刻原本)		
199	心眼指要(清刻原本)		
200	華氏天心正運	【清】華湛恩	
201-202	批注地理辨正再辨直解合編(上)(下)	【清】蔣大鴻原著、【清】姚銘三再註、【清】章仲山直解	失傳姚銘三玄空經典重現人間！ 名家：沈竹礽、王元極推薦！
203	章仲山注《玄機賦》《元空秘旨》附《口訣中秘訣》《因象求義》等九種合刊	【清】章仲山	近三百年來首次公開！ 章仲山無常派玄空秘密，和盤托出！ 章仲山注《玄機賦》及章仲山原傳之口訣及筆記
204	章仲山門內真傳《三元九運挨星篇》《運用篇》《挨星定局篇》《口訣篇》等合刊	【清】章仲山、柯遠峰等	
205	章仲山門內真傳《大玄空秘圖訣》《天驚訣》《飛星要訣》《九星斷略》《得益錄》等合刊	【清】章仲山、冬園子等	
206	撼龍經真義	吳師青註	近代香港名家吳師青必讀經典
207	章仲山嫡傳《翻卦挨星圖》《秘鈔元空秘旨》 附《秘鈔天元五歌闡義》	【清】章仲山傳、【清】王介如輯撰	透露章仲山家傳玄空嫡傳學習次弟及關鍵不傳之秘
208	章仲山嫡傳秘鈔《秘圖》《節錄心眼指要》合刊		
209	《談氏三元地理大玄空實驗》附《談養吾秘稿奇門占驗》	【民國】談養吾撰	史上首次公開「無常派」下卦起星等挨星秘密之書
210	《談氏三元地理濟世淺言》附《打開一條生路》		了解談氏入世的易學卦德爻象思想
211-215	《地理辨正集註》附 《六法金鎖秘》《巒頭指迷真詮》《作法雜綴》等(1-5)	【清】尋緣居士	集《地理辨正》一百零八家註解大成精華 匯巒頭及蔣氏、六法、無常、湘楚等秘本 史上最大篇幅的《地理辨正》註解
216	三元大玄空地理二宅實驗(足本修正版)	【民國】尤惜陰(演本法師)、榮柏雲撰	三元玄空無常派必讀經典足本修正版

心一堂術數古籍珍本叢刊　第二輯書目

217	蔣徒呂相烈傳《幕講度針》附《元空秘斷》《陰陽法竅》《挨星作用》	【清】呂相烈	蔣大鴻門人呂相烈三元秘本三百年來首次破禁公開！
218	挨星撮要（蔣徒呂相烈傳）		
219-221	《沈氏玄空挨星圖》《沈註章仲山宅斷未定稿》《沈氏玄空學（四卷原本）》合刊（上中下）	【清】沈竹礽　等	揭開沈氏玄空挨星五行吉凶斷的變化及不同用法 章仲山宅斷未刪本、沈氏玄空學原本佚文、玄空挨星圖稿鈔本　大公開！
222	地理穿透真傳（虛白廬藏清初刻原本）	【清】張九儀	三合天星家宗師張九儀畢生地學精華結集
223-224	地理元合會通二種（上）（下）	【清】姚炳奎	分發兩家（三元、三合）之秘，會通其用 詳解注羅盤（蔣盤、賴盤）；義理、斷驗俱精
其他類			
225	天運占星學　附　商業周期、股市粹言	吳師青	天星預測股市，神準經典
226	易元會運	馬翰如	《皇極經世》配卦以推演世運與國運
三式類			
227	大六壬指南（清初木刻五卷足本）		六壬學占驗課案必讀經典海內善本
228-229	甲遁真授秘集（批注本）（上）（下）	【清】薛鳳祚	明清皇家欽天監秘傳奇門遁甲 奇門、易經、皇極經世結合經典
230	奇門詮正	【民國】曹仁麟	簡易、明白、實用，無師自通！
231	大六壬探源	【民國】袁樹珊	民初三大命理家袁樹研究六壬四十餘年代表作
232	遁甲釋要	【民國】徐昂	推衍遁甲、易學、洛書九宮大義！
233	《六壬卦課》《河洛數釋》《演玄》合刊		疏理六壬、河洛數、太玄隱義！
234	六壬指南（【民國】黃企喬）	【民國】黃企喬	失傳經典　大量實例
選擇類			
235	王元極校補天元選擇辨正	原【清】謝少暉輯、【民國】王元極校補	三元地理天星選日必讀
236	王元極選擇辨真全書　附　秘鈔風水選擇訣	【民國】王元極	王元極天昌館選擇之要旨
237	蔣大鴻嫡傳天星選擇秘書注解三種	【清】蔣大鴻編訂、【清】楊臥雲、汪云吾、劉樂山註	蔣大鴻陰陽二宅天星擇日日課案例！
238	增補選吉探源	【民國】袁樹珊	按表檢查，按圖索驥：簡易、實用！
239	《八風考略》《九宮撰略》《九宮考辨》合刊	沈瓞民	會通沈氏玄空飛星立極、配卦深義
其他類			
240	《中國原子哲學》附《易世》《易命》	馬翰如	國運、世運的推演及預言